自然の神々——その織りなす時空——

自然の神々

——その織りなす時空

清田圭一著

八坂書房

★『自然の神々』目次

序

天地創造（16世紀『ルターの聖書』より）

私たちの多くは、ふだん、神々を忘れて暮らしています。けれども、思わぬ困難に直面したり針路を見極めかねて茫然自失すると、心の救いを求めて揺るぎなき絶対に縋りつきたくなることもあります。苦しい時の神頼み、です。現代人にとっての神々とは、おそらく、このように魂の支えになってくれる霊的存在なのでありましょう。

むろん、こうした苦悩の際でなくとも、神々との接点が皆無なわけではありません。たとえば、神籬《ひもろき》に囲まれた静謐《せいひつ》な聖域を訪れたとき私たちは、そこはかとなき感慨に打たれます。それは西行法師が伊勢へ辿り着いた折に、

何事のおはしますかはしらねどもかたじけなさになみだこぼるゝ

と詠いあげた情感にも通ずる心の動きだと思われます。あるいは、大海原に昇る旭日や白雪を頂く高嶺に対した折にも同様の思いを抱きます。それらの風景の彼方に神性を視《み》るからです。

しかし、世界の誰もが暁の光や冬晴れの岳に特殊な感慨を覚えるとはかぎりません。或る民は涯《はて》しなき砂漠の風紋を目にした際に、他の民は大河の渦巻く流れを渡ろうと試みる場合に、また別の民は野に立つ石の遺跡の上に新月が出た機会に、神との邂逅を意識することでしょう。つまり、世界のさまざまな場所にはその風土に適応する神々が太古からの時間を背負って棲みついているので、その地で生活する者は見慣れた光景の微妙な変化のうちにそれらの神々の姿を認知し、自らの帰依すべき根拠を再発見し続けているからです。

けれども、人と神との交流《コレスポンダンス》とは、人の側からの個々の心の投影にすぎないのであるため、たとえ

風土と固有の神々を共有する民族であっても、同じ名称の神を等しく典型《イマジネーション》化しているとはいえません。すなわち、日本人に身近な天照大神《あまてらすおほみかみ》や素戔嗚尊《すさのをのみこと》などについても私たちそれぞれが捉える像《イメージ》は、多少ながら、ずれが生じているはずです。したがって、極端な言い方が許されるならば、人類《ホモ・サピエンス》が誕生した数百万年前より生きとし生きた者の数だけの神があったことになるでしょう。

それにまた、風土に固有とみなされている神々も、実はその全てが、必ずしも最初から同一の場で棲み続けてきたのではないのです。一人の商人が、あるいは一人の兵士が異邦に赴いてその地の女を娶って所帯を持ち、住居に故郷の神を祀《まつ》れば妻子もこれを礼拝しましょうし、それが霊験あらたかとわかれば周囲の者も信仰するようになって、ここに神の変遷が成り立ちます。いわゆる勧請《かんじょう》です。それが民族の集団移住に伴って行なわれた場合は新着の神の力はより強く発揮され、在来の神々の特質を次々と取り込んで習合していくのです。

その意味において、私たちが日本の主神として疑わぬ天照もおそらく本来は南方出自の神だったのが朝鮮半島南部の伽倻〔弁韓〕を経由してこの列島へ入ったと考えられ、もともとは男神なのだとする説(1)さえあります。それに、素戔嗚もまた百済〔馬韓〕から新羅〔弁韓〕へ移った後にわが国に定住したようです。いずれも縄文中期か後期の頃でしょう。たぶん、天照にしても素戔嗚にしても生誕地では素朴な小身の神であったでしょうから、渡来時には好奇の目をもって迎えられたに違いありません。しかし、私たちの遠祖たちはそれを国魂《くにたま》の拠《よりどころ》にせんと幾世代もかけて努め、この山河に溶けこませ、時とともに揺るぎなき尊厳を有する神格として確立させたのです。

人はこのように徐《おもむ》ろながら、もしくは急速に意図して神々の本質を変化させていきます。それ故、古くから崇敬されていた大いなる神がいつの間にか消え去ってしまったり、逆に、思わぬ機会に新しい神が生まれ出たりします。

では、神とはいったい何なのでしょうか。

一口に神というものの、その実態は多岐にわたっていて単純に統括できません。たとえば、前二十世紀頃のシュメールで用いられていた『悪霊に対する呪文』には、夜道にひたすら覆《おお》い被《かぶ》さる悪神ウドゥグや荒野で泥棒を放免してしまうガルラ、産褥熱の悪霊ディムメといった奇妙な神々が列記されています。また、先史時代のエジプトに、人間の背骨あるいは杉柱たる物《フェティシュ》神としてシリアから渡来し、穀物を司りつつ冥府神となったオシーリスの名称の意味は「眼の座席」ないし「眼の力」だとされました。同じく古代エジプトのフウ、シア、セヘム、ヘフの諸神は、創造を発生させ維持させるという難解な抽象神でした。しかも、フウとシアは前三十世紀のメンフィス地方の最高神で豊饒神プタハの心臓〔知の座席〕と舌〔命令ないし力の座席〕であるともされていたのです。

神々が祖神の体の一部だったとする説は、わが国の記紀神話も述べています。死せる妻の伊奘冉尊《いざなみのみこと》を追って黄泉《よもつくに》に赴いた伊奘諾尊《いざなきのみこと》が現世へ還ってきて身の穢《けがれ》を洗い去ろうと、左眼を洗ったときに生まれ出たのが天照で、右眼からは月読尊《つくよみのみこと》が、鼻からは素戔嗚が生じました。

とはいえ、このくだりは私たちの祖先の独創的発想ではなく、太古の南方中国で語り継がれていた盤《ばん》古神話《こしんわ》に則《のっと》って書かれた挿話《エピソード》なのです。すなわち『繹史』の引く『五運暦年記』が、盤古は人として初めて生まれ、死に及んで化身し、その気は風雲と成り、声は雷霆《らいてい》と成り、左眼は日となり、右眼は月となり、四肢五体は四極五嶽となり、血液は江河となる、と述べる内容を承《う》けています。

では、なぜ、記紀が盤古の伝承を取り入れたかといえば、それは単に天照や月読の本性が南方にあったばかりでなく、わが国の創世神話が古代中国文献の影響を強く受けたと想定できるためです。八世紀に成立した『古事記』と『日本書紀』は冒頭部分において伊奘諾と伊奘冉の国生み、神生みを構成していますが、これは六世紀の梁の任昉の『述異記』が「呉越の間の説では盤古氏夫妻は陰陽の始めなり。……（任）昉が按ずるに、盤古氏は天地万物の祖なり。然《しこ》うして則ち生物は盤古より始まる」というのと同根の伝承に立脚していたと考えられます。

盤古（『三才図会』より）

伊奘諾と伊奘冉は兄妹神で婚姻したのですが、『古事記』によれば、その五代前から十一代前の初祖までは全て独神《ひとりがみ》で、天之御中主神《あめのみなかぬしのかみ》、高《たか》御産巣日神《みむすひのかみ》、神産巣日神《かみむすひのかみ》、宇摩志阿斯訶備比古《うましあしかびひこ》遅神《ぢのかみ》、天之常立神《あめのとこたちのかみ》、国之常立神《くにのとこたちのかみ》、豊雲野神《とよくもののかみ》の七柱《ななはしら》でした。

これらの神々が男神なのか女神なのか、それとも両性具有《アンドロギュノス》の神だったかは定かでありません。

また、それぞれが独自に成り出たのか、あるいは独身《ひとりみ》にして次代の神を生んだのかもはっきりしていません。ですが、もし、独神の継承が自己分裂によるものとすれば、それはまさしくクローン人間の発祥というべきではないでしょうか。

同じ観点でユダヤ・キリスト教の「神」をみますと、それも独神でありました。そして、その神は「自分のかたち」を創造するために、「主なる神は土のちりで人を造り、命《いのち》の息をその鼻に吹きいれられた。そこで人は生きた者となった」の作業をしたうえ、「そこで主なる神は人を深く眠らせ、眠った時に、そのあばら骨の一つを取って、その所を肉でふさがれた。主なる神は人から取ったあばら骨でひとりの女を造り、人のところへ連れてこられた(2)」のです。最初の人類たるアダムとエヴァ〔イヴ〕の誕生ですが、これもクローンの技法を思わせます。

この、名称さえ超えた一なる神も原初のオリエントにあっては、たぶん、多くの対立者《ライヴァル》をもつ自然神――おそらくは太陽神――に過ぎなかったのでしょう。けれども、この神を信奉した人々は、権力の希求と争奪に明け暮れる古代の神々の本質から脱して絶対の観念形態《イデオロギー》にまで昇華させる改革に成功しました。以来、この神は非常に長い期間にわたって、この神を信仰する人々にとって唯一至高の存在として君臨し続けていますが、当然ながら、その反面、この絶対神にひれ伏すのを拒む者も多くいました。

十九世紀末にニーチェが「神は死せり」と叫んだのもその一例です。彼は幼時より悩まされ続けた「神」を抹殺して自我を確立しようと試み、力の権威をツァラトゥストラ〔ゾロアスター〕に求めて「超人」と呼びました。しかし、結局、その崇拝も他神への乗り換えに過ぎず、神々への畏敬に代わる新しい理義を打ち立てることはできませんでした。

それから百年、幾多の無神論者がさまざまな理論の構築に挑んできましたが、いま機器文明の熟成のなかで自己を見失いがちな大世紀末を迎えて、人々は揺るぎなき信念を欲して再び古き神々の復活を願いはじめました。

そのような私たちの眼差しの彼方には、いかなる神々がいるのでありましょうか。

ここでは、世界各地で悠久の時に刻みつけられてきたその痕跡を幾つか辿ってみようと思います。そうした作業を積み重ねていけば、新たな視座のもとに神々の成り立ちと実像がみえてくるはずでしょうから。

I

天の神

牡牛座（15世紀の版画）

最初に取り上げるのは、天の神です。

私たちは漠然と天空の果て、宇宙の彼方に神々――特に至高神――がいるように思っていますが、「天とは何か」を問い直してみると、そこには意外な原像が見え隠れしはじめます。

◎天神さまは、なぜ怖いのか

年配の人なら、かつて「通りゃんせ」という遊戯のあったことを覚えているでしょう。路地裏や田畑の畦道などで手をつないだ子供たちが二手に分かれて、

ここはどこの細道じゃ
天神さまの細道じゃ
どうぞ通してくださんせ
御用のない者通しゃせぬ
この子の七つのお祝いにお札《ふだ》を納めに参ります
通りゃんせ　通りゃんせ　往《ゆ》きはよいよい帰りは怖《こわ》い　怖いながらに通りゃんせ

と童謡《わらべうた》での問答を交わす、たわいもない遊びです。ただ、幼《おさな》ごころにわからなかったのは、なぜ天神さまに参詣すると帰り道が怖いのか、ということでした。夕暮れになるので鬼でも出るのかしら、となんとなく思って、参道の両側に繁《しげ》る楠《くすのき》や椿《つばき》の木下陰《このしたかげ》をおそるおそる覗きこんだりしました。

ここにいう天神さまとは、菅原道真《すがはらのみちざね》を祭った天満宮のことでしょう。『類聚国史《るいじゆうこくし》』の編者で『三代実録』の撰にも加わり、詩文にすぐれたばかりか書道でも空海、小野道風《をののとうふう》と共に三聖と称せられた道真は学問の神として有名で、江戸時代には、「通りゃんせ」に謡《うた》われているように、手習いを始める数え年七歳になった子供の名を記したお札を天満宮へ奉納する慣わしがありました。今でも京都・北野天満宮や福岡・太宰府天満宮、東京・亀戸天神、鎌倉・荏柄天神《えがらてんじん》などでは高校や大学への受験生が絵馬を納めて入学祈願するのは、よく知られています。

このように人々に恩恵をほどこす学問の神でありながら、実は菅原道真は、人々に祟《たた》る怨霊神《おんりようしん》だという一面も併せ持っています。それは彼が生前に受けた冤罪《えんざい》に対する無念に由来するものでした。

平安朝の醍醐天皇の昌泰四年（九〇一）に右大臣・右大将を兼ねていた道真は、彼の地位を快く思わぬ上官の左大臣・左大将の藤原時平《しへい》をはじめとする多くの閣僚の陰謀によって、自分の娘婿《むすめむこ》の斉世親王《ときよしんのう》を立てて醍醐帝を廃しようとしているという讒言《ざんげん》を流されました。そして、これを信じた天皇は、突如、道真を大宰権帥《だざいのごんのそち》に左遷する命を発し、すぐさま九州・筑紫の大宰府へ赴かせました。道真は九州の配所《はいしょ》で筆舌に尽しがたい苦悩の日々を送った末、二年後の延喜三年（九〇三）に、その地でさびしく五十九歳の生涯を閉じたのでした。

異変はその後、相次いで起こりました。

まず参議の藤原菅根《すがね》が延喜八年（九〇八）に死去、翌年には時平が「菅丞相《かんのじようしよう》（道真）の霊、白昼、形を顕《あら》わし、左右の耳より青龍を出現す」（『扶桑略記』）といった狂い死にをしました。延喜二十三年

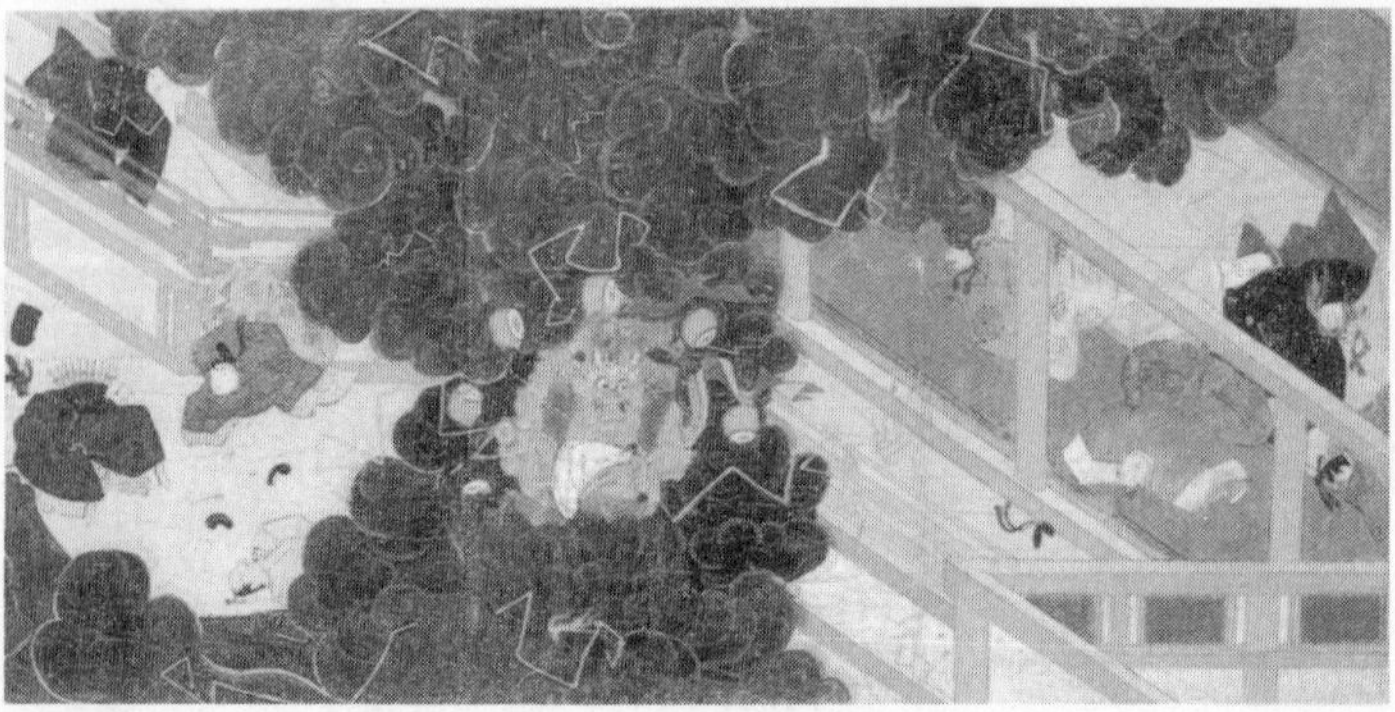

清涼殿を襲った火雷天神（『北野天神縁起』より）

（九二三）には皇太子保明《やすあきら》親王が二十一歳の若さで薨《こう》じたので民衆は悲泣しましたが、その様子を『日本紀略』は「世を挙《あ》げて云う。菅帥《かんそち》の霊魂、宿忿《しゆくふん》の為《な》せる所なり」と記します。既に道真の没後二十年を経ているにもかかわらず、宮廷はその恨みにおののいていたのです。

そして、この頃、世には旱魃《かんばつ》、洪水、大風、地震、火災が次々と起こり、疫病もはやりましたが、人々はこれらがみな道真の怨霊のせいだと噂しました。そのため醍醐天皇は皇太子が没すると、すぐ道真を元の右大臣に復し、左遷の詔書を破り棄《す》てましたが異常はやまず、保明親王の子で新皇太子に立てた慶《やす》頼《のり》親王もわずか五歳で夭亡《ようぼう》してしまいました。

極めつけは延長八年（九三〇）六月二十六日午《うま》の刻（午後二時前）に起こりました。『日本紀略』の記録するところでは、愛宕山《あたごさん》の上に黒雲が広がるとみるや、にわかに雷雨が襲い、突如、清涼殿《せいりようでん》の南西の第一柱の上に火を吹いて落雷したのです。大納言藤原清貫《きよつら》は装束《しようぞく》が焼け、胸が裂けて即死、右中弁平希世《たいらのまれよ》は顔を焼かれ、紫宸殿《ししいでん》にいた右兵衛佐美努忠包《ひようえのすけみぬのただかね》は髪を焼いて死亡、紀蔭連《きのかげつら》は腹を割って悶《もだ》え乱《みだ》れ、安曇宗仁《あずみのむねひと》は膝を焼いて立てぬ、という大惨事になったのでした。そして、その三か月後には醍醐天皇まで崩御しました。

これらの異変が道真の仕業だと立証したのは道賢上人日蔵《にちぞう》で、『扶桑略記』の掲げる「道賢上人冥土記」によれば、天慶四年（九四一）八月二日に吉野の金峰山《きんぷせん》にて修行中に、彼はいったん入滅《にゅうめつ》して六道《ろくどう》の冥界を遍歴したのち蘇生してこの世に帰還したといいます。その際、冥界において十六万八千の悪神を眷属《けんぞく》として従えた「日本大政威徳天《にほんたいせいいとくてん》」と称する道真の霊に会った、というのです。日蔵によれば、それは「我が本国〔日本〕の人にて、上下、倶《とも》に、火雷天神《からいてんじん》と称し、尊重すること世尊《せそん》〔釈迦如来〕の猶《ごと》し」というので、道真の霊は火雷天神になっていたのです。もっとも、『扶桑略記』によれば、道真は没後すぐに「勅して火雷天神と号《なづ》く」と諡名《おくりな》されているので、初めから天神だったわけです(1)。ただし、日蔵が出会った火雷天神は、わが国固有の天《あま》つ神《かみ》と仏教の天神が習合したものです。仏教では、欲界、色界、無色界を合わせて二十八天があるとし、それらを守護するのが怖るべき形相《ぎょうそう》の忿怒尊《ふんぬそん》です。

そして、その道真の怨霊の鎮魂のために京に北野天神社が建立されました。北野の地は太古より天神《てんじん》地祇《ちぎ》を祭祀《さいし》する聖域《サンクチュアリ》として人々が篤《あつ》く信仰する場でした。それが九世紀になると、「遣唐使の為に天神地祇を北野において祀《まつ》るなり」（『後日本後紀《しょくにほんこうぎ》』）と、この場所で天《あま》つ神《かみ》・国《くに》つ神《かみ》に遣唐使の航海安全を祈願したのでした。その同じ場所で藤原時平が道真死去の翌年に雷公を祭って五穀豊穣を祈ったところ、感応があったといいます。こうして道真の天神と、北野社の雷公信仰が習合して恐ろしい神格が生じたのでしょう。以来、その天神に対する恐怖は平安朝にとどまらず、鎌倉、室町、安土桃山、江戸の各時代を通じて永らく続きました。したがって、この神の怒りを鎮《しず》めるために、道真の逝去した大宰府や大坂、江戸などにも天満天神社が勧請《かんじょう》されました。そして、あの「通りゃんせ」の童謡がつくられた天神社は、『新編武蔵国風土記稿』に従えば、川越城内に北野天満天神を移した三方野天神社《みかたのてんじんしゃ》が舞台だとされています。

◎「天」とは人の頭部のこと

菅原道真の霊が顕現した火雷という神格は、記紀神話では、伊奘諾尊《いざなきのみこと》が死せる伊奘冉尊《いざなみのみこと》を追って黄《よ》泉国《みのくに》に到ったとき伊奘冉の屍体の上に化成していた八柱《やはしら》の雷神のひとつで、胸に乗っていたのがこの火《ほの》雷《いかづち》でした。それでは、地下の黄泉にいるのだから天神ではなく地祇ではないか、という議論も出そうですが、その点は後に検証しましょう。

ところで、各地の天満天神社には鉄や銅、石造りの寝そべった牛の像が置かれています。そして、牛は天神様のお使いだから、この牛をなでると御利益《ごりやく》があると言い慣わされて「なで牛」と呼び、何百年ものあいだ人の手でなでられて、てかてかに光っています。

この牛の起源は、古代中国で春を迎える行事として土で造った牛を立てた豊作祈願の風習に発しているともいわれます。土牛《どぎゅう》は古い習俗で、既に前三世紀の『呂氏春秋《ろししゅんじゅう》』、前一世紀の『礼記《らいき》』、一世紀の『論衡《ろんこう》』などにみえており、五世紀にできた『事物起原』では、前十二世紀の周王朝の初代武王の弟の周公旦《しゅうこうたん》が最初にこしらえた、としています。それは立春の日に、春の方位である東の門の外に土で造った男女各二人の人形《ひとがた》と牛を立てて、安らかな農耕を願う行事でした。

五世紀に書かれた『土牛経《どぎゅうきょう》』は、この風習がどのように行なわれたかを述べています。それによれば、牛の体の色は十干・十二支・納音《なっちん》に基づいて定めねばなりません。たとえば甲子《きのえね》の歳で丙寅《ひのえとら》の日が立春であれば、頭は青、身は黒、腹は白、角と耳と尾は赤、脛《すね》と背は青、蹄《ひづめ》は赤に塗り分けます。同様に、牛人の衣服の色分けにも定めがあります。そして、もし立春が元日の前に当たる年であれば人の後ろに牛を、立春が元日の後ならば人の前に牛を、立春と元日が同じ日のときは双方を並べて立てる、というのです。

大阪・天満天神社のなで牛

神――特に祖先神――を祭るのに牛を犠牲とする慣習は太古に遡り、殷の甲骨文に幾つもの例が残されています。「己酉に卜《ぼく》して、殻《なん》が貞《うらないと》〔占問〕う。東母に九牛を尞《ひまつり》〔火祭〕せんか」（続・一・五三・二）とか「貞う。（祖王の）象甲・父庚・父辛に一牛を勧《すす》めんか」（乙・七七六七）、「貞う。（祖霊の祟りを）御《ふせ》〔禦〕ぐに、牛三百（を用いんか）」（前・四・八・四）などの卜辞です。
これに基づいて二世紀に後漢の許慎《きょしん》は『説文解字《せつもんかいじ》』で、牛は神への大いなる牲《にえ》で、その肉を分けて捧《ささ》げ、天神への祭りの仲立《なかだ》ちとする、と述べています。
神を祭るに牛を牲とする風習はわが国にもあったらしく、『古語《こご》拾遺《しゅうい》』は大地主《おほなぬしの》（大国主）神《かみ》が田を営《つく》る日に牛の宍《しし》（肉）を田人《たひと》に食べさせた記事を載せています。

こうして、牛は神々と結びつくのですが、それだけでは十分な説明になっていないようです。

『史記』「殷本紀」は「帝武乙《ぶおつ》（伝・前一一三六—前一一二三）は無道で、偶人《にんぎょう》をつくってこれを天神と謂《い》い、ひとに代理させてこれと博《ばくち》をし、天神が勝てぬと僇辱《ばつしてはずか》（罰侮）しむ。（また）革嚢《かわぶくろ》に血を盛り、印《あお》（仰）ぎて、これを（弓矢にて）射し、天を射ると曰《い》えり。武乙が（黄）河と渭《いすい》（水）の間にて猟《かり》をせしとき暴雷（起こりて）武乙は（その雷に）震死せし」と述べ、殷王朝はこれより衰え続け、三代後の紂《ちゅう》の暴虐によって周に滅ぼされました。

ここにもまた、天神と雷のかかわりが出てくるので、あるいは、菅原道真の怨霊の話というのは、この殷の武乙の故事を下敷きにして創作されたのかもしれません。

ただ、ここで注意しておくべきは、前十五—前十四世紀頃の殷の時代には「天」とは必ずしも天空を表わす観念ではなく、人の頭部もしくは頭に戴《いただ》く象徴を示しました。したがって、殷代の甲骨文は、人を表わす大＝の上に一・二・などを乗せた・・という字で「天」を表記したのです。この場合、一とか二は「上」という意味ですが、は十干の丁と同形であって、殷王室の一族である丁グループが用いた記号だったと考えられています。実は、殷の王室では祖先神に十干にちなむ王名を付けていましたが万世一系ではなく、甲・乙グループと丁グループが交替して王位に即《つ》いていました。

前十五世紀頃の或る時、王室の卜師《ぼくし》集団の一人が「おれは万物の長たる人間そのもの、すなわち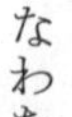

〔大〕だ」と宣言して「大」と呼ばれる氏族をつくりました。すると、丁グループのある長が「おれは〔丁〕。の上に君臨する者であるから、すなわち〔天〕だ」と宣言したのが、そもそもの起こりのようです。やがて、このはさまざまな付加価値を取り入れて「帝」という存在になってき、更に祖先神祭祀を重ねるうちに「天帝」の観念が創出されるに至ります。

それ故、先に述べた前十三世紀の王である武乙が人形や血の入った革嚢をつくったのは、すなわち頭部を象《かたど》った象徴を意味し、自分とは異なる丁グループの祖先神を侮辱したわけです。そして、その祖先神の怨霊に祟られ、罰せられたといえましょう。

この「天」となんらかのかかわりがあるらしい天神がいます。中国の戦国末期から漢代にかけて成立した『山海経《せんがいきょう》』「西山経」は「(恒山《こうざん》に)淫水《いんすい》ありて清らかに洛洛《さらさら》と流る。天神あり。その状《すがた》は牛の如くで八つの足、二つの首、馬の尾、その音《こえ》は勃皇《ぼっこう》の如く、これが見《あらわ》〔顕〕れればその邑《くに》に兵《いくさ》〔戦〕あり」と記します。ここで天神と牛が結びつきますが、この神は蚩尤《しゆう》を連想させます。

蚩尤は太古の帝王・黄帝と争って敗れたのですが、その姿は「人身牛蹄四目六手。……耳と鬢《びん》は剣戟《けんげき》のごとくにして頭には角《つの》ありて軒轅《けんえん》〔黄帝〕と闘いしとき角を以って觝《う》〔撃〕たば人々は〔手〕向かうことあたわず」(『述異記』)という様相でした。そして、更に、この蚩尤の首長であった中国最初の農耕神の炎帝神農も人身牛首だったのです。[2]

興味ぶかいのは、黄帝はまた西方へ遠征して形天《けいてん》という者と神争《かみあらそ》いをし、その首を断《た》って常羊《じょうよう》の山に葬り、その乳を目となし、臍《へそ》を口となし、干《たて》と戚《まさかり》を操って舞わせた、という伝承です。[3]常羊の山は炎帝が生まれた土地ですから、形天もまた炎帝や蚩尤と同様に牛首だったので、それを忌み嫌った黄帝が頭部を斬った、と考えられます。

前二十九―前二十七世紀頃の姜水《きょうすい》〔現・陝西省の岐水〕で生まれ育ち、後に山東の曲阜《きょくふ》に都した炎帝神農は羌《きょう》〔チベット系〕族でした。[4] その一族では共工、相柳《そうりゅう》、蚩尤、形天などが輩出して活躍しましたが、それら西方の神々は自らを誇示する象徴《シンボル》として牛頭の冠《かんむり》を被っていたのに対し、東北方に出自を持つ黄帝にはそれが異様にみえたのでしょう。ただ、注意しておかねばならぬのは、その当時、羌が必ずしも異人として排斥されていたわけではないことです。

さまざまな人種が混淆《こんこう》して漢民族に同化形成されていくのは前五―前四世紀頃の戦国初期であって、それ以前の黄河流域には、後に東夷、北狄、西戎、南蛮と蔑《さげす》んで呼ばれる周辺諸種族が跋扈《ばっこ》し、あるい

周代の青銅器に描かれた牛首人身の炎帝

形天（『山海経』より）

は蟠踞《ばんきょ》していました。

炎帝に先立つ王の伏羲《ふくぎ》と女媧《じょか》は南方の苗族ですし、炎帝の一族を滅ぼした黄帝は東北夷の一種族、その子とされる少昊《しょうこう》は江水〔長江流域〕に生を受けたといいますから夷と南蛮の一族との混血であり、孫の顓頊《せんぎょく》は若水〔現・青海省の鴉礱江《あろうこう》〕生まれなので北山戎の血をも引く東夷だったのでしょう。更に、少昊の孫の嚳《こく》は殷の遠祖の東夷ですし、その子の堯《ぎょう》は母が三阿〔現・江蘇省高郵県〕で生んだので淮夷《わいい》だということになり、その堯から帝位を譲られた舜《しゅん》も、やはり夷の一派です。しかし、これを継いで夏王朝を建てた禹は顓頊の孫とされていて、石紐〔現・四川省紋川県西北〕生まれの北山戎でした。

こうして西北方種族の夏が中原を支配すると、河南西部が故郷の羌族は夏に従属して祭祀を司りました。しかし、やがて夏を倒した殷は、西戎や南蛮は邪悪をもたらす未知の異族神とし、羌や苗の民を捕えては自らの祖神の霊を安んずる牲として捧げたのです。この暴虐に、羌人は西方の山地ふかくに退きました。その後、夏と同じく西北方種族の周が殷を滅ぼして天下を定めると、羌の故地もようやく回復されました。

そうすると、殷王室の丁グループは自らも東北方から出た者たちなのに、西方の古い象徴を導入して、それを「天」と称していたことになります。すなわち天神とは天空神だというよりも、異世界から来た神だというわけです。

「天の牛」と闘うギルガメシュとエンキドゥ

◎天の神崇拝は牡牛座信仰

牛を象徴とした神々の像が、より西の、より古い時代のものであることは容易に推察できます。前三十—前十五世紀に西方からインド亜大陸に侵入したアーリア人の聖典『リグ・ヴェーダ讃歌』ではインドラに随伴する若人の群れである暴風雨神のマルト神群を、

これら気高き天界の牡牛（神群《マルト》）、ルドラの若人、汚れなきアスラの群れは生まれたり。清らかにして太陽のごとく輝き、旗を担う勇士のごとく（汗の）雨を降らし、恐ろしき形相《ぎょうそう》をもちて。(5)

と詠いあげていましたし、アッシリアやバビロニアでは『ギルガメシュ叙事詩』の英雄神ギルガメシュが牡牛に擬せられており、その対抗者で、後に義兄弟になる荒ぶる神エンキドゥも人頭牛身で描かれていました。

そして、愛と逸楽の女神イシュタルはギルガメシュの誘惑に失敗して激昂し、父である天の神アヌに「天の牛」をウルクへ下して、その都を滅ぼすように迫りました。義兄弟の英雄はこれに立ち向かい、

第三の鼻息とともに〔それは〕エンキドゥにむかって〔とびかかった〕

エンキドゥはその突撃を〈受け流した〉
エンキドゥは飛び上り、『天の牛』の角をつかまえた
『天の牛』はその面《おも》に泡をふいたので
尻尾で〔　　〕をふきとった(6)

という戦いの後《のち》に殺して、都に平和を取り戻します。

現実の歴史でも、前二十三世紀に建てられたアッカド王戦勝記念碑では、王が牛冠を被った姿で描かれています。

エウローペーの誘拐（ポンペイ壁画、1世紀）

ギリシアでも天空神にて至高神たるゼウスはしばしば牡牛で表現されていたばかりか、その武器は恐るべき雷霆《らいてい》でした。牡牛の姿のゼウスで最も有名なのは、ポイニクス王の娘エウローペーを誘惑したときで、牛は彼女を背に乗せたまま海を泳ぎ渡ってクレータ島に上陸、ゴルテュンの泉の傍のプラタナスの樹陰で交わった挿話《エピソード》です。

そこで生まれたのがクレータ王になったミーノースですが、その妻パーシパエーは牡牛——

ミーノータウロスと闘うテーセウス
（ポンペイ出土のモザイク）

メンフィスの聖牛アピス

一説にはゼウス[7]——に激しく恋をし、絡繰仕掛《からくりじか》けの牝牛に身を潜《ひそ》めて牡牛と交わり、怪物ミーノータウロスを産みました。これは半人半牛で迷宮に住み、毎年、アテーナイより捧げられる七人の少年少女を餌食としていましたが、後にテーセウスによって退治されたのでした。ここで注目しておくべきは、エウローペーもパーシパエーもともに「月」の呼称を持っていたことで、牛の姿をとったギリシアの天なる至高神は月と密接な関わりがあったというのです。

古代エジプトでも、至上神にして冥界神たるオシーリスの魂の輪廻《りんね》の聖なる伝達者には、メンフィスの聖牛アピスが当てられていました。ヘロドトスは『歴史』巻三で「天から雷光がその雌に降りて来て、それによってアピスを産むという。このアピスと呼ばれる小牛はいかなる特徴を有すかというと、黒色であるが、前ひたいには方形の白点と、背には鷲の形に見えるものが有り、尾の毛は二様に成っていて、舌の上にはかぶと虫のようなものがある」(8)と詳述しています。

このように西方の各地で牛が天神として崇拝され、恐れられていたのは、遥かなる太古の春分点が牡牛座《タウルス》にあったためだと思われます。前四十四―前二十二世紀にかけて、人々はこの星座のある場所から登る太陽を目安に、その年の農耕を開始したのです。そして、それはおそらく焼畑農耕から家畜農耕へ移行する時代だったので、人々は農耕家畜の代表である牛を象徴として「天」を考えたのでしょう。また、春のその時節は空に電光が走り、雷がよく鳴ったので、これを天神と称したはずです。更に、古代ギリシアで天なる牡牛のゼウスが月と交わったというのは、月齢が農耕の重要な指標《メルクマール》だったことを語っていたのです。

しかし、地球の歳差運動によって前二十二世紀から紀元前後までは、春分点は牡羊座《アリエス》へ移ってしまいました。したがって、この頃に成立したユダヤ教やキリスト教では仔羊を「神」の子の象徴としています。また、先に述べた炎帝一族と黄帝の戦いも、古い天神をかたくなに信ずる者と新しい秩序を信奉する者との派閥争いだったと考えられます。ちなみに現代の春分点は魚座《ピスセス》にあります。

さて、日本の天神です。記紀神話ではそれを天《あま》つ神《かみ》と呼び、もともとこの国土にいた国《くに》つ神《かみ》とはっきり区別していますので、渡来神であることは否めません。その故郷《ふるさと》は高天原《たかまのはら》となっているので、ふだん、私たちはなんとなく天上世界のように想像していますが、これまでみてきたように、それは牡牛座を

「天」だとして信仰した人々が住んでいた所だと考えられます。それがどこにあったかは軽々しく比定できませんが、中国大陸の黄河中流域に発し、長江下流域に転じた後《のち》、朝鮮半島南部へと移住し、更に日本列島へ渡海してきたのではないか、と私は考えます。

その根拠の一つは、漢の桑欽が著わしたといわれる『水経』巻四に「皇天原《こうてんげん》」の記述があるからで、その位置は黄河中流の閿郷城《ぶんきようじよう》〔現・河南省閿郷県西南〕の傍です。「開山の東の首《みね》〔峰〕は上が平らで博《ひろ》〔広〕く方（一）里余り。三面に（岸）壁が立ち、高さ千仞《せんじん》ばかり。漢の世になりて、その上にて天を祭り、これを皇天原と名づく」とあり、その西には殷を滅ぼした周の武王が牛を放牧させた桃林がある、といいます。

こうした点を考え合わせると、死せる伊奘冉《いざなみ》が戻った黄泉も、この故地かと思われ、そうすると火《ほの》雷《いかづち》という異種族の天神の住処《すみか》としてもふさわしい気がしてきます。そして、博識だった菅原道真は夙《つと》にこのことを知っており、死して天つ神の故郷へ霊魂が戻ったとすれば、天神・火雷・牛が結びつくのです。

2

海の神

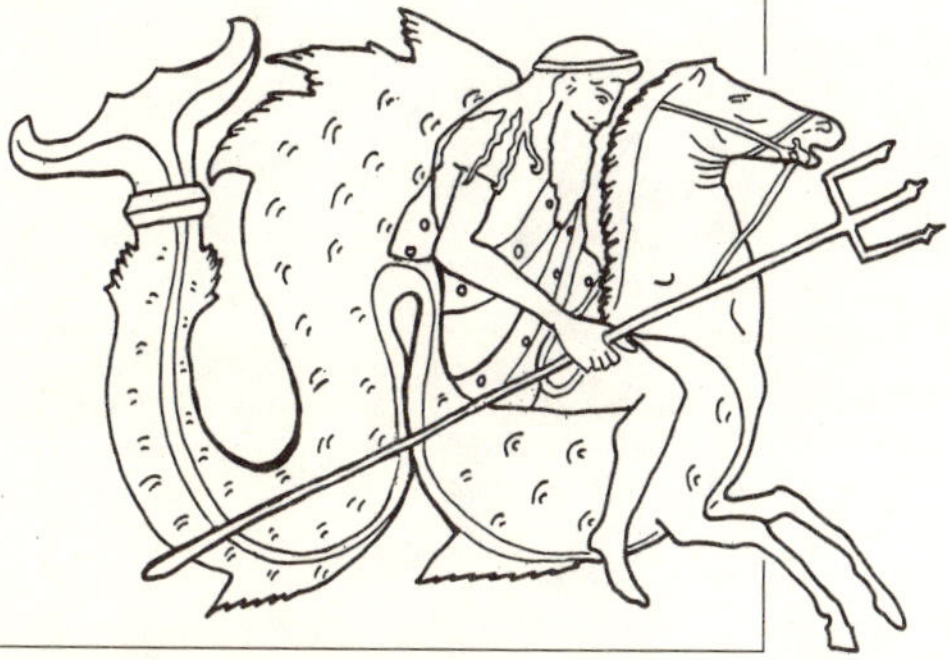

ギリシアの海神ポセイドーン

天平五年（七三三）、第九次遣唐使船の出航に際して山上憶良《やまのうえのおくら》は、大使の多治比広成《たじひひろまろ》に贈った『好去好来の歌』で「海原《うなはら》の　辺《へ》にも奥《おき》にも　神《かむ》づまり　領《うしは》き坐《いま》す　諸《もろもろ》の　大御神たち　船舳《ふなのへ》に　導き申《まを》し」と、日本の海神たちの加護を祈りました。憶良自身が大宝二年（七〇二）の第七次進発の遣唐少録で、慶雲（七〇四―七〇七）の頃に帰朝した経歴をもっていたため、渡航の困難や心細さが身にしみていたのです。

記紀神話では、瓊瓊杵尊《ににぎのみこと》の天孫降臨や山幸の海神《わたつみ》の宮《みや》訪問、また神武東征の折に塩土老翁《しほつつのをじ》[1]という老海神が出現して美《よ》き地《くに》の在りかを教えます。そして、その聖地へ行く海の交通手段をも講ずるので、この老翁は西日本近海を支配していたのでしょう。ギリシア神話にも、ホメーロスが「海の老人」と呼んだ船乗りの保護神ネーレウスがいて、やはり人々に潮路を教えていました。

◎恐ろしい戦闘神だった、愛と美の女神

古代ギリシアの愛、美、豊饒の女神として春の水祭りで祝われていたアプロディーテーは海の泡から生まれたとされています。その誕生のいきさつをヘーシオドスは『神統記』で、こう語ります。

原初、混沌《カオス》に次いで生まれ出た女神大地《ガイア》が独りで天空《ウーラノス》、山々、海《ポントス》を産んだのち、息子の天空を夫として大洋《オーケアノス》、地母神《レアー》や豊饒《クロノス》らのティーターン神族十二柱、一眼の巨人族《キュクロープス》三神、それに百手の巨人《ヘカトンケイル》たる悪の三神を産みましたが、天空は子供たちを全て大地《ガイア》の奥処《おくが》に隠してしまったので、怒った大地《ガイア》は鋼鉄の

『ヴィーナスの誕生』ボッティチェリ、1485年頃

大鎌を造って末っ子の豊饒《クロノス》に与えました。そうして待つこと暫《しば》し、天空が夜を率《ひき》いてやってきて、情愛を求めて大地の上に長々と覆いかぶさったとき、豊饒《クロノス》はすばやく大鎌で父の陰部を刈り取って背後へ投げ棄《す》てました。その陰部が大浪うねる海原へ落ちると、

それは久しい間　海原の面に漂うていた　そのまわりに
白い泡が不死の肉《ししむら》から湧き立ち　そのなかで　ひとりの乙女が生い立った。まずはじめに乙女は　いとも聖いキュテラに進まれ
そこから四面を海の繞《めぐ》るキュプロスに着かれた。
畏《かしこ》く美しい女神が陸に上りたまえば、そのまわりに
柔草《にこくさ》が萌《も》え出るのであった　優しい足もとで。彼女をアプロディテ　と
〔すなわち泡から生まれた女神《アプロゲネス》　麗わしい花冠つけたキュテレイアと〕
神々も人間どもも呼んでいる。泡《アプロス》のなかに生い

育ったのだから。(2)

といった具合にアプロディーテーはキュプロス島の海辺から生まれたのです。この場面を、イタリア初期ルネッサンスの画家ボッティチェリは『ヴィーナスの誕生』で、大きな貝殻に乗って現われる姿で描いていますが、これは小アジア〔トルコ〕の海辺の民が太古から語っていた説話に拠ったと思われます。その話では、清らかな海中の岩に一つの小さくて美しい貝殻があったといいます。その名はネーリーテース。大地《ガイア》が、これまた息子の海《ポントス》と交わって産んだ海神ネーレウスの一人息子――大地の曾孫《ひまご》――で、神々のなかでも最も美貌の若者でした。まだ海中にいたアプロディーテーは彼を恋人のようにしていましたが、運命の定めによってオリュムポス神族に迎え入れられることになったとき、彼を一緒に連れていこうと望んだのです。しかし、ネーリーテースは海の中で両親や姉妹と暮らすほうを選び、アプロディーテーが空を飛ぶ翼を贈るといっても承諾しません。そこで女神は彼を大きな貝殻に変え、それに乗って浮上したというわけです。そして従者には若い愛の神エロースを選び、翼を与えたのでした。(3)この物語は、ヘーシオドスやホメーロスは言及していません。

小アジアの海洋民が伝えるこの説話からもわかるように、アプロディーテーはギリシア本来の神ではなく、前三十―前二十五世紀頃にオリエントで崇められていた豊饒多産神にして大地母神である女神の変型したもので、大神の去勢から出現するというのも東方起源なのです。(4)その神格は前三十五―前十八世紀頃にかけて、シュメールでイナンナ、アッカドでイシュタル、フェニキアでアシュタルトと呼ばれた「天の女王」にして恐るべき戦闘女神でした。

たとえば、前十九世紀頃の古バビロニア粘土板文書の『イナンナ女神の歌』では、

ああ、イナンナよ、あなたは暴風に乗って、アブズから〈神力〉を受ける人。

王アマウシュムガルアンナをあなたの浄らかな聖堂に住まわせておいでです。

女神よ、あなたは英雄に〔　〕を〈据え〉、あなたの〈神力〉を天（高く）そびえさせました。

あなたの母上の胎内からシタ武器とミトゥム武器を摑んでいらっしゃった方。

ああ、イナンナよ、あなたは英雄に〔　〕を〈据え〉、あなたの〈神力〉を天（高く）そびえさせました。(5)

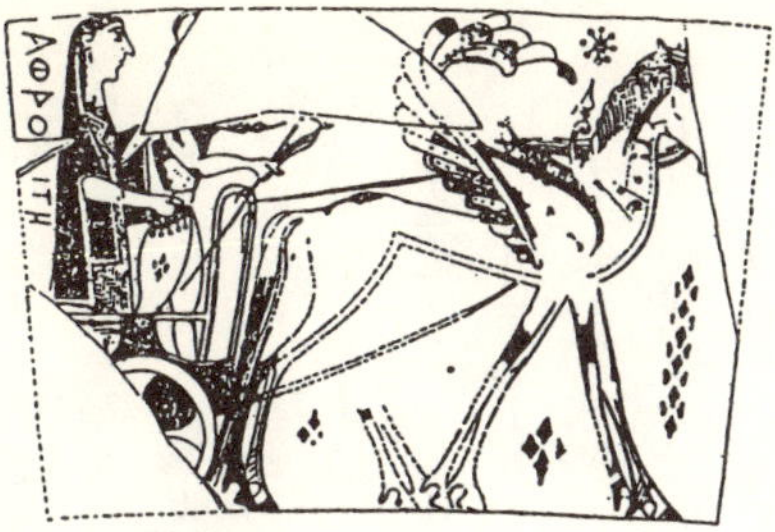

アプロディーテーとアレース

と、その威力を詠いあげています。

では、なぜアプロディーテーが海の女神になったのかといえば、アシュタルトの神格がエジプトに導入されたとき、ナイルの民はこれをアスタルテーと発音し、荒れ狂う海神を鎮める神だとしたからで、この信仰がギリシアへも伝播して、大地の豊饒と海辺の美を併せ持つに至ったのです。

本質的に荒ぶる神であったアプロディーテーは決して柔弱な美女などではなく、ホメーロスが『アプロディーテーへの讃歌』で「この女神、冠の美しいキュテレイアの力は、あらゆる生きものを圧倒せずにはおかない」(6)と述べているように、多くの神々をも屈伏させる力の持ち主で、

アプロディーテーの意のままにならなかった女神は大女神アテーナー、山野神アルテミス、炉神ヘスティアーの三処女神だけだったといわれています。こうした戦闘神なればこそ、『イーリアス』においてアプロディーテーはトロイア軍を鼓舞する守護神に擬せられていますし、武器を鍛える工匠神ヘーパイストスを夫に、軍神アレースを恋人にするといった神話で語られたのです。

また、アテーナイにはアプロディーテーの庭園があり、そこでは知育《ムーサイ》(7)のひとり「天上の女《ウーラニアー》」もしくは三柱の運命《モイライ》(8)のうちの最年長の女神として崇拝されていました。この面を強調して捉えたのがローマ人で、彼らはアプロディーテーを、ローマ最古の豊饒神で田園、菜園、庭園を司る女神の魅力《ウェヌス》と同一視し、これがヴィーナスの語源になったのです。ユリウス・カエサルの祖であるユーリア家はこの女神ウェヌスに発すると信ぜられていたので、紀元前四六年にカエサルは壮大な神殿を奉献して、アプロディーテー＝ウェヌスの春の祭典を盛大に祝ったのでした。

アプロディーテーはまた、ディオーナイア〔ディオーネーの娘〕とも、時にはディオーネーとも呼ばれていました。この名はゼウスの女性形で、本来は「天空の女神」の意でした。それ故に、ギリシア最古のドードーナの神託所では、ヘーラーではなくディオーネーをゼウスの妃として祭祀していたのです。神系譜において、この女神は天空神《ウーラノス》と大地女神《ガイア》の娘とされていますが、異説では大洋神《オーケアノス》と河川母神《テーテュス》の娘だともいわれました。いずれにせよ、アプロディーテーがこの名称で呼ばれた理由は、その本性が天空女神と海洋女神の二面性を併せ持っていたからです。

このディオーネーは、ローマではディアーナと発音され、「明るい」という形容詞を含んで、月の女神の神格をも持ちます。

◎海の牡牛に殺された貴公子

ディアーナ〔ダイアナ〕は本来、ギリシアの山野女神――特に、野獣の仔の守護神――にして新月女神たるアルテミス(9)と同一視されました。それは、共にプリギュアの多乳房大地母神アグディスティス信仰にかかわる産神《うぶがみ》が原型だったようです。

特に、黒海のクリミア半島のタウリスの地でタウロイ族が祭っていたアルテミスは常に人身御供を要求する怖ろしい女神でした。プリギュア王タンタロスの子孫のオレステースは、光明神アポローン――アルテミスの双生の兄――に命ぜられ、従兄弟のクリューセースと共にタウリスへ女神像を奪いに赴いた、と言い伝えられています。ところが、その神殿の女官はオレステースの姉イーピゲネイアでした。彼女は異邦人の故郷を尋ね、弟と知るや、タウリス王トアースを欺いて神像を持ち出し、帰国してアッティカに安置しました。これが、前五世紀に悲劇作家エウリピデスが『タウリスのイーピゲネイア』で描いた梗概《シノプシス》です。

しかし、異説ではオレステースとイーピゲネイアはトアースを殺し、アルテミス――ないしはディアーナ――の像を薪《たきぎ》の束に隠してイタリアへ逃亡し、ローマに近いネミの湖岸の森の中にあるアリーキア〔現ラ・リッキア〕に据え置いたので、その場が「ディアーナ・ネモレンシス〔森の天空女神〕」の聖域《サンクチュアリ》になったといい、フレーザーはこの説を採っています。(10)

ディアナ像を祀る子供たち（ローマ郊外・オスティア出土の壁画、1世紀）

そして、そのネミの女神を祭祀していたのは、ガリアに住んで狂信的な再生崇拝をした古代ケルト族のドルイド神官で、片時も剣を放さぬこの祭司は「森の王《レクス・ネモレンシス》」の称号で呼ばれていました。初代の祭司は、タウリスからディアーナの神格をもたらしたオレステースを殺して女神に供犠として捧げ、王位に就《つ》いたのです。では、その王位を継承したのは誰だったかといえば、この地に紛《まぎ》れ込《こ》んでくるケルト族のドルイド信者——後には、しばしばローマの逃亡奴隷も——なのでした。侵入者は、森の一本の聖樹の周りを油断なく徘徊している司祭の前で聖樹の枝を一本折り、それをきっかけに決闘し、勝てば司祭を斬殺して自らが新しい神官＝王の地位を得るのです。

ネミでは、ディアーナの摂社として二柱の神が祭られています。一つは女神エーゲリアです。この神は山間の玄武岩の間で白く泡立つ泉として生まれ、細く清らかな流れに育ち、美しい滝となって湖に落ちる水の精に他なりません。エーゲリアは、前八世紀のローマ王ヌマの愛人だとする言い伝えもありますが、太古から身重の女性たちがこの水を飲んで安産を得たので、いつしかディアーナに合祀するようになったのでしょう。

この地で従食《じゅうしょく》されるもう一つの神はウィルビウス〔蘇生する者〕です。これはギリシアのヒッポリュトスの請来《しょうらい》だとされますが、その根拠は、ネミの聖域に馬を入れることが禁じられていたためです。なぜ、ヒッポリュトスが馬を禁忌《タブー》とするかといえば、彼がトロイゼーンの海岸で戦車を駆《か》っていたとき、海神ポセイドーン(11)が海より送り寄こした巨大な牡牛が波間から躍り出たので馬が怯《おび》え、乗り手を戦車の下敷きに轢き殺してしまった伝承に拠ります。

ヒッポリュトスは、アテーナイの英雄テーセウスの息子で、母は女武者族《アマゾーン》の女王ヒッポリュテー(12)でした。ところが、清純な貴公子に成長すると、父の妻で継母たるパイドラーが彼に不倫の恋をし、これを知った女神アプロディーテーはヒッポリュトスに「愛」を知らせようとしますが、女神アルテミスのみしか目《め》の裡《うち》にない(13)貴公子はアプロディーテーを振り向きもしません。遂に、パイドラーは義理の息子に誘惑されたと書き残して自ら縊死します。これを知ったテーセウスは、かつてポセイドーンから与えられていた三つの願いの成就《じょうじゅ》の一つとして、息子の死を祈願します。その結果、ポセイドーンの遣《つか》わした海の牡牛がヒッポリュトスを襲ったのでした。

こうして死んだ貴公子を、しかし、アルテミスが救済しました。医神アスクレーピオスに請うて薬草で蘇生させたのです。そして、ネミ湖畔のアリーキアへ連れ来てウィルビウスの呼称を与えましたが、その死を想起させる馬は、決してこの聖域に入れることを許しませんでした。

こうして、この挿話《エピソード》ではアプロディーテーとアルテミスが対立していますが、太古には、おそらく同一の大地母神であった神格が次第に分離し、やがて、このように対峙するに至ったと思われます。

なお、アルテミス＝ディアーナ崇拝の拠点は、ネミの他にもう一個所、南イタリアのカプア近傍のティファータ〔姥女樫《うばめがし》〕山の森にディアーナ・ティファティーナがあります。タウリスを逃れたオレステースが最初にこの地へ立ち寄ったとすれば、こちらのほうが、より古い神域なのではないでしょうか。

◎牛を馬に乗り換えたポセイドーン

けれども、ギリシアの海の神々の系譜は男神で継がれていきました。大地《ガイア》が独りで産んだ海《ポントス》は「不毛な」という形容詞を付けて呼ばれ、これが太古のギリシア人の海に対する偽らざる感情だったのでしょう。

そのポントスの子は、この項の冒頭で触れた「海の老人《ネーレウス》」を筆頭に、同じく「海の老人」と呼ばれたポルキュス、「海の妖怪」のタウマース、「海の怪物」と称せられて兄ポルキュスの妻となった頬の美しい女神ケートー、それに鋼鉄の心を持つ強き女神エウリュビアーがいました。

ネーレウスをアプロディーテーの師だとする説話もありますが、この海の老人は賢明で温和、予知能力と姿を自在に変える術を心得ていました。その本性は、古代ギリシアの芸術家たちが好んで描いたように魚体の男だったようです。しかし、更に遙かな古代では、海を支配する者は、魚体の女だと語り継がれてきたので、天と地と海、そして冥界までをも統括する強大な女神がいたに違いなく、それがエウリュビアーないしはアプロディーテーの前身だったとも考えられます。

大地《ガイア》が天空《ウーラノス》と交わって産んだ大洋《オーケアノス》は、ホメーロスが『イーリアス』で「神々たちの生みの親のオーケアノス」とか「そこから万物が生成したオーケアノス」と述べているように、尽きることのない繁殖力を持つ始源神でした。それは海というよりは大河のイメージで、平板な円形の大地の周囲を取り巻いて流れており、世界のあらゆる河川や泉は、この水が地下を通って現われ出るとされていたのです。したがって後代になると、大洋《オーケアノス》は地の果てであって、英雄たちが死後を送るエーリュシオンの野や冥王ハーデースの国、三人の魔女ゴルゴーンの地、三頭三身の怪物ゲーリュオーンの住む島、黄金の林檎のあるヘスペリスの園など伝説の地は全てその岸辺にあるとされました(14)。そして、太陽は大洋《オーケアノス》に沈み、夜の間に黄金の杯に乗って東岸へ渡ると、再び、この大洋から昇るというのです。この観念は、どうやら前二十八世紀頃からエジプトで信仰された太陽神《ラー》の天駈ける太陽船を承《う》けて創られたものと考えられ、

オーケアノスと妻アンフィトリテーの凱旋
（アルジェリア出土のモザイク、３世紀後半）

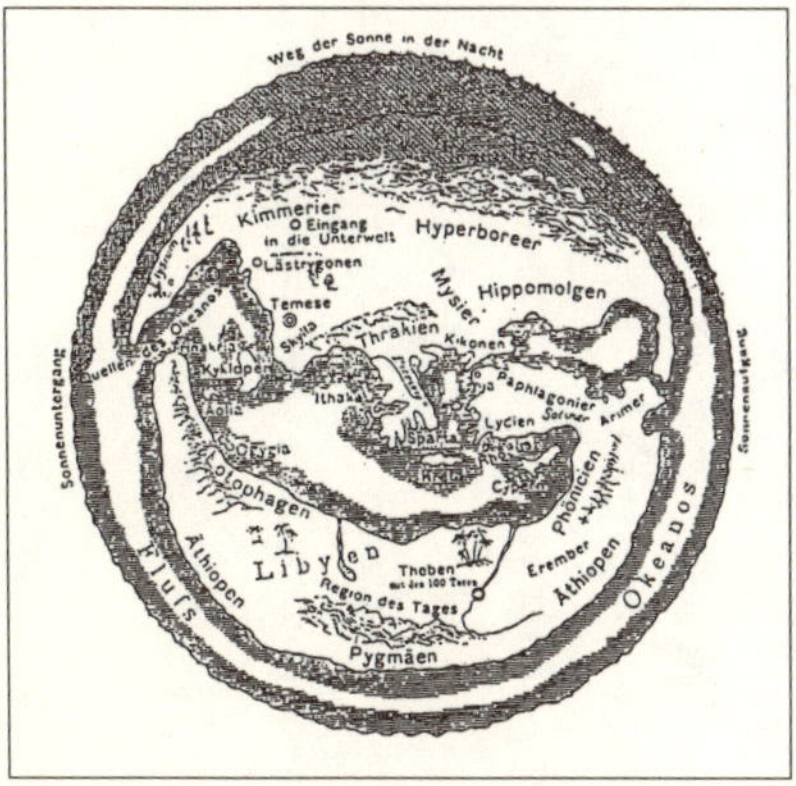

オーケアノスの観念図

そうすると大洋《オーケアノス》は、ナイルのイメージをエーゲ海やイオニア海に置き換えた世界観だということになります。

この始源の観念に対し、生々しい神格の海神は、やはり大地《ガイア》の産んだ百手の巨人《ヘカトンケイル》のひとりで「山羊《アイクス》」を称したアイガイオーンです。彼はまたブリアレオースの名を持ち海を支配していましたが、やがてポセイドーンに執って代わられます。それは前二十世紀頃にバルカン半島を南下したギリシア人が先住民を駆逐していった民族交替によるものですが、神話では次のように語られます。

父の天空《ウーラノス》を殺した豊饒《クロノス》は世界を統治したものの、彼もまた息子に殺される予言を受けていました。そのため、子供が生まれると次々と呑みこんでしまいましたが、彼の姉妹にして妻の地母神《レアー》はこれを恨み、ポセイドーンが生まれると代わりに仔馬を、末っ子のゼウスのときには襁褓《おむつ》でくるんだ大石を豊饒《クロノス》に渡して呑みこませました。かくして、やがて成長したゼウスは大洋《オーケアノス》の娘の智《メーティス》から貰った薬を父に飲ませて子供たちを吐き出させました。次いで、ゼウスとポセイドーン、それにハーデースの兄弟はティーターン神族と戦って勝利を収めたのち、籤引《くじび》きによってゼウスは空、ポセイドーンは海、ハーデースは冥府を治める三界分治の支配権を得たのです。

海神ポセイドーンは当初、牡牛の精とされていて、牡牛を生贄《いけにえ》として受けたり、アイオロスの娘カナケーを誘惑した折は牡牛の姿を執ったりしました。ところが、或る時期から、しばしば馬にかかわります。穀物神デーメーテールに恋したときは牝馬に姿を変えた女神を追って牡馬に変身して交わりましたし、ペルセウスが魔女メドゥーサの首を斬ったとき飛び出した有翼の天馬ペーガソスは彼の息子です。

また、海の女王アムピトリーテーとの間にもうけた息子のトリートーンは半人半魚の姿で、海中の馬である海馬《たつのおとしご》に跨《またが》って海を鎮めています。更に、ポセイドーンはアテーナーと馬を生み出す技競《わざくら》べをして、三叉戟で大地を撃って馬を飛び出させています。

したがって、先に述べたヒッポリュトスの挿話《エピソード》で、ポセイドーンが海の牡牛を遣わして牡馬たる孫を殺したのも、牡牛と馬の双方の神格を併せ持っていた故に他なりません。

この牡牛と馬とのかかわりが何を示すかといえば、それは春の農耕開始と秋の収穫を表わしていたと考えられます。「1天の神」で述べたように、前四十四―前二十二世紀の春分点は牡牛座《タウルス》にあって人々は農耕を始める目安にしました。豊かにたゆたう海も、その象徴だったのでしょう。しかし一方では、秋の取り入れの季節を海神の時とする信仰があって、これがアイガイオーンの山羊《アイクス》＝山羊座《カプリコルヌス》でした。豊饒の女神アプロディーテーにも牡山羊に乗って顕現する異伝があり、同じ信仰に基づいていたのでしょう。この伝統を踏まえつつ、前二十二世紀から紀元前後にかけて収穫の指標《メルクマール》が射手座《サギタリウス》に移ると、半人半馬のケンタウロスの賢者ケイローンの姿態と豊かな海が習合していったのではないでしょうか。

◎海を三層に分けて治めた日本の神

北欧神話を詠《うた》った『スノリのエッダ』の「ギュルヴィたぶらかし」では、世界は巨人ユミルから出来たと、

ユミルの肉より

大地が
血より海
骨より岩
髪より樹
頭蓋骨より天が作られた

そして、やさしき神は
まつげより
人の子らにミズガルズを
また、脳より
むら雲を作りたり(15)

と巨人死体化生の神格を説きますが、これに対応しているのが古代中国の南西部で語られていた盤古説話《ばんこせつわ》で、六世紀初頭に梁の任昉は『述異記』で「昔、盤古氏の死するや、頭は四岳と為《な》り、目は日月と為り、脂膏《しこう》は江海と為り、毛髪は草木と為る」と述べています。

中国の海神は東西南北の四海に配されていますが、なかでも最も古くから人口《じんこう》に膾炙《かいしゃ》していたのは、北海の禺彊《ぐうきょう》です。前三世紀の戦国末期に成立した『列子』「湯問篇」では、渤海の東幾億万里にあった岱輿《たいよ》、員嶠《いんきょう》、方壺《ほうこ》、瀛州《えいしゅう》、蓬萊《ほうらい》の五神山の根が地に著《つ》〔着〕いていないことを憂《うれ》えた天帝が禺彊に命じて、巨鼇《おおがめ》十五にこれを戴《いただ》かせて五山の動きを止めたものの、龍伯国《りようはくこく》の大人《たいじん》〔巨人〕が六匹の鼇を釣って持ちかえったため、岱輿、員嶠の二山は北極に流れて大海に沈んだ、と記します。

　この禺彊は、漢代の『淮南子《えなんじ》』「墜形訓《ついけいくん》」では禺強という名で「不周風の生ずる所〔の神なり〕」と西北方の山上に住む天神に当てています。しかし、『山海経《せんがいきよう》』「大荒北経」においては「北海の渚《しま》〔島〕の中に神あり。人面鳥身にて両《ふたつ》の青蛇を珥《みみかざり》〔耳飾〕とし、両の赤蛇を践《ふま》〔踏〕える。名は禺彊と曰《い》う」と、やはり北の海神として伝えます。そして「東海の渚の中に神あり。人面鳥身にて両の黄蛇を珥とし、両の黄蛇を践える。名は禺虢《ぐうごう》と曰う。黄帝は禺虢を生み、禺虢は禺京《ぐうきよう》を生む。禺京は北海に処《お》〔居〕り、禺虢は東海に処る。これぞ海の神」〔「大荒東経」〕、「南海の渚の中に神あり。人面で両《ふたつ》の青蛇を珥《みみかざり》とし、両の赤蛇を践える。不廷胡余《ふていこよ》と曰う」〔「大荒南経」〕、「西海の渚の中に神ありて人面鳥身。両の青蛇を珥とし、両の赤蛇を践える。名は弇茲《えんじ》と曰う」〔「大荒西経」〕というふうに、いずれも蛇を弄《もてあそ》ぶ鳥身の異様な神を四海に配置しているのは、大地を拠り所とする民の思想表現なのでしょう。

禺彊

　わが国では、伊奘諾尊《いざなきのみこと》と伊奘冉尊《いざなみのみこと》が磤馭盧嶋《おのごろしま》に降《あまくだ》りして国生みをした折に産んだ大綿津見神《おほわたつみのかみ》

玉の箱を開けた浦島子、老翁と化す（『浦島明神縁起』より）

（『古事記』）が海の主神ですが、その名称は海之神《わだつみ》の意で、『日本書紀』は単に「海《うなばら》を生む」としています。次に伊奘諾・伊奘冉が産んだ速秋津日子《はやあきづひこ》と妹《いも》速秋津比賣《はやあきづひめ》の両神が河と海を分担しつつ水泡と水面《みなも》、それに水分けや水汲みを示唆する沫那芸《あわなぎ》、沫那美《あわなみ》、頬那芸《つらなぎ》、頬那美《つらなみ》、天之水分《あめのみくまり》、国之水分《くにのみくまり》、天之久比奢母智《あめのくひざもち》、国之久比奢母智《くにのくひざもち》の八神を産んで、これらが河口から沖までの状態に応じた海の神になりました。

『日本書紀』の一書《あるふみ》では、この「海神《わたつみのかみたち》」等を、少童命《わたつみのみこと》と号《まう》す」としていますが、古代日本では大地母神の役割を担う「母」たる巫女に仕える少年たちが海の寒暖を計ったり潮筋を測ったりして耕作や収穫の時季を知らせたので、この名がつけられたと思われます。

そうすると、太古のわが国には、この項の冒頭で述べた「翁」と、この「童」という海神がいたことになりますが、実はこれは同じ神格を指しているのです。というのは、「童」の字義は「禿」と同じで無髪を示し、それは遠古には「父」にも合致していました。すなわち、氏族内の規範《ルール》を破る罪を犯したために鼻の上、目の周りに黥《いれずみ》を入れられ、大母神たる巫女に仕えさせられている「奴」のことで、齢が幾つになろうとも頭のてっぺんを剃った禿《かむろ》の姿をさせられており、年老ゆれば、そのまま禿頭になっていったわけです。

この海童の典型が、大穴牟遅《おほあなむじ》＝佐太《さだ》＝葦原色許男《あしはらのしこを》＝大国主＝八千矛《やちほこ》＝大物主《おほものぬし》と転生していった神で、浜辺で走り使いをしていた若者が国土の統治者にまで変貌する過程が記紀神話に語られています。同様に、海童だった浦島太郎――『日本書紀』がいう瑞江浦嶋子《みづのえのうらしまのこ》――も異境の母神によって一瞬に翁にされた海神だったのでしょう[16]。

そして、死せる伊奘冉を追って黄泉《よもつくに》に行った伊奘諾は、この世に帰ったときに身の穢《けがれ》を落とすため筑

住吉三神像（大阪・姫嶋神社蔵）

紫の日向《ひむか》の小戸《をど》の橘《たちばな》の檍原《あはきはら》で祓祓《みそぎはらい》をしたのち海に沈んで濯《すす》ぎをしました。その折に海底からは底津《そこつ》綿《わた》津見《つみ》と底筒之男《そこつつのを》、海中からは中津綿津見と中筒之男、海面からは上《うは》津綿津見と上筒之男の六神が成り出ました。この三柱の綿津見神は福岡の志加海神社の、三柱の筒之男神は大阪の住吉神社の祭神として祀られていますが、このように海を三層に分けて支配する神は世界でも稀です。

次に伊奘諾は左の眼を洗って天照大神を、右の眼を洗って月読尊《つくよみのみこと》を、鼻を洗って素戔嗚尊《すさのをのみこと》を生み出しましたが、これは明らかに先の盤古説話を承けた神格創出です。そうして、この三神に向かって伊奘諾が、天照は高天原《たかまのはら》を、月読は夜食国《よるのおすくに》を、素戔嗚は海原《うなばら》を治めよ、と命じたことは、ギリシア神話のゼウスは空、ポセイドーンは海、ハーデースは冥府を治めた三界分治と奇妙な同定をみせており、双方の神譜が更に古いユーラシアの伝承に発することを暗示しています。しかし、ポセイドーンと異なって素戔嗚は亡き母のいる根《ね》の堅州国《かたすくに》に行きたいと泣き、遂に海は治めませんでした。

時を経て、山幸の子の彦波瀲武鸕鷀草葺不合尊《ひこなぎさたけうがやふきあへずのみこと》と、その叔母たる海童の綿津見神の娘の玉依姫《たまよりひめ》から生まれた神武天皇〔神日本磐余彦尊《かむやまといはれびこのみこと》〕が東征したとき熊野の海上で暴風に遭いましたが、兄の稲飯命《いなひのみこと》は「嗟乎《ああ》、吾が祖《みおや》は天神《あまつかみ》、吾が母《いろは》は海神《わたつみ》なり。如何《いか》ぞ我を陸《くが》に厄《たしな》め、復《また》我を海《わた》に厄《たしな》むや」と剣を抜いて入水し、鋤持神《さひもちのかみ》となりました。この命の名と農耕用の鋤《すき》の形をした剣からわかるように豊饒神が海神になったわけで、これまた、これまでみてきたギリシアの海神との不思議な類似を示しているといえそうです。

3 鳥の神

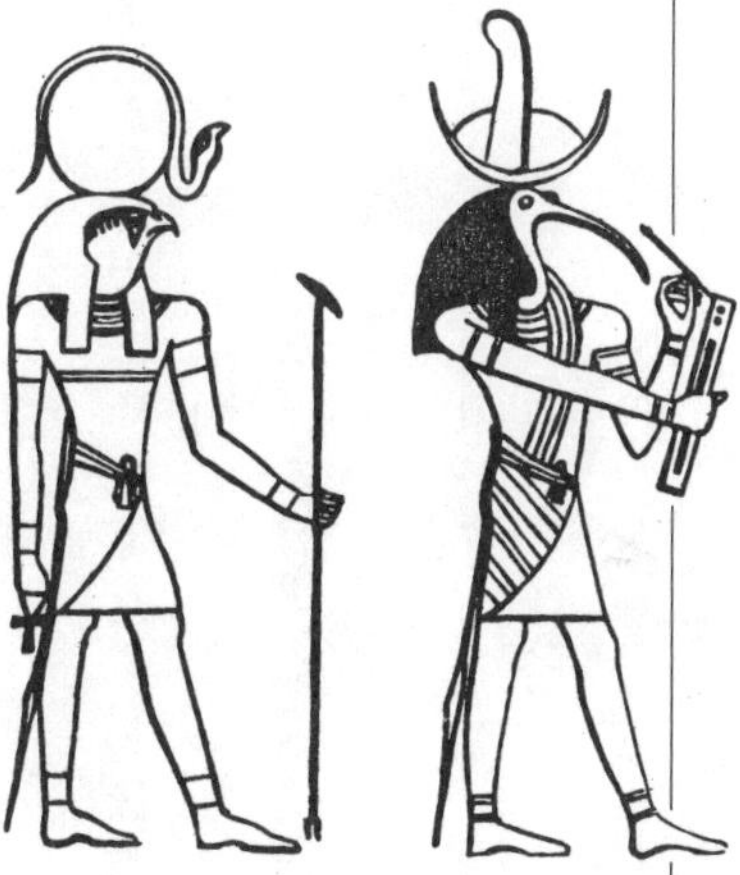

エジプトの鳥頭人身の神ラー（左）とトート

◎後漢は鳳凰、ハンガリーは鶏で建国

日本中どこの神社にも鳥居があります。これは神の領域と俗界との境を示す目印で、昔はこの付近に鶏や尾長鶏《おながどり》が放し飼いにしてありました。つまり、鳥は他界との交流を司る神だといえます。かつて鳥居は日本独自の設備だとされてきましたが、近頃ではブータンや中国西南部の少数民族の宗教施設にもあるとの報告があり、三世紀以前には長安などでも東の都門に鶏を吊して鬼を祓《はら》う風習があったそうです。

多くの国の神話で、建国や中興の瑞兆として天から鳥が舞い降りてきたという伝承が少なからずみられます。

古代中国の殷の始祖である契《せつ》の出世伝説では、有娀氏《ゆうじゆうし》の娘で帝嚳《ていこく》の次妃であった簡狄《かんてき》が三人づれで川へ水浴びにいった折、玄鳥《つばめ》〔燕〕が卵を堕《おと》していくのを見たので拾って呑み、そのため孕《みごも》って契を生んだ、としています。それゆえ玄鳥は殷の祖神として、遠祖を祀《まつ》る禘《てい》という祭りの対象になっていました。卜辞に「丁巳《ひのとみ》（の日）、卜して貞《と》〔問〕う。鳥に禘せんか」「貞う。鳥を禘するに三羊三豕〔豚〕三犬を用いんか」（前四・一七・五）とあるのがその例ですが、この場合の鳥は燕を表わすではなく、というふうに鳥形の胸に横に一画を加えた形で描かれており、これは鳳《おおとり》＝風のことだと解され、また後述の「鳴鳥」とも同一視されています。というよりも、殷の甲骨文には「風」を表わす文字は無

く、「鳳」もしくはその変型を借りて示されているのです。

鳳――あるいは鳳凰《ほうおう》――は空想の鳥ですが、殷の人々はそれをのごとく冠を戴《いただ》き、美しく翼を拡《ひろ》げた姿で描きました。それに則《のっと》ってかどうか、二世紀に後漢の許慎は『説文解字』において、鳳を「前（から観れ）ば鴻《はくちょう》〔白鳥〕、後ろ（から観れ）ば麐《めすきりん》〔牝麒麟〕、頸《くび》は蛇、尾は魚、思《ひげ》〔鬛〕は鸛《こうのとり》、鵻《はやぶさ》〔隼〕、鴛《おしどり》、文《いろどり》〔彩〕は龍、背は虎、頷《あご》〔頤〕は燕、喙《くちばし》は鶏（に似て体は）備《ことごと》〔悉〕く五色。（毎朝、）東方の君子之国より出でて（大空に高く）挙《のぼ》〔昇〕りて四海の外を翺翔《こうしょう》と（飛び）、崐崘《こんろん》（山）を過《こ》〔越〕えて（黄河の）砥柱《しちゅう》にて（水を）飲み、弱水《じゃくすい》（の流れ）にて羽を濯《きよ》〔潔〕め、莫《よる》〔夜〕は（西北方の）風穴に宿《やど》る。（この鳳の）見《あら》〔顕＝現〕わるるとき天下は大いに安寧す」と述べています。

では、鳳が、なぜ風なのか、といえば、許慎も記しているように、黄河中流域の西北方に当たるゴビ

漢代の瓦に描かれた鳳凰

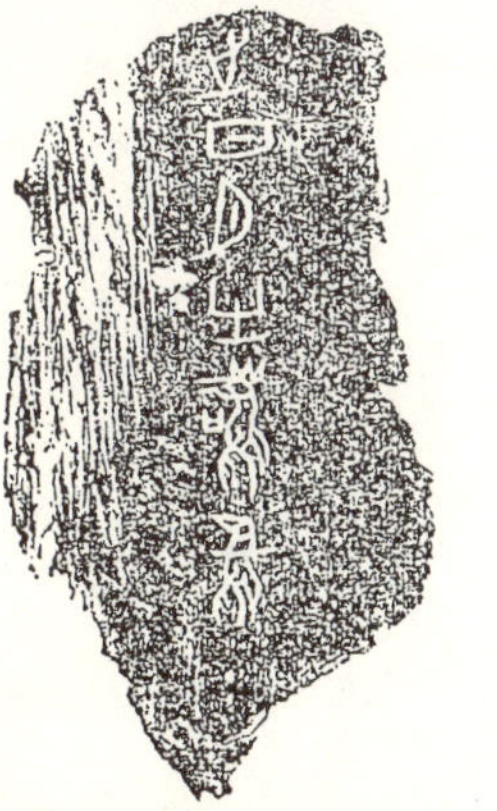
「鳴鳥」を記した殷虚出土獣骨

砂漠が風の生まれる場——風穴であり、そこから吹きつけてくるさまが、あたかも巨鳥の飛来するがごとくに見えたからでしょう。この風を防ぐために、殷王室は巫に「寧風《ねいふう》」という鎮めの祭りを行なわしめたほどで、その風は〔天〕帝の史《つかい》〔使〕だと怖れられていました。

やがて、風は方神の使者だと認識されるようになります。西北方ばかりでなく、四方八方から吹き来たり、吹き去っていく風は、それぞれの方位に棲む神が遣わす鳥だと考え、風の吹きすさぶ音も鳥の鳴き声になぞらえたのでした。「庚申〔の夕〕、また、鼓《わざわい》〔妖〕〔蠱＝乱〕あり。鳴鳥あり」（甲二四四〇・二四一五）と鳴く鳥として記しているのが風＝鳳に他なりません[1]。そして、その文字の意義は雉《きじ》、犧《いけにえ》、鴻《はくちょう》〔白鳥〕、鳱《がん》〔雁〕、卨《せつ》にして契《せつ》など、さまざまに解釈されています。

前八—前五世紀の春秋時代に、黄海に近い魯の国で飛来した海鳥を祀《まつ》ったことがありました。「昔、海鳥が魯の郊に止《とど》まる。魯侯、御《むか》〔訝＝迎〕えて之を廟に觴《さけそなえ》〔酒〕し、〔古楽の〕九韶《きゅうしょう》を奏して以って楽《がく》と為《な》し、太年《いけにえ》〔犧牲〕を具《そな》えて以って膳と為す」（『荘子』「至楽篇」）、「海鳥を爰居《えんきょ》という。魯の東門の外にとどまること三日、大夫の臧文仲《ぞうぶんちゅう》、国人をしてこれを祭らしむ」（『国語』「魯語上」）というふうに神聖なものとして来訪を祝したのです。

しかし、荘周は続けて「鳥、乃《すなわ》ち眩視《めくらめみ》て憂悲し、敢《あ》えて一臠《ひとにく》〔肉片〕を食らわず、敢えて一杯〔の水〕を飲まずして、三日にして死せる」と記し、これは魯侯が自分勝手な養い方をしたのであって、鳥にふさわしい養い方ではない、といっています。そして、鳥にふさわしい養い方とは、深い森林に棲まわせ、広い平原に遊ばせ、江湖に浮かばせ、泥鰌《どじょう》や鰷魚《はや》を食うがままにさせ、群れの列を追って降りたり、思うとおり止まっていさえすればいいのであり、鳥は人の言葉を聞くのがいやなのに、なぜ、あのように騒がしいことをしたのか、と大いに非難しているのです。

また、『春秋左伝』文公二年伝は、仲尼《ちゆうじ》〔孔子〕が臧文仲の行動には三つの不仁、三つの不明があると批判した言葉を載せますが、そのうちには爰居の祀りも含まれています。もっとも、これに伝を付した晋の杜預《どよ》は、後漢の樊光《はんこう》の『爾雅《じが》』注を引いて「(爰居は)鳳皇《ほうおう》〔凰〕に似たり」と記す(2)ので、あるいは、この鳥も殷の方神=風神の姿態のひとつだったのかもしれません。

漢の哀帝(前七—前一)の時代には鳳凰《ほうおう》が長安の済陽宮に降りるという出来事があったので、ここに鳳凰廬《ほうおうろ》という宮殿を築きました。それから程なく王莽《おうもう》が権力を握って漢王朝を倒し、新という国をつくって皇帝を称しました。そんな混乱のなか、後に後漢を再興する光武帝が忠臣の李通《りとう》らと挙兵して砦の中へ入ったところ賊兵にぶつかり、あわてふためいて廬宮へ逃げました。そのとき真っ赤な光が廬宮の彼方の南に見え、その輝きが天まで届いていましたが、しばらくして見えなくなったといいます。これは光武帝の徳を認知した鳳凰が瑞兆を顕《あら》わしたもので、光が南に見えたのは南方を司る鳳凰=朱雀の神格の発現でしょう。光武帝には別の伝承もありますが、それは「5石の神」で述べましょう。

記紀神話では神武天皇が東征して大和へ攻め入る際、この地に勢を張る長髄彦《ながすねひこ》に苦戦するところ、「時に忽然《たちまち》にして天陰《ひし》けて雨氷《ひさめ》ふる。乃《すなわ》ち金色《こがね》の霊《あや》しき鵄《とび》有りて、飛び来りて皇弓《みゆみ》の弭《はず》に止れり。其の鵄光り曄煜《てりかかや》きて、状《かたち》流電《いなびかり》の如し。是に由《よ》りて、長髄彦が軍卒《いくさのひとども》、皆迷《みなまど》ひ眩《まぎ》えて、復力《またきわ》め戦はず」

（『日本書紀』）というように金鵄《きんし》が飛来したことは余りにも有名です(3)。この説話に基づいて、明治二十三年（一八九〇）に金鵄勲章《きんしくんしょう》が制定されました。これは旧日本陸海軍の武功にすぐれた将兵に下賜された栄誉で、功一級から功七級の段階があり、日清戦争から第二次大戦に至る間の戦闘で、多くの軍人に与えられました。

これとよく似た挿話《エピソード》がハンガリーの建国神話にあります。それは、アルバート王がマジャール人を率いて南ロシアからカルパチア山脈を越えて進んだ折、疲れはてた王軍が一歩も進めなくなったときに突然、一羽の鵄《トウルウル》が飛び来たって道案内をしたので、軍は再び奮い立ち、遂にハンガリーの地に建国し、アルバートは初代王になったという話で、鵄はハンガリー民族の象徴《シンボル》になりました。ハンガリー人は、周知のように、モンゴル・トルコ系の騎馬遊牧民フンの末裔ですから、日本人の遠祖とはいわば近縁関係にあったので類似の説話があっても不思議ではありません。というよりも、北・中央アジアの諸族の始祖伝承には鳥と密接にかかわっているものが多く、先に述べた殷の玄鳥伝説もその最も古い型の一つだといえそうです。

◎二つの世界を結ぶ鳥型の舟

その発展形態のあり方として、鳥は、しばしば、人の霊魂を運ぶ神として語られます。

古代の朝鮮半島南部にあった弁辰《べんしん》と辰韓のうち辰王が治める十二国では、人が死ぬと大鳥の羽をもって死者の霊魂を天空に飛《と》び揚《あ》がらせる風習のあったことが『三国志』「魏書」「烏丸鮮卑東夷伝」に出ています。また、高句麗の下級貴族――特に使者――は頭に折風《せっぷう》という弁《かんむり》〔冠〕を被《かぶ》っていましたが、この弁に自分の魂を示す鳥の羽を挿《さ》す慣わしで、その羽の種類によって貴賤の差を設けたということです(4)。この風俗は、まさに、先述した殷の鳳＝風＝方神の使者そのものの姿です。殷は東方の夷系諸族の建てた国ですから、扶余《ふよ》に出自して高句麗を号した朱蒙も東北夷の流れを汲む者であり、更に遡れば殷の方神の一柱だったに違いありません。それ故、その使者は弁に族徴《トーテム》の鳥の羽を挿して誇示し、その後の世まで「折風」の名で残ったのでしょう。

中国の戦国時代の呉の国では鶴をもって死者を送る儀礼が行なわれていました。『呉越春秋』「闔閭内伝」の記すところでは、呉王闔閭《こうりよ》が楚《そ》を伐《う》つ策略の一つとして夫人と娘の滕玉を差し出したところ、楚の昭王は会席の蒸魚を半分食べ、残りを滕玉に与えました。彼女は怒りのあまり屈辱に耐えかねると自殺してしまいました。闔閭はこれをひどく悲しみ、呉都の西の閶門外に池を掘り、土を積み、石を飾って棺を造り、金鼎《きんのかなえ》、玉杯、銀樽《ぎんのたる》、珠襦《たまのころも》といった宝物を入れ、白鶴を舞わせ、その鶴を男女の下僕と倶《とも》に羨《せん》〔墓〕道《どう》に入れ、門戸の樞《とぼそ》を回して閉じ込める送葬の儀を行なったといいます。

記紀神話には二つの世界をつなぐ雉が登場します。高天原《たかまのはら》の高皇産霊《たかみむすひ》は葦原中国《あしはらのなかつくに》の有様を知るために、天稚彦《あめわかひこ》に天鹿児弓《あまのかごゆみ》と天羽羽矢《あまのははや》を賜いて遣わしましたが、彼は顕国玉《うつしくにたま》〔大国主〕の娘の下照姫《したでるひめ》を娶って八年も復奏しなかったので、高皇産霊は無名雉《ななしきざし》――『古事記』では鳴女《なきめ》――という雉を送って様子を伺わせました。しかし、その雉を見つけた天稚彦は、先に高皇産霊から下賜された弓矢で射殺してしまいました。矢は雉の胸を貫いて天に坐《ま》す高皇産霊――『古事記』では天照《あまてらす》と高木《たかき》――の前にまで達しました。高皇産霊がそれを地上に投げ返すと天稚彦の胸に当たり、たちどころに死んでしまいました。これは矢《サチ》〔㝵〕の持つ煞《サチ》〔霊力＝㝵〕を相手に取られて射返されると大害を受けることの戒《いまし》めなのですが、雉を射るには矢に糸を付けて放つ矰繳《いぐるみ》という猟具を用いた太古の手法にも関係がありそうです。(5)

天稚彦の死を見た下照姫の泣き悲しむ声は天《あめ》にまで聞こえたので、稚彦の父の天国玉《あまつくにたま》は疾風《はやて》を遣わし、屍体を天に挙げて葬儀をし、川鴈《かわかり》という鳥に死者の頭を持つ役と喪屋《もや》を掃く役をさせたといいます。しかし、『日本書紀』一書《あるふみ》では、頭を持つのは鶏、掃除役が川鴈、雀が米を舂《つ》く役だったといい、別の一書では頭持ち、掃除役ともに川鴈で、鵄《そび》という鳥が葬祭の代人になり、雀を米舂き、鷦鷯《みそさざい》を泣き役、鵄《からす》を死者の衣造り、鳥を供え物役としたとしています。このように諸鳥にそれぞれの役を割り当てたのは、奈良時代に人間の魂は死後、鳥に移るという信仰があったからです。

同様な考えはアメリカ・インディアンにもあり、ヒューロン族は死者の霊が山鳩になると信じており、ポーハタン族は酋長の霊魂を受けた小鳥は決して害しませんし、イロクォイ族は埋葬の夕暮れに魂を運ぶ鳥を放つ悲しい儀式を行なうそうです。また、メキシコのトラスカラン族は貴族の霊魂が美しく歌う鳥に化すとし、ブラジルのイサナ族は勇者の魂が美味な果実を食べる鳥になるとしています。(6)

南太平洋の全域で語られているマオリ神話では、さまざまな文化や道具をポリネシア人にもたらしたとされる半神半人の英雄マウイが、別世界へ去った両親を探すため鳩に姿を変えて異境を訪れる挿話があります。(7) これもやはり、トンガやサモアの海の民が古くから人の魂を鳥になぞらえていたところから生まれた物語なのでしょう。

　こうした鳥への畏敬が象形化されたのが鳥型の船で、魂をより速く、より確実に運びたい思いの結実として造られた、と思われます。ヴェトナムから出土する古代の青銅鼓には鳥型の舟に鳥を象《かたど》った人物を描いたものがあり、南ボルネオでは実際に霊魂を他界へ送る舟があったといいます。これら太平洋圏の習俗と共通する性格の船が記紀神話にも登場します。

　天稚彦の死後、高皇産霊は経津主《ふつぬし》と武甕槌《たけみかづち》の二神を下し、葦原中国《あしはらのなかつくに》の国つ神である大己貴《おほあなむち》〔大国主〕に国譲りを迫らせます。大己貴が子の事代主《ことしろぬし》と相談して答えようと言ったので、高天原では熊野の諸手船《もろたふね》またの名を天鴿船《あまのはとふね》に使者の稲背脛《いなせはぎ》を載《の》〔乗〕せて諾否を問わせたところ、大己貴と事代主が国譲りを承知したと『日本書紀』は伝えます。『古事記』では建御雷之男《たけみかづちのを》〔武甕槌〕に添えて天降りした神を天鳥船《あまのとりふね》としており、ここでは乗り物ではなく、鳥の神格そのものが神名になっています。そのわけは、古代人が雷――この場合は建御雷――は船に乗って天と地を往来すると信じていたという考え方に拠ることが多いのですが、むしろ、異境との交流には「鳥」と称する船を交通手段に用いる慣習があった、と捉えるべきでしょう。

鳩になって異境を訪れたマウイ

　伊奘諾と伊奘冉が国生み、神生みをした際も「日月《ひつき》既に生れたまひぬ。次に蛭児《ひるこ》を生む。此の児《みこ》、年三歳《としみとせ》に満《な》りぬれども、脚尚《あしなほ》し立たず。……次に素戔嗚尊を生む。……次に鳥磐櫲樟船《とりのいはくすふね》を生む。輒《すなは》ち此の船を以て蛭児を載《の》せて、流《みづ》の順《まにま》に放《はな》ち棄《す》つ」（『日本書紀』一書）というように、不具の子を潮筋の彼方の異界へ流し棄てる折に鳥船が使用[8]されました。この蛭児——『古事記』では水蛭子《ひるこ》——について、夙に松本信広は「日の神神話」に結びつけ、「もとの形は、天照大神を大日孁貴《おおひるめのむち》とよんだことから推すると、ヒルコすなわち日の子であり、太陽の裔を空船に乗せて水に流す思想と関係がある」[9]と論述しています。

そして、『古事記』は鳥之石楠船《とりのいはくすふね》の別名が天鳥船だと明記しており、その神は水や木、山、野、霧、火などの自然神と共に誕生しています。したがって、それは「鳥の翔《と》ぶがごとき」速力《スピード》の出る木船だという意味だったのかもしれません。

事実、『播磨国風土記』逸文（『釈日本紀』）には「速鳥《はやとり》」の条があり、明石の駒手《こまで》の井戸に被さるかたちで楠《くすのき》の大木があったことを伝えます。そして、仁徳天皇の世にこの楠を伐《き》って船に造ると、「その迅《はや》きこと飛ぶが如く、一檝《ひとかじ》に七浪《ななみ》を去《ゆ》き越えき」ほどだったので「速鳥」と名づけました。そうして、この井戸の清水を朝夕に汲んでは、難波の天皇のお食事時までに届けたのですが、ある日、時刻に間に合わないことがあったので、何が速鳥なものか！、と嘲って歌に詠んだ人がいた、ということです。

この話は、『古事記』が載せる「枯野《からの》」という船が仁徳天皇の代に造られたという記事に対応します。それは、免寸河〔名称・場所不明〕の西にあった高樹を切って船を造ったところ、軽く浮かびて速く行くので「加良怒《からの》〔枯野〕」と名づけ、朝夕に淡道〔路〕島の寒泉《しみづ》〔清水〕を汲んで、天皇の飲みものとして運んだ、そうです。けれども、遂に、この船も壊れたため塩を焼く薪《たきぎ》とし、余りで琴を作ると、その音は七つの里にまで響いた、といいます。

しかし、この記事にも原話があります。『日本書紀』が仁徳天皇の父の応神天皇五年（伝・二七四）条に、伊豆国に布令《ふれい》して長さ十丈〔約三十メートル〕の船を造らしむると軽くて速いので枯野と呼んだ、と載せるのがそれで、同三十一年条には、この船が朽ちたので船材で塩を焼き、五百籠の塩を得たうえ余材で琴を作れば、その音が遠方まで涼しげに聞こえた、と記しています。

したがって、枯野という船名は「軽く速い」の意として幾艘もの船の号《な》〔名〕になっていたと比定すべきでしょう。同様な推測は、先の「速鳥」の船名にもいえます。

『続日本紀』「孝謙天皇紀」天宝宝字二年（七五八）三月条に「丁亥（の日）、（遣唐使船の）船名の播磨、速鳥を並《とも》〔倶〕に従五位下に叙し、その冠《おおい》〔覆〕は各《おのおの》、錦を以って造らしむ。入唐使の乗るところのものなればなり」とあるので、遣唐使船に「速鳥」の名があったと窺知《うかがいし》ることができます。この叙勲された速鳥は、天平勝宝六年（七五四）に帰着した第十次船の一隻[10]なのでしょう。

このように、「鳥」を称した船は異境への航海に用いられました。太古の舟人が、なぜ、長い航路を鳥と関係づけたのかといえば、航海の途中で立ち寄る島が、鳥にとっても人にとっても、「寄《よ》る辺《べ》」だったからです。

『説文』は、島をと鳥の似姿に象《かたちづく》り、「海中の往往《ところどころ》〔処々〕に山ありて、依《よ》りて止まるべきを㠀《しま》〔島〕と曰う」としていますので、島は古来、鳥も人も立ち寄って休息する山だったのです。では、山とは何かといえば、「宣《ゆきわたら》〔偏〕すなり。万物を生ずる气《うんき》〔雲気〕を散《はな》〔散＝放〕ちて宣せる」（『説文』）

ものなので、茫洋たる海原のなかにおいて、真《ま》っすぐ天に向かって緑陰を突き上げている島は、陽光と潮に萎えた体に生気を取り戻してくれる聖地に他なりませんでした。そして、その救いの地——島は、常に、まず、鳥が見つけて翼を休めました。舟人は、鳥を目標《めじるし》に舵を切れば、生命を永らえることができたので、その大切な「鳥」を船名に冠したのでしょう。

そうすると、記紀の蛭児伝承も俄《にわか》に明白になってきます。すなわち、この海原の彼方のどこかには、不具や瀕死で生まれた嬰児を養育する「再生の神の島」があり、そこへの案内役は鳥なので、鳥磐櫲樟船という楠の舟に児を乗せて、水の随《まにま》に流すという風習があった、と考えられます。そして、それが原・日本人の故郷である高天原の慣わしであり、行きつく先が葦原中国であったとしても、おかしくはありません。いずれにせよ、高天原と葦原中国の二つの世界を精神的に結びつける手段が鳥の船だったわけです。蛭児は、淡路の磤馭慮島《おのごろしま》〔現・兵庫県三原町榎列《えなみ》の自凝神社《おのころじんじゃ》〕より海に流されましたが、それは西宮の浦に漂着したといわれ、これが鎮座したのが夷神社《えびす》〔現・西宮神社〕だと伝承されています。したがって、淡路に国の基《もとい》を建てた伊奘諾と伊奘冉は太古に渡来した天つ神であり、それに対して、不具の児を「客人《まれびと》」として育てた摂津の人々は、この列島に原住していた国つ神——縄文人だと考えられます。夷は後に「恵比寿」というふうに表記され、中世以降は豊漁神として七福神信仰に組み込まれますが、七神のうちで恵比寿だけが、わが国出自の神格です。

また、古代から中世にかけては海難した人々の屍《しかばね》を、しばしば「夷の御神体」として祀りました。この風習は、やがて仏教の観音信仰と結びつき「補陀落渡海《ほだらくとかい》」になります。

観世音菩薩は海鳥にかかわる者とされ、その居住する場は南インドの海浜に聳える補陀落《ポータラカ》〔海鳥山〕の峯だと伝えられます。その場所は未だに特定されていませんが、実は、それも舟人への目標《めじるし》なのです。紅海やペルシア湾を発した西方の船は、インド最南端のコモリン岬で観音の姿を見定めたら、そこで取舵を一杯に切ります。さもないと舳先《へさき》がベンガル湾へ向かわず、嵐の海へ突入してしまうのです。同様に、中国では浙江省舟山列島の普陀山《ふださん》が黄海へ入るための、日本では空海の修行した室戸岬が大阪湾へ、そして紀伊の那智山が伊勢湾へ到達するための目標として観音の住処《すみか》とされました。この目標は山中にも置かれ、チベットのポタラ宮殿、朝鮮半島では江原道の洛山、わが国では北アルプスの穂高岳が観音の「方角案内標示」だとされています。

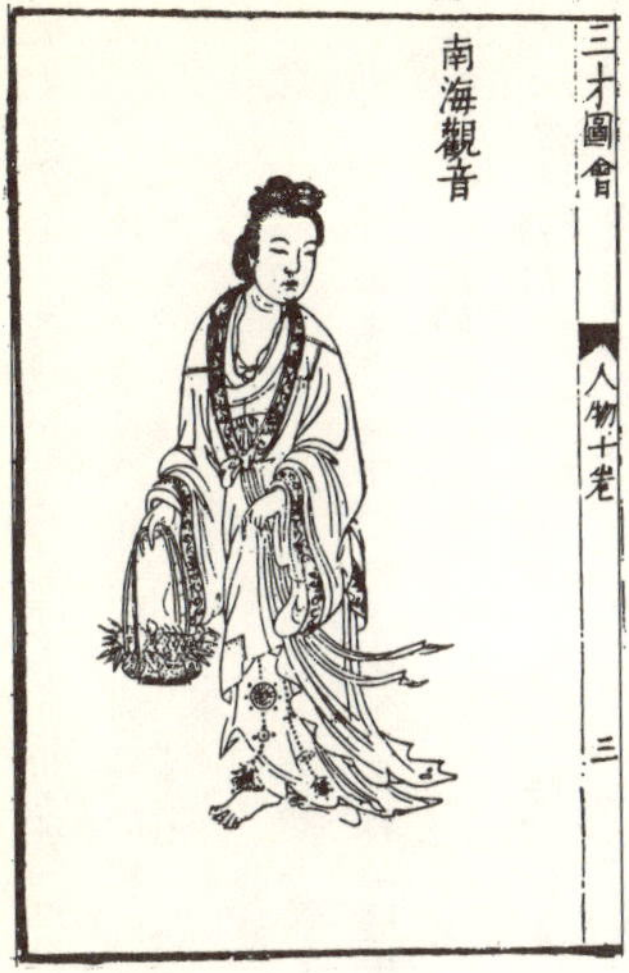

南海観音（『三才図会』より）

この海洋目標を、平安時代からは観音の浄土の一環として捉え、人々は那智の補陀落山寺をポータラカの東門だと信じました。いま、なおも仏になるための修行を積んでいるという菩薩に憧れ、観音信仰が熱気を帯《お》びる鎌倉時代以降は、多くの僧や信者がこの地より海の彼方の浄土をめざして旅立ちました。

『梁塵秘抄』に収める、

観音大悲は舟筏《ふないかだ》、補陀落海《ほだらくかい》にぞうかべたる
善根もとむし人しあらば　乗せて渡さむ極楽へ

の歌に従って、数日分の食糧や水を積んだ小舟に横たわり、海上で逃げ帰らぬよう舟板を釘づけにして黒潮に身を委ねる壮烈な渡海を試みたのです。むろん、この観音信者たちを案内する鳥がいたかどうか、の記録は残っていません。

霊魂と鳥のかかわりを最も強く表現していたのは、なんといっても古代エジプト人です。

前五世紀にギリシアのヘロドトスは『歴史』のなかで、古代エジプト人が聖なる鳥と崇めた不死鳥《フォイニックス》について、次のように伝えています。

「……そのほかフォイニックスと呼ばれる聖鳥もある。実際、ヘリオポリス人がいうように（それがやってくるのは）五百年目ごとといったぐあいで、これはめったに彼等を訪れないというわけで、私も絵で見たかぎりを除いてその実物を目撃した事が無い。そして、それはその父鳥が死んだ時に必ず訪れるという事である。……それがどんな大きさで、かつどんな性質のものであるかといえば、それの羽はこがね色とくれない色とから成っており、その輪郭と大きさにおいてこの上なく鷲《わし》に似ている」[11]と述べたうえ、アラビアに棲息するその不死鳥は、死せる父鳥をエジプトのヘリオス神廟の境内へ運んで埋葬するのだ、と語っています。その遺骸の運搬法が実に奇態で、まず、没薬《ミルラ》を大きな卵形にこしらえ、それを何度か運搬テストした後、刳《く》り貫《ぬ》いて父を納め、その上を塞《ふさ》ぎ塗って元の重量に保つと、これを両脚に抱《かか》え込《こ》んでエジプトまで飛んで来る、というのが「太陽の都市《ヘリオポリス》」の人々の言い伝えだそうです。

プォイニックス〔フェニックス〕は、むろん、鳳と同様に空想の所産ですが、それはまた「ベヌー」という、これまた空想の鳥神と同一視されました。ただ、ベヌーの姿は鷲ではなく青鷺《あおさぎ》に似ており、へリオポリスにおいては豊饒神にして冥界の支配者たるオシーリスの魂として崇拝されました。しかし、それは更に古く、創造神ラーの変身《メタモルフォーゼ》のひとつでもありました。ラーはおそらく原初の太陽光線神で、ベンベンという石に方尖柱《オベリスク》のかたちで自ら具現し、大気神シューと露の女神テフヌトを独りで産みました。そして、ラーはときに聖牛ムネヴィスにも、またベヌーにも化身したのです。

シューは「空虚の神」ですが、その標識として頭上に駝鳥の羽を飾っており、それが彼の名の象形文字《ヒエログリフ》でもありました。このシューと双生の妹テフヌトが交わって産んだのが、大地神ゲブと空の女神ヌートです。

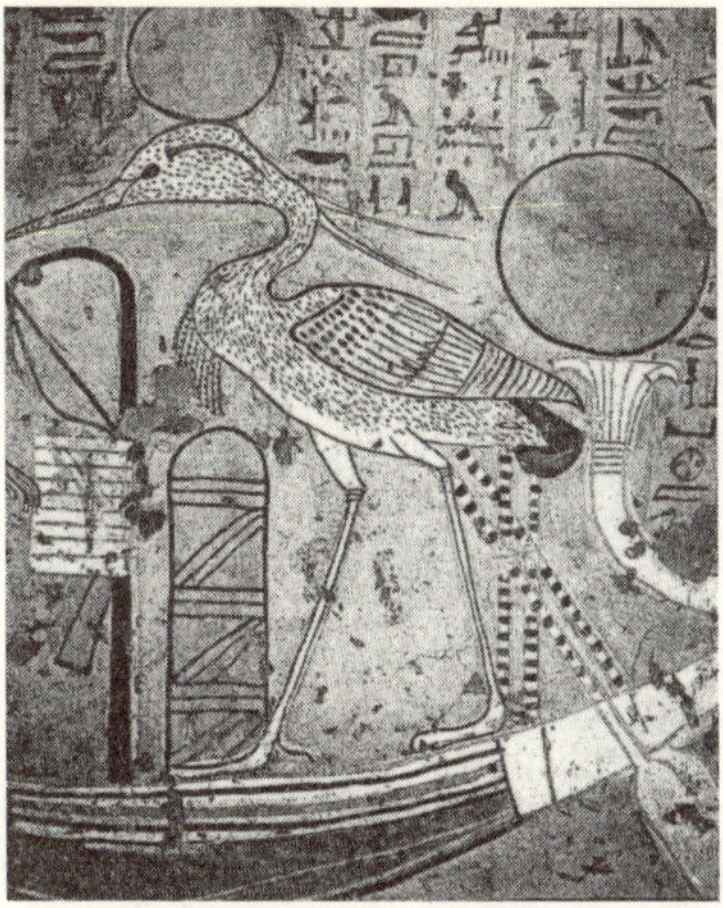
テーベ出土の墓壁に描かれたベヌー

ゲブ〔地〕と妹のヌート〔空〕は初め、生まれながらに、ぴったりとくっついていましたが、ラー〔光〕の指示でシュー〔気〕が、その間にもぐりこみました。シューは、ヌートを高く差し上げ、二本の腕を張った姿勢でゲブとヌートを激しく引き離してしまったので、これが「シュー〔高める・持ち上げる者〕」の名の由来になりました。

ゲブとヌートが交わって生まれたのが、オシーリスとその妹にして妻であり、太陽神ホルスの母たる女神イーシス、戦い神セトとその妹にして妻たる「女主人」のネフテュス、それに末弟の知恵の神トートの五柱です。オシーリスが曾祖父ラーと同様に聖鳥ベヌーでもあったことは先述しましたが、弟のトートは朱鷺《とき》でした。先史時代からの古い月神で古都ヘルモポリスの主神だったトートは鳥頭人身の姿で、人の行為や言葉を記録し、冥府では死者の魂を測る任務に就いていました。この神は朱鷺《とき》の頭に弦月と円盤を戴き、筆記具と棕櫚《しゅろ》の枝を持った格好で表現されます。同じく月神のコーンスも隼の頭に満月と三日月で描かれます。

大地神ゲブから天空神ヌトを持ち上げる大気神シュウ

隼の頭を持つ太陽神ラー

『死者の書』によれば、人は死後、オシーリス神の法廷で善なる者と裁かれれば魂を楽園で永らえさせられるばかりか、願いに応じて、いかなる生物にも転生できます。エジプト人が最も望んだ変身は鳥で、なかでも天駈ける「黄金の鷹」が人気の的でした。(12) この鷹は、オシーリスとイーシスの子である太陽神ホルスのことで、鷹とはいうものの、両翼を大地につけて滑空する大隼とみなされており、前二十八世紀頃からオンの主神ラーが太陽神にして国家神になるまではホルスが王《ファラオ》の化身でした。

神々の王として世界秩序の中心とされたラーは各代の王《ファラオ》の霊魂《バー》が鳥に転生した姿ですから日輪を戴く隼で表わされました。そして、昼の太陽神《ラー》は「マアンジェット」なる葦舟で天空を航行し、夜には天《ヌ》の女神《ート》の胎内を「メスケット」という船で西から東へ戻ります。この両船のマストには古き太陽神《ホルス》たる鷹が止まっているとされ、あるいは、この太古のエジプトの葦舟が世界中に伝播して、先述した鳥型舟に変化していったのかもしれません。

エジプトでは、そのほかにも古いテーベの主神メントゥ、コムオンポスの主神ハロエリス、メンフィスの墓地守護神ソカルなどが隼の頭の神で、いずれも古代エジプト人の魂《バー》の姿だとされています。

◎白鳥は洪水伝説の記憶を伝える

鳥が魂とかかわるのは大国主の伝承にもあります。

兄の八十神《やそがみ》たちに憎まれていた大穴牟遅《おほあなむぢ》〔大国主〕は、焼いた大石を猪だと偽られて、これを山から追い落とすから受け取れと命ぜられ、それに従ったがため大火傷を負って殺されてしまいます。大国主

母の手当を受けるレミカイネン

の死を悲しんだ母神の刺国若比賣《さしくにわかひめ》は高天原の神産《かみむ》巣日《すひ》に頼みこみ、𧏛貝《きさがい》比賣《ひめ》〔赤貝〕と蛤貝《うむぎ》比賣〔蛤《はまぐり》〕の乳汁で麗しき壮夫《おとこ》の葦原色許男《あしはらしこを》に再生してもらいました。すなわち、貝の抽出物《エキス》の有効成分によって仮死に陥った火傷を治療したという話ですが、『出雲国風土記』嶋根郡法吉《ほほき》の郷《さと》条は、この赤貝が鶯《うぐいす》に変身したことを述べます。「神《かみ》魂《むすびのみこと》命の御子《みこ》、宇武加比賣命《うむかひめのみこと》、法吉鳥《ほほきどり》と化《な》りて飛《と》び度《わた》り、此処《ここ》に静まり坐《ま》しき」というのです。

そうすると大国主を救ったのは実は鳥ではないか、とも考えられるのですが、これに類する話が記紀と同時代のフィンランドで成立した叙事詩『カレワラ』に収録されています。

農夫にして漁夫なる青年レミンカイネンは恨みをかった羊飼いに殺され、斬りきざまれて、この世と黄泉の境を流れるトゥオネラ河に投げ込まれます。これを知った彼の母は太陽の教えに従ってマナラ渓谷に赴いて鉄の熊手で、ばらばらになった息子の屍体を掻き集めました。そして、飛び来たった「蜜蜂」という名の小鳥に、死から蘇生させる蜜を求めに行くよう頼みます。小鳥は月、日、大熊星、七つ星をも越えて創造主《つくりぬし》の穴倉に辿《たど》りつき

そこにては銀の壺にて、

また金の鍋にて、
もろもろの薬はよく調合され、
軟膏は正しく練り作られき。(13)

という状態だったので、その液汁や軟膏を持ち帰ると、母親は全能の薬をレミンカイネンの患部に塗って邪悪なる眠りより醒まし、以前よりも美しき青年に再生させたといいます。

先にハンガリーの建国神話で述べたのと同じくフィンランド人もフンの末裔ですから、やはり原始の日本人の親縁種族であり、二つの挿話に類似性があるのは当然なのでしょう。

レミンカイネンが殺されたのは、求婚の代償にトゥオネラ河の白鳥を射る仕事を課せられたためでした。逞しい男が白鳥とからむ話は、白鳥処女伝説として古代・中世世界の到る所にみられます。

中世ゲルマンの『ニーベルンゲンの歌』では、フン族の国に赴く騎士ハゲネがドーナウ河畔で白鳥の姿をした二人の仙女の水浴びを見て、

ハゲネは彼女らの姿を認め、ひそかにその側に忍び寄った。それに気づいた彼女らは、急いで逃げ出した。そして、その場をのがれたことをひどく喜んだ。勇士は彼女たちの衣を奪ったが、それ以上はどうともし得なかった。

するとハデブルクという一人の水の乙女がいった、「貴い騎士ハゲネ様、もし私たちの衣を返して下さるなら、フン族の宮廷へおいでになるあなた方の旅が、どういうことになるか予言してあげま

すよ、勇敢なお武家様。」

彼女らはさながら水鳥のごとく、彼の眼の前の流れの上に浮かんでいた。そのため彼女らの判断は卓れて立派なものに思われた。従って彼女らの告げんとすることは、一そう信頼できた。水の乙女は、彼の尋ねたいことを説き明かした。[14]

というふうに、ひそかにその衣を奪い、衣を返すのと引き換えに水の乙女たちから自分の未来の運命を聞き出します。この「水の乙女《メレヴイッフ》」の原意は北欧神話にあるといわています。それは、おそらく北欧神話『エッダ』「巫女の予言」のなかで、

この樹の下にある海から三人の物識りの娘たちがやってくる。一人の名はウルズ、もう一人の名はヴェルザンディ――二人は木片に彫った――三人目の名はスクルドという。女たちは、人の子らに、運命を定め、人生をとり決め、運命を告げる。[15]

と詠《うた》われる三人の「海の女」のことでしょう。ここに「この樹」とあるのは世界樹ユグドラシルの謂《いい》で、その根方に広がる泉＝海に棲む、(運命を)編む者《ウルズ》、生成する者《ヴェルザンディ》、義務《スクルド》(を行なう者)という娘たちが、ドーナウ河の白鳥の水の乙女と同様に、生きとし生ける者の命運を語ってくれるというのです。

それは『スノリのエッダ』の「ギュルヴィたぶらかし」に、「ウルズの泉の中には二羽の鳥が暮らしていて、白鳥と呼ばれているが、この鳥から白鳥と呼ばれる鳥類が由来するのだ」とあるのにも対応しています。なお、興味ぶかいことに、この前文には「そこ〔世界樹ユグドラシル〕から地上におりる露

を人は蜜露と呼んでいるが、蜂はこれを食べて生きているのだ」とあり、これを蜜蜂（鳥）と捉えれば、まさしく、先に記した『カレワラ』で、回生の蜜を求めに行く「蜜蜂」の名の小鳥と同根の伝承だと考えられます。

更に、同じく『エッダ』の「ヴェルンドの歌」では、フィン（ランド）王の三人の息子スラグヴィズ、エギル、ヴェルンドが、狼谷《ウールヴダリル》の狼池《ウールヴシアール》のほとりで白鳥の羽衣を脱ぎ置いて亜麻を織る三人の娘——死者守護霊《ヴァルキューレ》のフラズグス・スヴァンフヴィート、ヘルヴォル・アルヴィト、エルルーンを見つけて妻にします。その際の様子は、

乙女たちが南から暗い森にむかって飛んできた。若いアルヴィトは運命を定めに。彼女らは池のほとりに、腰をおろして休み、南の乙女たちは高価な亜麻を織った。

彼女らの一人、美しい乙女は輝く腕でエギルを抱き、スヴァンフヴィートは、白鳥の羽衣を身にまとい、スラグヴィズのものとなり、姉妹の三番目は、ヴェルンドの白い頸を抱いた。

と、白鳥の精たちが積極的に兄弟に恋をしかけたのでした。しかし、その結末は、

彼女らは七年そこに留まったが、八年目にはみな懐郷の念がつのり、九年目には矢も楯もたまらずに別れを告げ、乙女らは暗い森を目指して去った。若いアルヴィトは運命を定めようと。

と、白鳥の精たちの望郷の念が抑えがたく、飛び去って終わりを告げます。

ヴァルキューレというのは、戦士の父《ヴァルファズル》（神）たるオーディンに仕える武装した乙女の意で、戦場で倒

れた勇士たちを、天上のヴァルハラ宮殿に導くのが務めです。彼女たちはさまざまなものに変身でき、特に白鳥の姿を採る場合が多いようです。この死者守護霊《ヴァルキューレ》は元来、人々の眠りの間に肉体から離れ出て他の場所に形を創りあげる人間守護霊《フュルギャ》に起源をもつといわれています。

ここでは、南方――おそらくはイタリア半島――と、北のスカンディナヴィア半島のフィンの国とを往来していますが、それは古代の北ゲルマン族の夢であり、実際、八世紀後半から十一世紀初めにかけては、ヴァイキングとして海を渡って南方へ侵寇し、その夢を実現させました。

こうしたヨーロッパの白鳥物語は、『アラビアン・ナイト』の三羽の鳩の妖精《ジン》が羽衣を脱いで水浴びする話、ギリシア神話の世紀の美女ミュケナイ王妃ヘレネーが白鳥の精であったという説話、中国で四世紀初めの『捜神記』が収録している羽衣を脱ぐ天女の二つの話、それに日本の駿河国・近江国・丹後国などの『風土記』が記す羽衣の話などと共通して、世界的に分布しています。

記紀神話でも白鳥は幾度も天皇家にかかわります。

垂仁天皇二十三年（伝・前七）九月二日、天皇は群臣に対して、皇子誉津別王《ほむつわけのみこ》は既に歳三十、髭も八握りほどに伸びているのに泣くさまは幼児のごとくで言葉も出せないのはなぜかを各官職で論議せよ、と詔《みことのり》しました。ところが、冬十月八日に鳴鵠《くぐひ》（白鳥）が大空を渡っていくのを観《み》た皇子は、「是《これ》、何物ぞ」と初めて言葉を発しました。天皇、大いに喜びて、誰かこの鳥を捕えてまいれ、と命ずると、鳥《とと》取造《りのみやつこ》の祖先である天湯《あめのゆ》河板挙《かはたな》が「臣《やつこ》が必ず捕えて献《たてまつ》らむ」と述べ、鵠を追いかけ追いかけ出雲――異伝では但馬国《たじまのくに》――に詣《いた》〔到〕って捕獲しました。そうして、十一月二日に鵠を持ち帰ると、誉津別命〔王〕はこれを弄《もてあそ》んで、遂に言語を自由にできるようになった（『日本書紀』）といいます。したがって、この白鳥は、唖者の病根を癒す呪法を有していたわけですが、『淮南子《えなんじ》』「原道訓」に「それ、烏《からす》の唖唖《ああ》、鵲《かささぎ》の唶唶《さくさく》〔と啼《な》〔鳴〕く〕は、豈《あに》、まさに寒暑、澡湿《そうしつ》なれども、その声に変わりなし」とあるように、古来、「唖《あ》」は烏の声でした。となれば、全身黒色の鳥の祟《たたり》で唖者になった者が、全身白色の鵠の霊声でそれが解けた、という話だったのかもしれません。

もっとも、『古事記』は、鵠の飛び逃げた地域を紀伊、播磨、因幡《いなば》、丹波、但馬《たじま》、近江、美濃、尾張、信濃の国々と述べ、これを追った山辺《やまのへ》の大鶙《おほたか》という者が「遂に高志《こし》〔越〕《の》国に追ひ到りて、和那美《わなみ》〔羂《わな》網《あみ》〕の水門《みなと》[16]〔湊＝港〕に網を張りて、其の鳥を取りて」献上したと広範囲に記録しますが、本牟智和気《ほむちわけ》〔誉津別〕王《のみこ》の唖疾は白鳥を手にしただけでは治らず、次のような手続きを必要としました。

すなわち、垂仁天皇の夢に顕《あら》われた或《あ》る神が、自分の宮を天皇の宮殿のごとくに修理すれば、御子は必ず喋《しゃべ》る、と告げました。そこで、鹿の肩骨を灼《や》〔焼〕いて占う太占《ふとまに》をしてみると、祟《たたり》は出雲大神《いづものおほかみ》〔大国主〕の心に依るものとわかりました。更に太占をしたうえで、本牟智和気王に曙立王《あけたつのみこ》、菟上王《うなかみのみこ》を添えて紀伊経由で出雲へ拝礼に出立《しゅったつ》させたのです。

出雲へ着いた本牟智和気は大社にて大国主神を拝み訖《お》〔終〕わり、肥《ひ》〔簸〕川《かわ》の中に仮宮を造って仕えましたが、その折に出雲国造《いずものくにのみやつこ》の祖の岐比佐都美《きひさつみ》が樹々の青葉を切り、山のように飾ったのを見て、思わず、この川下《かわしも》に青葉のようにあるのは山と見えて山ではない、もしかすれば、出雲の石硐《いはくま》の曽宮《そのみや》におられる葦原《あしはら》色許男《しこをの》〔大国主〕大神《おほかみ》を祭る者の祭場ではあるまいか、と言葉を発し、このとき唖疾が治癒しました。『古事記』のこの説話で、『日本書紀』が鵠を出雲で捕えたと記述する意味が明らかになります。つまり、白鳥は大国主の心の一つのかたちの表われで[17]、この神と洪水伝説の関与を示します。『古事記』は、なおも続けて、奇態な挿話《エピソード》を述べます。

本牟智和気の発言を喜んだ供奉《ぐぶ》の人々は、御子を檳榔《あじまさ》の長穂宮《ながほのみや》に泊め、天皇へ早馬の使者を送りました。そして、御子はこの地で一夜、肥長比賣《ひながひめ》と枕を共にしましたが、夜中に竊《ひそ》〔秘〕かに火を点《つ》けて、その美人を見てみると、蛇の姿をしていました。驚いて逃げだせば、比賣は恨んで海に光を放ち、船で追いかけてきます。ますます驚いて、山のくぼみを越して都へと逃げ戻ってきた、というのです。

女が恋の恨みに蛇龍となって海の上を追ってくる話は、古代東アジアに共通の主題《テーマ》で、七世紀の新羅の高僧義湘《ぎしょう》に惚れた唐の山東半島の大家の侍女――一説に遊女――の善妙が特に有名ですが[18]、日本でもこのように古くから語られていました。

景行天皇四十三年〔伝・一一九〕、近江の五十葺《いぶき》〔伊吹〕山の荒ぶる神を征伐せんと、神剣・草薙劔《くさなぎのつるぎ》[19]を妻たる尾張の宮簀媛《みやすひめ》の家に置いて素手で登った日本武尊《やまとたけるのみこと》は、逆に、山神の瘴気《しょうき》に当てられて山を下り、伊勢の能褒野《のぼの》〔現在の鈴鹿市近辺〕まで来たところで病重く、崩じました。時に三十二歳。景行天皇の双子の皇子の弟で幼名は小碓尊《をうすのみこと》、別名を日本童男《やまとをぐな》、小児の頃より雄雄《おお》しく、成長しては身長一丈〔三メートル〕、鼎《かなえ》を片手で差し上げる英雄になりました。十六歳で天皇の委任を受けて西の熊襲《くまそ》の川《かは》上梟帥《かみたける》を討ち、二十九歳で東の蝦夷《えみし》の反乱を撃たんと遠征し、みごとに任務を果たしたのですが、その帰路の客死《かくし》でした。

景行天皇は百寮《つかさつかさ》に命じて日本武の遺骸を能褒野陵《のぼののみささぎ》に葬らせました。ところが、尊は白鳥に化して、倭《やまと》〔大和〕国《のくに》をめざして飛んでいってしまいました。そこで群臣が「其の棺櫬《ひつぎ》を開きて視《み》たてまつれば、明衣《みそ》のみ空《むな》しく留《とど》りて、屍骨《みかばね》は無し」(『日本書紀』)という有様でした。『古事記』では日本武の后《きさき》や御子《みこ》等が葬儀を行なったとしますが、同様に「是に八尋白智鳥《やひろしろちどり》に化《な》りて、天《あめ》に翔《かけ》りて浜に向きて飛び行《い》でましき」と、白鳥となって海の彼方へ飛び去ったと伝えます。

しかし、これを一概《いちがい》に荒唐無稽な作話《つくりばなし》と斥《しりぞ》けてしまうわけにはいきません。これは古代中国の道教で、神仙が行なった「尸解《しかい》」という呪法なのです。

四世紀に晋の葛洪《かっこう》は『抱朴子《ほうぼくし》』内篇「論仙」において、「按ずるに仙(道)経(典)云うに、上(位の道)士は形《からだ》〔体〕ごと挙《あ》げて虚空《こくう》に昇る。これを天仙と謂《い》う。中士は名山に遊ぶ。これを地仙と謂う。下士はまず死するも後に蛻《ぬけがら》〔抜殻〕となる。これを尸解仙と謂う」と説いているので、日本武も下位の仙人だったということになります。

天皇家は、いわゆる諸外国の帝王家とは異なり、もっぱら神事を執り行なうことを旨《むね》として世々の人々の心の拠りどころになっていました。その祈法の初期段階は「名を曰《いわ》く卑弥呼、鬼道に事《つか》〔仕〕え、よく衆を惑わす」(『三国志』「魏書」「烏丸鮮卑東夷伝」倭人の条)という巫術《シャマニズム》でしたが、やがて、八百万《やおよろず》の神々を統一した「神道」に発展させ、その信仰に専念しました。しかし、それは必ずしも日本固有の宗教形態ではなく、中国では二世紀の後漢の中期に、道教の変化のかたちとして表われていたのでした。福永光司先生が、「……このようなシャーマニズムとしての鬼道は、その道術の上部構造として『老子』の「道」の哲学と『易経』の「神」の哲学とを上乗せし、みずからの教を神道とよぶようになる」(20)と論述しているのがそれで、わが国でもこの道教の「神道」を移植して、国風に整えたと理解すべきでしょう。

その明らかな例として、天武天皇の名は「天渟《あまのぬ》中《な》原瀛真《はらおきのま》人《ひと》」ですが、この「真人《しんじん》」は「至人《しじん》」ともいい、道教で、道の奥義を悟り得て神仙となった人を指します。すなわち、『荘子』「大宗師篇」が、「何をか真人と謂う。古《いにしえ》の真人は……高きに登るも慄《おそ》れず、水に入《い》るも濡〔溺《おぼ》〕れず、火に入るも熱《や》〔焼〕けず。……古の真人は、其の寝《い》ぬるや夢みず、其の覚《さ》むるや憂《うれひ》なし。其の食《くら》うや甘《うま》しとせず、其の息するに深深《しんしん》たり。真人の息は踵《かかと》を以ってし、衆人の息は喉《のど》を以ってす。……古の真人は生《せい》を説《よろこ》〔喜〕ぶことを知らず、死を悪《にく》〔憎〕むことを知らず。……是《これ》を之《これ》、心を以って道に捐《そむ》〔偝＝背〕かず、人を以って天を助けずと謂う。是を之、真人と謂う」を承《う》けて名づけられているのは間違いありません。このように、各代の天皇がひたすら努めていたのは、神仙への悟りでした。

むろん、日本武も神仙として「尸《しかばね》〔屍〕を解き放」って白鳥となりました。その白鳥は能褒野から飛んで、倭《やまと》の琴弾原《ことひきのはら》〔現・御所市〕、河内の旧市邑《ふるいちのむら》〔現・羽曳野市〕に留まった後、天高くに翔び去ったので、この三個所に造った陵を「白鳥陵《しらとりのみささぎ》」というのです。

次代の成務天皇は日本武の弟でしたが、皇子が生まれなかったので、日本武の第二子を皇太子に立てました。これが第十四代の仲哀天皇です。

その元年（伝・一九二）十一月朔《ついたち》、天皇は群臣に詔《みことのり》して、白鳥と化して天《あめ》に上《のぼ》った父の神霊《みたましひ》を顧《しのびたて》情《まつるこころ》を慰めるため陵域《みさざきのめぐり》で白鳥を養《か》いたい、と宣《のたま》うたので、諸国に、白鳥を献上するよう令《のりごと》しました。それに応じて越国《こしのくに》から白鳥四羽を貢《たてまつ》〔奉〕らんと使人が菟道《うぢ》〔宇治〕川の辺《ほとり》〔畔〕に宿をとっていたところ、天皇の異母弟の蘆髪蒲見別王《あしかみのかまみわけのきみ》がやってきて「白鳥《しらとり》なりしと雖《いふと》も、焼《や》かば黒鳥《くろとり》に為《な》るべし」といって強奪してしまいました。これを知った天皇は、先王に無礼をなしたと、蒲見別王を誅殺させたのでした。

そして、仲哀天皇は、開化天皇の曽孫で近江に在住していた息長宿禰王《おきながすくねのみこ》の娘である気長足姫尊《おきながたらしひめのみこと》を皇后とします。すなわち神功皇后《じんぐうこうごう》です。仲哀天皇が即位九年で熊襲征討の途次《とじ》に筑紫の橿日宮《かしひのみや》に崩御すると皇后は、まさに生まれ出ようとする太子〔応神天皇〕の誕生を遅らせるために産道に石を挟み、風浪を起こす呪法を用いて新羅へ攻め込んで勝利します。

これは、国生みを行なった後の伊奘諾が版図《はんと》を確立するために行《ぎよう》じた術で、「吹き撥《はら》う気《いき》〔息〕、神と化為《な》る。号《みな》を級長戸辺命《しなとべのみこと》と曰《もう》す。亦は級長津彦命《しなつひこのみこと》と曰す。是《これ》、風神《かぜのかみ》なり」（『日本書紀』一書《あるふみ》）というように、自らの全身の気を一点に集めて細く長く吐き出し、念ずる相手に向け、風に乗せて伝え放つ太古の呪禁《じゆごん》で、古代中国では「曰《えつ》」――後に「長嘯《ちようしゆう》」――、わが国では「息長《おきなが》」と呼んだ呪法です。

神功皇后は『日本書紀』成立時から、鬼道をよくした卑弥呼に擬定され、多くの史書が「天皇」と呼んでいるのも息長の呪法に闌《たけ》ていたからで、神仙としての日本武の巫術はその息子ではなく嫁に伝えられたのです。
時代は下って、仁徳天皇六十年（伝・三七二）に白鳥陵――ここでは、おそらく河内の旧市陵――の陵守《みささぎもり》らを夫役《ぶやく》に使おうとしたところ、そのひとりの目杵《めき》という者が白鹿《しろきか》に化して走り逃げました。天皇は、この陵はもともと神霊が坐《ま》していないと思って陵守らを夫役に当てようとしたが、今の怪に、やはり霊威の畏怖を覚ゆるので陵守はそのままにせよ、と詔《みことのり》したということです。
この白鹿への変身も、実は、日本武が信濃の山中でなした悪霊払いに関連しています。すなわち、山々を踏破して飢え疲れ、食事を摂った折、「山の神、王《みこ》〔日本武〕を苦《くるし》びしめむとして、白《しろ》き鹿《かせき》と化《な》りて王の前に立つ。王異《みこあやし》びたまひて、一箇蒜《ひとつのひる》〔大蒜《にんにく》〕を以て白き鹿に弾《はじき》かけつ。則《すなは》ち眼《まなこ》に中《あた》りて殺しつ」（『日本書紀』）というふうに撃退しますが、同時に山道を見失います。すると、白き狗《いぬ》〔犬〕が出現して日本武を美濃へ導いた、といいます。それ故、河内の白鳥陵の目杵なる陵守は、この信濃の山の神が日本武の霊威に服した姿だったとみてさしつかえないはずです。
中国では更に古く、殷代にも白鳥処女説話が語られていたらしく、殷の成湯（伝・前一七五一―一七三九）の〔宰〕相となった伊尹《いいん》は初め、料理人として王に仕えましたが、折をみて、鵠《はくちょう》を縁《ふち》どった鼎《かなえ》で煮た鵠の肉の羹《あつもの》を王に勧めて夏を伐《う》つ謀をした、という故事があります。このことを、前四世紀の楚の屈原は『楚辞』「天問」のなかで、
鵠《はくちょう》〔白鳥〕を縁《ふち》どり玉を飾りたる〔器にて〕
后〔皇〕帝に是を饗《すす》〔勧〕めたりしが

何る《いかな》承《しだい》〔次第〕で夏の桀〔王〕を〔伐つ〕謀《はかりごと》をなし
終《つい》〔遂〕には〔それを〕以《もち》〔用〕て〔夏を〕滅喪《ほろぼ》〔亡〕せりしか

と詠っています。おそらく、鵠は「一たび挙《あ》がれば山川の紆曲を知り、再び挙がれば天地の圜方《かんほう》を知らんや」（『説文段注』）という宇宙の機微を察する霊鳥なので、その神意にあやかるように肉を調理したのでしょう。

白鳥がどんな霊威を表わしたかといえば、鵠の異字が「鴻」で、既に触れたように、甲骨文の鳴鳥＝契《せつ》と同義である殷の祖神で「江の溢れるさま」を告げる鳥だったことを示しています。したがって、それが世界各地に及んでいる理由は、遥かなる太古に全世界が水に襲われる出来事があり、その記憶が白鳥に擬せられていたのだと考えられます。

精衛（『三才図会』より）

洪水伝説の象徴がなぜ白鳥なのかは、実は一万八千年程前の北極星が白鳥座《シグナス》α星、一万四千年前は白鳥座δ星でした。その時代の記録はむろん残っていませんが、私たちの遠祖は、その頃に地球上が水没するような災害が生じた記憶を、神々の所業に託して語り継いできたのではないでしょうか。

それと関連するかせぬか、古代中国の伝承に、伝説の帝王の炎帝神農の末娘が東海〔黄海〕に溺死して精衛《せいえい》という鳥に化し、常に西山の木石を口に銜《くわ》えて運んでは東海を堙《うず》〔埋〕めようとしている（『山海経』「北山経」）といった悲話もあります。

4
山の神

北欧神話の至高神オーディン

わが国の樵夫《きこり》、木地師《きじし》、炭焼きなど山稼ぎする人たちは旧暦二月と十月ないしは十一月に、木で造った男根やグロテスクな魚の鰧《おこぜ》を山の神に供える男だけの祭りを行ない、この日は入山を禁ずるのが慣例でした。男好きで嫉妬ぶかく醜い顔の女神である山の神は鰧が大好物だと信じていたからです。そんな言い伝えから、働き者ながらも不器量で悋気《りんき》がち、下手物食《げてものぐ》いの有様を古女房になぞらえ、人々は自分の妻女を「山の神」と呼んだりしました。

◎醜い山の女神の原像は石長比賣

日本各地の農村では、つい先頃まで——あるいは今でも——旧暦の二月と十月の亥の日〔現在の三月中旬と十一月中旬〕に餅を搗いて祝ったり、仮装して舞ったり、木に蓑《みの》を着せた人形を飾ったり、家々の門口《かどぐち》の地面を縄で叩きながら囃《はや》したりする行事が広くみられました。亥の日・亥の刻に田の神を祭る、いわゆる亥の子の祝いです。

これは春の農作始めと秋の取り入れの際に田の神を祝う行事だというものの、その実は山稼ぎの人たちと同じく山の神のための祭りでした。農民たちは、山の神は早春に里へ降りてきて農作業を手伝い、収穫が終わる晩秋に山へ帰ると言い伝え、このような送り迎えの礼を行なったのです。つまり、田の神と山の神は同一神だとされていたわけです。

この亥の子の祝いに対応する催しはヨーロッパにもあります。秋の収穫期に藁人形のコーン・ドリーを造って飾る行事で、これは深山や森林に棲む妖精や魔女が里へ降りてきて畑に潜んでいるのを殺したり追い払ったりする意味が籠められており、穀物霊を人形に仕立てることで翌年の豊作を祈願します。(1)

ところで、日本の山の神がすべて女神であったわけではありません。『古事記』が語る最初の山の神は、伊邪那岐《いざなき》〔伊奘諾〕と伊邪那美《いざなみ》〔伊奘冉〕が神生みで産んだ大山津見《おほやまつみ》で、日本の全山を総領する男神です。もっとも、『日本書紀』一書《あるふみ》では、伊奘諾が火神軻遇突智《かぐつち》を剣で斬ったときに大山祇神《おほやまつみのかみ》が生じたといい、別の一書は、そのとき軻遇突智を五つに斬り払うと、首《かしら》〔頭〕が大山祇に、身中《むくろ》〔胴〕が中《なか》山祇《やまつみ》に、手が麓山祇《はやまつみ》に、腰が正勝山祇《まさかつやまつみ》に、足が䨄山祇《しぎやまつみ》というふうに山の各部分が成ったと述べます。後に須佐之男《すさのを》〔素戔嗚〕が高天原から出雲の簸《ひ》の川上《かはかみ》に降った際、八岐大蛇《やまたのおろち》に苦しめられていた老夫《おきな》の足《あし》名椎《なづち》が大山津見の子(『古事記』)で、国つ神として山の霊威を示していたものの、大悪霊の八岐大蛇には歯が立たぬ有様でした。

19世紀のバルカン地方のコーン・ドリー(ロンドン・ホーニマン博物館蔵)

足名椎の娘の名を『古事記』が櫛名田比賣《くしなだひめ》、『日本書紀』が奇稲《くしいな》田姫《だひめ》と記すのをみれば、これは稲作女神の象徴であり、ここに山の神と田の神の交流の起源が窺《うかが》えます。それ故、八岐大蛇を退治した素戔嗚は足名椎を宮廷の長官に任じ、稲田宮主《いなだのみやぬし》須《す》賀《が》之《の》八耳神《やつみみのかみ》と命名しているので、山の神から田の神への転換がみられるのです。

素戔嗚は奇稲田姫を妻にして八島士奴美神《やしまじぬみのかみ》を生みましたが、同時に大山津見の娘の神大市比賣《かむおほいちひめ》も娶って大年神《おほとしのかみ》と宇迦之御魂神《うかのみたまのかみ》の穀物神二柱をもうけました。また、八島士奴美も大山津見の娘の木花知流比賣《このはなのちるひめ》を娶ったので、天つ神の素戔嗚父子は山の神一族と婚姻を重ねることで農耕を富ませていったのです。更に、『古事記』は素戔嗚の六世の孫が大国主、『日本書紀』一書《あるふみ》では五世の孫、別の一書は、やはり六世の孫が大己貴《おほあなむち》〔大国主〕とするので、農耕神の系譜はやがて国土神に発展するかたちをとっています。

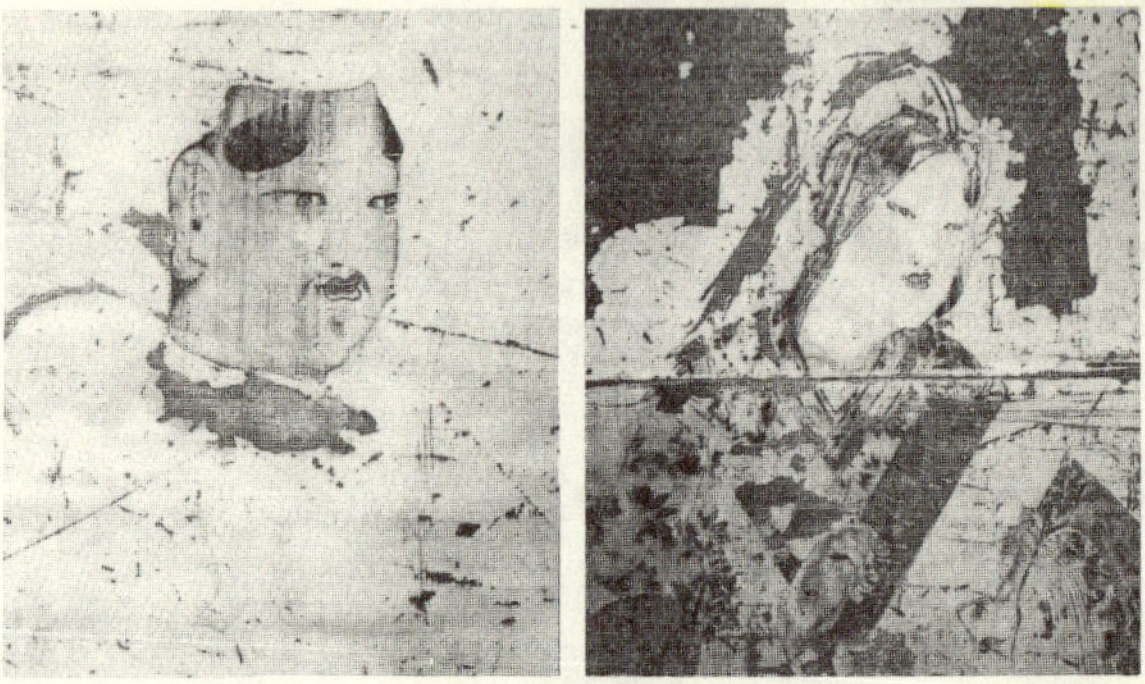

松江・八重垣神社の本殿胴板に描かれた素戔嗚尊（左）と奇稲田姫

既に「2 海の神」で触れたように、素戔嗚は元来、父の伊奘諾から海原を治めるように命ぜられたにもかかわらず、妣《はは》〔母〕を恋いて「八拳須《やつかひげ》心《むね》の前《さき》に至るまで、啼《な》き伊佐知《いさち》〔哭泣〕伎《き》。其の泣く状《さま》は、青山は枯山《からやま》の如く泣き枯らし」（『古事記』）[2]て、亡き母の赴いた根《ね》の堅州国《かたすくに》に行くことを決意します。根の国とは、すなわち植物の地下茎の領域《エリア》ですから、このとき既に素戔嗚は、ギリシアのディオニューソスやアドーニス、バビロニアのタンムーズ、シリアのバアール、エジプトのオシーリス、プリュギアのアッティスなどと同様の豊饒を司る、ひ弱でやさしい神格[3]を与えられているのです。

　ところが、姉の天照に会いに高天原《たかまのはら》へ昇るときに神格は一変します。「溟渤《おほきうみ》〔大海〕以《も》て鼓《とどろ》き盪《ただよ》ひ、山岳為《やまをかため》に鳴り呴《ほ》えき」（『日本書紀』）という凄まじさで、まさしく嵐の神の様相です。そして、高天原に流れる天安河《あめのやすのかは》を挟んで、日の神である姉と対峙し、互いの持ち物を物実《ものざね》として子を生む「誓約《うけひ》」という呪法を行なってみたところ、素戔嗚が勝ちを得ました。

　勝ち誇った素戔嗚は、天照の田の溝を埋め、祭殿に糞《くそ》をし、機織り場の屋根から馬の死骸を投げ込んだり、と、これまた暴風雨さながらの荒々しい所業をくりかえします。そのため、天照も遂に怒って天《あまの》石窟《いはや》に隠れたので、高天原《たかまのはら》も葦原中国《あしはらのなかつくに》も暗闇になってしまいます。

　このように素戔嗚は、温和な豊饒の性《さが》と、猛々《たけだけ》しく荒ぶる性を倶《とも》に備えた両義性の神ですが、異国の新羅にも出現します。

　すなわち、『日本書紀』一書《あるふみ》によれば、天照への乱暴をなしたために高天原を追われ、「是の時に、素戔嗚尊、其の子《みこ》五十《い》猛神《たけるのかみ》を帥《ひき》ゐて、新羅国《しらきのくに》に降到《あまくだ》りまして、曽尸茂梨《そしもり》の処に居《ま》します」とします。しかし、この地は永く居るべき場ではない、といって埴土《はに》〔粘土《ねんど》〕で舟を造って東へ乗り出し、出雲へ渡りました。

　これは、高天原を比定する場合に非常に重要な記述で、私は「日本」の原点は朝鮮半島南部ではないか、と考えていますから、そこを追放されて新羅——当初の名称は斯盧《しろ》——へ遁《のが》れ、更にまた東の出雲へと渡海するのは、当然の道程と受け取れます。そして、素戔嗚が居たという「曽尸茂梨」の地を、鮎貝房之進は（現在の韓国の）江原道春川（市）の「牛頭坪」古墳に当てて(4)います。この比定が妥当かどうかは結論できませんが、素戔嗚は朝鮮半島の山々を踏破し、出雲では鳥上《とりかみ》の峯《たけ》に到り、別の一書によれば最後は紀伊国の熊成峯《くまなりのたけ》(5)に居住して、そこから根国に入ったというので、山の神の側面をも持っていたわけです。

その素戔嗚の子の五十猛《いたける》は、高天原から多くの樹の種を持ち来たった樹木神といわれます。異伝では、素戔嗚が鬚髯《ひげ》を抜いて杉になし、胸毛を抜いて檜《ひのき》にし、尻毛を抜いて柀《まき》にし、眉毛を抜いて櫲樟《くすのき》になして、五十猛とその妹の大屋津姫命《おほやつひめのみこと》、抓津姫命《つまつひめのみこと》の三柱の樹木神に与え、この国土に分布させたといいます。

山の神一族はもう一度、天つ神と婚姻を結びます。大山津見の娘の木花之佐久夜毘賣《このはなのさくやびめ》〔木花之開耶姫〕が、天照大神の命を受けて高天原から天降りした番能邇邇藝能命《ほのににぎのみこと》〔瓊瓊杵尊〕にみそめられ、姉の石長比賣《いはながひめ》と共に嫁いだのがそれです。しかし、瓊瓊杵は醜い姉娘を嫌って親元へ返して美女の木花之開耶のみを留めたので、大山津見は「我が女《むすめ》二《ふ》たり並べて立奉《たてまつ》りし由《ゆゑ》は、石長比賣を使はさば、天つ神の御子の命は、雪零《ふ》り風吹くとも、恒《つね》に石《いは》の如くに、常《とき》はに堅《かき》はに動かず坐《ま》さむ。亦木花之佐久夜毘賣を使はさば、木《こ》の花の栄ゆるが如《ごと》栄え坐さむと宇気比弖貢進《うけひてたてまつ》りき」（『古事記』）と述べ、だが石長比賣を返したので、これ以後、天つ神の子孫の命は脆くて儚《はかな》いものになるだろうと予言しました。そのためか、伝説の時代を除けば、確かに歴代の天皇は短命でした。因《ちな》みに、番能邇邇藝とは「繁る（稲穂）を賑賑《にぎにぎ》しく植える」意味で、田の神を表わします。

石長比賣のその後を史書は伝えません。とはいえ、山民や農民が信ずる嫉妬ぶかくて醜い山の神の像《イメージ》はこの女神が原像で、それに中世の山姥《やまうば》伝説などを加味して創り出されたのではないでしょうか。これに対して、木花之開耶のほうは父の大山津見から富士山の支配権を託され、以後、日本の山の主神として君臨しているのです。

兄の鉤を失い途方にくれる山幸彦（『彦火々出見尊絵巻』より）

瓊瓊杵の愛を受けた木花之開耶は一夜にして妊《はら》み、火闌降《ほのすそりの》命《みこと》〔火照命《ほでりのみこと》〕、彦火火出見尊《ひこほほでみのみこと》〔火須勢理命《ほすせりのみこと》〕、火明命《ほのあかりのみこと》〔火遠理《ほをりの》命《みこと》〕の三人の男児を産みました。やがて、成長した兄の火闌降は海を支配する海幸彦〔海佐知毘古《うみさちびこ》〕に、弟の彦火火出見――『古事記』では末弟の火遠理――は山を支配する山幸彦〔山《やま》佐知毘古《さちびこ》〕になりました。そして、あるとき獲物を捕る道具を互いに交換して猟に出かけましたが山幸彦は兄の鉤《つりばり》を失い、それを捜しに海神《わたつみ》の宮へ赴き、海神に干満を自在にする珠を貰ったうえ、その娘の豊玉姫を妻にして連れ戻った物語は余りにも有名です。

この話で山幸彦と海幸彦が道具を取り替えるのは、縄文時代に山の神と海の神が支配権を交換する慣わしの行事があったことを示唆しています。やがて縄文晩期以降、河口や海浜近くの平野で稲作農耕が盛んになるにつれて、それは次第に山の神と田の神の交替へと変化していったのでしょう。そして、この山幸彦の孫が神武天皇ですから、天皇の系譜は、まさに山の神の延長線上にあります。

◎日本の案山子は、古代殷王朝の祖神

山田の中の一本足の案山子《かかし》、
天気のよいのに蓑笠《みのかさ》着《つ》けて、
朝から晩までただ立ちどおし。
歩けないのか山田の案山子。

十日夜の案山子祭り

これは戦前の小学生が習った唱歌「案山子」の一節です。その頃まで信州や越後の山間《やまあい》の農村では旧暦十月の十日夜《とおかんや》の日に、田から引き揚げてきた案山子に餅を供え、山へ帰ってもらう慣わしがありました。案山子とは「山を案〔安〕《やす》んずる者」であるとともに「山の案〔畔＝界〕《さかい》に居る者」の意ですが、居ながらにして世間のことを知っている博識の神です。

大国主神が出雲の美保埼にいた時、海の彼方から、鵝《が》〔鵞鳥《がちょう》〕(6)の皮を着て羅摩《ががいも》の船に乗り波のまにまに寄せてきた小さな神があり、その名を誰も知らなかったところ、久延毘古《くえびこ》という神が「此《こ》は神産《かみむ》

巣日神《すひのかみ》の御子、少名毘古那神《すくなびこなのかみ》〔少彦名命〕ぞ」と申したので素性が知れ、大国主と少彦名は相携えて国造りに励んだ、と『古事記』は語っています。

そして、久延毘古について「今者《いま》に山田の曾富騰《そほど》といふぞ。此の神は、足は行かねども、尽《ことごと》に天の下の事を知れる神なり」と説明し、この曾富騰が案山子の古語です。曾富騰《そほど》は平安時代に入ると「そほづ」と発音されるようになります。『古今和歌集』「雑躰《ざふたい》・俳諧哥《はいかいか》」のなかに、

あしひきの山田のそほづ　を《お》のれさへ我お《を》ほしといふ　うれはしきこと

と「よみ人しらず」の歌が載せられているのが、その例です。「足は行かねども」とは一本足で上手に歩けない謂《いい》ですが、古代中国では、やはり一本足の山神がよく知られていました。

六世紀に梁の宗懍が著わした『荊楚歳時記』は、「正月一日、是《こ》れ三元の日なり。『春秋（左伝）』は之を端月《たんげつ》と謂《い》う。鶏、鳴きて起き、先《ま》ず庭前にて爆竹《ばくちく》し、以って山臊《さんそう》の悪鬼を辟《さ》〔避〕く」と記した後に、前二世紀の漢の東方朔《とうぼうさく》の『神異経《しんいけい》』を引いて「西方の山中に人あり。其の長《たけ》尺余、一足にして、性は人を畏れず。之を犯さば則ち人を寒熱せしむ。名づけて山臊《さんそう》と曰《い》う」とその名を挙げ、ただし竹を火中に置いておけば、はじける音に驚いて逃げ去る、[7]と弱点をも述べています。

この山神はまた山魈《さんしょう》とも呼ばれました。『太平広記』「虎類三・斑子」の項は、出典を宋の戴君子撰の『広異記』として、「山魈は嶺南〔現・広東省および広西壮族自治区一帯〕の所在に之有《これあ》り。独足《いっぽんあし》にて反《うしろ》踵《むき》、手足は三岐《みつまた》で、其の牝は好んで脂粉を〔顔に〕伝《ひ》〔引〕く。大樹の空《あな》〔穴〕の中に窠《いえ》〔家〕を作り、木には屏風《びょうぶ》、帳幔《とばり》有りて食物を甚《おお》〔大〕いに備《しまいこ》〔収蔵〕む。〔嶺〕南の人の山行する者の多くは黄脂、

鉛〔鉛〕粉、及《なら》〔並〕びに銭などを持つ。以って、〔付き〕随《したが》〔従〕う〔山魈の〕雄の山公と謂う者が必ず金銭を求むれば〔与え〕、〔遭〕遇する雌の山姑《さんこ》と謂う者が必ず脂粉を求むれば与えて自《もち》〔用〕いれば、〔雄、雌ともに〕能《よ》く相《したが》〔随＝従〕い〔山の害より〕護《まも》りくれる。……毎〔年の〕歳中《さいちゅう》〔旧暦五―八月〕には、〔山魈は〕人とともに田を営む。人の田に出《い》でて種〔播《ま》〕く及《ごと》〔若〕く〔作業を〕なせば、是の山魈は並《とも》〔倶〕に〔来て〕、余《た》〔他〕の耕地に〔全て〕種植し、穀〔物〕が熟さば則ち来て人を喚《よ》〔呼〕び、〔公〕平に分かつ。〔その〕性質は〔正〕直にして、人と分かちて其の多きを取らず。〔したがって〕人もまた敢《あ》えて多きを取らず。多きを取る者は天〔＝山〕の疫病に遇う[8]」と記すので、山魈＝山臊はまさしく日本の農民が信仰した田の神＝山の神を彷彿させます。しかも、それが江南の稲作地帯に特有の神とされているのをみれば、縄文後期頃に水田耕作とともに日本列島に導入されて久延毘古《くえびこ》＝曾富騰＝案山子になったとも思われます。とすれば、同じ渡来神の少彦名を知っていたのも当然です。少彦名は『古事記』では神産巣日《かみむすひ》〔神皇産霊〕の子、『日本書紀』では高皇産霊《たかみむすひ》の子とされているので、伊奘諾よりも古い高天原の神なのです。ただ、記紀ともに、この神は悪戯《いたずら》ばかりしていて祖神《おやがみ》の指の間より漏《も》れ堕《お》〔落〕ちた者だといい、葦原中国《あしはらのなかつくに》を去るときは「行きて〔出雲の〕熊野《くまの》の御碕《みさき》に至りて、遂に常世郷《とこよのくに》に適《いでま》しぬ。亦曰《い》はく、淡嶋《あはのしま》に至りて、粟茎《あはがら》に縁《のぼ》りしかば、弾《はじ》かれ渡りまして常世郷に至りましきといふ」〔『日本書紀』一書〕と、長生不死の異境へ渡ります。あるいは、それは山魈＝山臊と入れ替わりに嶺南の地へ赴いたのかもしれません。

この一本足の山神は、中国では遙かなる太古からよく知られた存在でした。

四世紀初頭に東晋の葛洪は『抱朴子』「登渉」で「山中の山精の形は小児の如くで独足にて走る」(9)といい、加えて「また鼓の如き山精有りて赤き色。これまた一足にて其の名を暉《き》と曰う」(10)と一本足の山精を併記しています。三世紀に晋の張華は『博物志』「異獣」において、同じ山精を「小山に獣有り。其の形は鼓の如くして、一足なることは蠡《れい》〔瓢《ひさご》の杓子《しゃくし》〕の如し」と説いています。その『博物志』を引く『太平御覧』「妖異部二」「精」は「山に夔《き》有り。其の形は鼓の如くにして一足」と名称を記します。

夔は、前六世紀末の春秋時代に成立した『国語』「魯語下」まで遡っても「木石〔山〕の怪を夔、蝄蜽《もうりよう》と曰う」としているので、非常に古い山精だったわけです。そして、三世紀に呉の韋昭は「夔は一足にて越《えつ》の人は之《これ》を山繅《さんそう》と謂う。音《おん》は騒《そう》、或いは繰《そう》となす。富〔當?〕陽〔の地〕に之有りて人面猴身《ひとのかおさるのからだ》、能《よ》く〔言葉を〕言う。或いは独足と云《い》う」と、これに注釈しています。

夔（『山海経』より）

しかし、夔はまた別の姿の神としても伝承されていました。前三―前二世紀の秦漢期に成立したとされる『山海経《せんがいきょう》』「大荒東経」は「東海の中に流波《るば》山《さん》有り、海に入ること七千里。其の上に獣有りて状《かたち》は牛の如くで蒼身にて角《つの》無く一足。水に出入りすれば則ち必ず風雨し、其の光は日月の如く、其の声は雷の如し。其の名を夔と曰う」とし、その昔に黄帝がこれを捕えて皮で鼓を造って雷獣の骨で叩いたら五百里の彼方まで轟いて天下を驚かせた、という伝説を載せています。

また、前五世紀の戦国初期に出来た『尚書』「堯典」では、夔は、伝説の五帝の第五代である舜（伝・前二二三三—前二一八四）の朝廷にあって九官のうちの典楽の要職に任ぜられ、「於《ああ》、予《われ》、石を撃ち石を拊《う》てば百獣も率《みな》〔皆〕舞う」というふうに音楽の才能を発揮し、神人を和合せしめています。

更に、前十四世紀の殷の最盛期には、夔は甲骨文で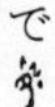のように描かれており、殷の始祖で五帝の第三代たる嚳《こく》（伝・前二四一二—前二三四三）と、もしくは舜と同一神として厚く尊崇されていました。このときわめてよく似た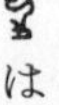は夒《どう》という山神ですが、『説文』は夒を「貪獣《どんじゅう》なり。一に母猴にして人に似ると曰う」と説くので、欲深い類人猿だったことになります。けれども、おそらくそれは太古の大母神を指すもので、神が憑依して一つ目の仮面を被《かぶ》り、一本足で立って舞う巫女《シャマン》の姿だとする説[11]もあります。

そして興味ぶかいのは、夔や夒を信奉した殷が元来、東北方の夷人だったことで、一本足の山神はもともと東方の神だった点であり、これは『山海経』の記述とも合致します。やがて、これらの山神は殷の進出とともに中原に及び、後に江南に伝播しました。そうすると、わが国の曾富騰も本来は縄文早期から日本列島に存在した山の神で、それが、縄文中期か後期の稲作の渡来時に改めて案山子として南方中国から再来してきたのだといえそうです。

◎鍛冶を司る山の神は、一つ眼一本足

山の神のなかには一足ばかりか一眼のものもいます。柳田国男は『一目小僧』のなかで、飛驒の雪入

道、紀伊の一踏鞴《ひとつたたら》、土佐の山鬼《さんき》あるいは山父《やまちち》がいずれも眼一つ足一つと語っていますが、同様の山神伝説は全国到る所にあったようです。

記紀神話に登場する隻眼の神は天目一箇神《あまめひとつのかみ》で、『日本書紀』一書は、天孫降臨に際して高皇産霊《たかみむすひ》が祭具の製作者を決めた折にこの神を作金者《かなだくみ》に任命したと記します。また『古語拾遺』では天照大神が天石《あめのいは》窟《や》隠れしたとき、大神を誘い出すための祭具を数多く用意する場面で「天目一箇神をして雑《くさぐさ》の刀《たち》、斧《をの》及鉄《またくろがね》の鐸《さなき》〔大鈴〕を作らしむ」と、より具体的に述べています。

すなわち、この神は山を歩いて鉱脈を探す鉱山師で、同時に鉱石を冶工《かぬち》する鍛冶工でした。眼が一つなのは、火の色で金属の溶け具合を知ろうと、常に溶鉱炉の火処《ほと》を単眼で見続けたため遂に片眼になってしまったからです。このように一芸に秀でた異形の者を神と崇めるのが古代の規範《ルール》でした。

これに似た神格は北欧神話にもみられ、神剣グラムを鋳るなど鍛冶の名手だった至高神オーディンも、しばしば片眼の老人という異形の存在で語られています。オーディンが、なぜ片眼になったかといえば、「3 鳥の神」で述べた世界樹ユグドラシルの根方の「知恵の泉」から自由に水を飲ませてもらう杯のために、泉の番人であるオーディンの伯父の巨人「考える人《ミーミル》」に担保《たんぽ》として一つの眼を預けたからです。それ故、『エッダ』「巫女の予言」は、このように詠います。

片目のオーディン

天に聳ゆる尊い樹の下に、ヘイルダムの角笛が隠されているのを、わたしは知っている。戦士の父〔オーディン〕の担保から、滔滔と滝が流れ落ちるのがわたしの眼に見える。おわかりか。

一人で外に坐っていると、アースの老王〔オーディン〕がやってこられ、わたしの眼の中をのぞきこまれた。何をわたしにおたずねになるのか。なぜ、わたしをおためしになるのか。オーディンよ、あなたがどこに眼を隠されたか、わたしはよく知っている。あの名高いミーミルの泉の中です。ミーミルは毎朝のように、戦士の父の担保から蜜酒を飲む。おわかりか。(12)

けれども、北欧で最も名高い鍛冶神といえば、ヴェルンドの名を挙げねばなりません。「3 鳥の神」で記した、三人の死者守護霊《ヴァルキューレ》の娘の夫になった若者のひとりですが、その所業については、もう少し後で述べましょう。

さらに古く、前二十二世紀のエジプト第五王朝で、ヘリオポリスの祭司たちは原初神アトゥムを一眼だと規定していました。アトゥムは意志の力によって自らを創造し、その出現した場所に岡を造って立ったという一種の山の神ですが、そのワジェットと呼ばれる眼は、アトゥムから離れて全世界を統治する独立性を備えていたといいます。この点について、ヴェロニカ・イオンズは次のように語っています。

「アトゥムだけは、一つの眼しか持たなかったようであり、その眼は物理的に彼から離れることができ、それ自身の意志によって動く独立性を持っていた。この眼ワジェトについて、二つの重要な神話が言及している。まだアトゥムの保護下にあったころのシュウ〔大気神〕とテフヌト〔露の女神〕は、はじめヌン〔原初の海〕の水の闇の中でアトゥムから離された。アトゥムはおのれの眼を派遣して彼らを探させた。結局、シュウとテフヌトは眼とともに帰った。眼がシュウとテフヌトを探しているあいだ、アトゥムは別の眼、はるかに明るい眼をその代わりに置いた。最初の眼は、帰って来て自分の代理のいるのを知り、アトゥムに対して怒った。そこでアトゥムは第一の眼を取って額につけた。眼はそこから、アトゥムがまさに創造しようとしている全世界を統治することができた。この眼はしばしば破壊的な女神――エジプトにおける焼けるような太陽の一面――として描かれた。またそれは、コブラの女神プトまたはエジョ〔天の女神〕に結びつけられた。このコブラの女神は、首をもたげる蛇であって、ファラオの額に力の象徴的表現としてウラエウス〔蛇〕の形で実際に示された[13]」。

それ故、宇宙創成神としてのアトゥムは、銀河系規模での新星出現の様相をも思わせます。

天目一箇が隻足だったかどうかは定かではありませんが、奥羽北部などの方言では「カジ」は跛《びっこ》を指すという説もあり、元来、鍛冶を司る神は跛者だと伝えられていました。それは溶鉱に必要な風を送る足踏鞴《あしぶみふいご》の踏鞴《たたら》を扱う姿が跛に見えるところに根拠があるのでしょうが、実際に跛者のほうが踏鞴に適していたとも考えられます。それ故、前述の飛騨の雪入道、紀伊の一踏鞴、土佐の山父はすべて山中の鍛冶神だったに違いありません。

それに、これはわが国固有の伝承ではなく、ギリシア神話における火と鍛冶の神ヘーパイストス、ローマ神話の火神ウゥルカーヌスが共に跛であり、火山神ともみなされていたのは余りに有名です。

鍛冶神ヘーパイストス

ヘーパイストスは、ゼウスの姉にして妻たるヘーラーが夫と交わらずに産んだ子だとされています。生まれてみると、この子は畸形《きけい》でした。両足が跛だったのですが、足裏と爪先が後ろを向いていたので歩くことができず、体を丸めて転がらなければ前へ進めなかったのです。

その醜さに怒ったヘーラーは、わが子を海中へ投じました。これを海の女神テティスとエウリュノメーが救い、大洋オーケアノスの畔《ほとり》の洞窟で九年のあいだ養ったので、ヘーパイストスは女神たちに宝石入りの装身具を造って贈ったのです。しかし、ホメーロスは『イーリアス』のなかで、天から投げ落としたのはゼウスだと語っています。ゼウスとヘーラーが争っていたとき、仲裁に入ったヘーパーイストスにゼウスが怒り、踵《かかと》をつかんで投げ棄てたのです。彼は一日中、落ちつづけてレームノス島に墜落しました。この衝撃《ショック》で彼は跛になったのですが、後《のち》にそのレームノス島でヘーパイストス信仰を興す異民族シンティエス人に発見され、養われたといいます。

異伝では、ヘーラーはヘーパイストスを棄てたりはせず、生まれるとすぐにナクソス島の冶金《やきん》の名手ケーダリオーンのもとへ連れていきました。息子を養ってもらい、鍛冶の技法を習得させるためです。

この鍛冶神の誕生をヘーシオドスは『神統記』において、

さて　ヘラは　名にし負うヘパイストスを生まれた　ゼウスと情愛の契りもせずに。

というのも　彼女は　夫に腹を立て　仲違いしていられたからである。
この方（ヘパイストス）は　天の裔の神々《ウラニオネス》のなかでも　技にかけては　衆に秀れて長じたもう。(14)

と詠っています。

ヘーパイストスはオリュムポスの神々の宮殿の全てを造りました。また、アキレウスの武器、ハルモニアーの頸飾《くびかざ》り、アイエーテース王の火を吹く牡牛、そして、泥から創った地上で最初の女のパンドーラも彼の製作でした。オリュムポス山上にあった仕事場もレームノス島の小火山モシュクロス、更にシシリアのエトナ、イタリアのヴェスヴィアスといった大火山に移っていったとされます。

モシュクロスでヘーパイストスは、海の老人プローテウスの娘のカベイローと交わって、プリュギアの豊饒神となる蟹《カルキノイ》の呼称をもつ三人のカベイロスを息子としてもうけました。

ギリシア時代のパラス・アテーナー像

けれども、彼の結婚譚も多岐にわたっており、ホメーロスは『イーリアス』で、妻は、美と優雅の女神カリテス〔カリス〕のひとりだと述べます。ヘーシオドスは、特に優雅女神《カリス》の最年少の「輝く女《アグライアー》」なのだと詠っています。ところが、『オデュッセイア』のなかでは、ホメーロスはアプロディテーをヘーパイストスの妻とし、軍神アレースが女神の愛人だと記しています。

更に工匠神《ヘーパイストス》は、「梟《ふくろう》の眼をした」戦闘処女神パラス・アテーナーにもかかわります。アテーナーは、父ゼウスが腹中へ呑みこんだ恋人「思慮《メーティス》」から生まれたため、ゼウスの頭部を破り、武装姿で外界へ飛び出しました。そのとき、ゼウスの頭蓋を両刃の斧で打ち割って誕生を助けたのがヘーパイストスで、処女神《アテーナー》が尖《とが》った投槍を振るい、戦いの轟声を発しつつ出生すると、その姿に天も地も全ての神々も驚愕し、怖れた、といいます。異説では、その褒賞として、醜い跛の工匠神は処女神を花嫁に要求した、と伝えます。事実、彼はアテーナーと一緒に横たわったものの、さまざまな妨害が生じて、その処女を奪えなかったという話が幾つも残っています。

ドイツ伝説のフォルンド、フィンランドの『カレワラ』に語られるイルマリネンといった鍛冶神もまた跛者として描かれますが、これも踏鞴の使用と無縁ではなさそうです。

ここで、先にちょっと触れた北欧の鍛冶神ヴェルンドについて語りましょう。

羽衣をまとった三人の乙女が南へ去った後、夫である三兄弟のうちスラグヴィズとエギルは妻を探し求めて出掛けましたが、末弟のヴェルンドだけは狼谷《ウールヴダリル》に留まり、赤い黄金を槌で鍛えては数多くの指輪や腕輪をこしらえました。それを知ったスヴィジオーズ〔スウェーデン〕の怒れる戦士王《ニーズズ》はヴェルンドを捕え、王妃の忠告に従って、彼の膝の腱《けん》を切って足萎《あしな》えにし、セーヴァルスタズという沖の小島へ幽閉して王室の宝飾を鍛えさせたのです。

或る日、ニーズズの二人の幼い王子がヴェルンドの仕事場へ宝を見に来た際、鍛冶師《ヴェルンド》は彼らの首を切り、頭蓋骨を銀で象嵌《ぞうがん》して酒杯に造って王に献上しました。また、最上の腕輪を壊した王女がヴェルンドに修理を頼みに来ると、鍛冶師は酒で酔わせて犯しました。こうして復讐したヴェルンドは、たくさんの海鳥を獲って羽衣をこしらえ、それをまとうや、王宮の屋根に舞い降りたのです。

　庭から見上げるニーズズに向かって、ヴェルンドは叫びました。「わしの子を腹に宿した花嫁が王宮を歩き回っているが、それは王女ベズヴィルドだ。そして、お前は毎日、二つの銀杯で酒を飲んでいるが、それこそ二人の王子の頭蓋骨だ。また、その眼から造った輝く宝石は王妃が身につけているし、二人の歯のブローチは王女の胸を飾っている」、と。そして、からからと笑いつつ空中をいずこかへ滑り去り、後には、うなだれたニーズズ王だけが取り残された、といいます。これが北欧の跛の鍛冶神の由来です。

『山海経』「海外北経」は「……一目国はその東に在りて、一つの目が面《かお》〔顔〕の〔真ん〕中にある。一に〔目は〕手足に有るとも曰う。柔利国は一目〔国〕の東に在りて、人となりは一手一足、厀《ひざ》〔膝〕は反り、足は曲がって上がっている。一に留利の国と云い、人の足は反りかえり折れている」と、一眼の

一目国

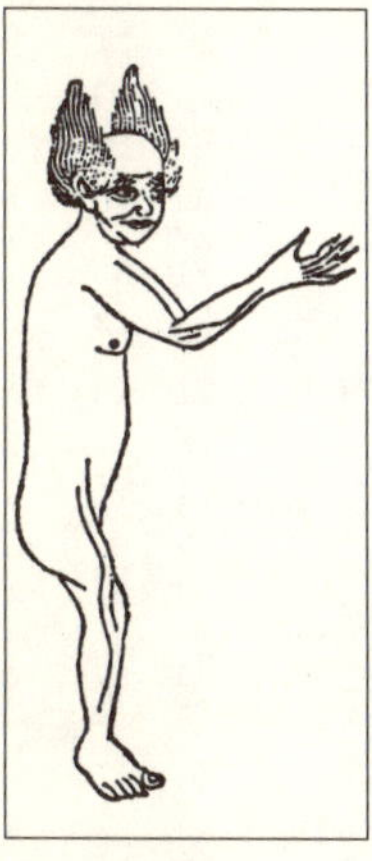

柔利国
（『山海経』より）

国と一足の国を並べて紹介しています。これらの土地がどこなのか、よくわかりませんが、古くから鉄の鍛工や金細工の盛んだった中央アジアの民を指しているとも思えます。

このように世界中に分布する一眼一足の鍛冶神伝説は、自らの意思で足を不具にして仕事をした山の神＝山人がいたことを示唆しています。

先に述べた夔の別名である嚳〔告〕も梏《こく》〔足枷《あしかせ》〕に由来する名称だとされています。夏王朝に先立つ五帝のひとりである嚳の号《よびな》〔呼名〕は高辛《こうしん》で、黄帝の曾孫に擬せられています。『史記』「五帝本紀」は、「高辛は生まれながらに神（智）霊（妙）で、自《みずか》らその名を言う」と述べ、これに唐の張守節は『史記正義』で「（晋の皇甫謐の）帝王（世）紀云う。帝告高辛は姫姓なり。その母（高辛を）生みて、その神異を見《まのあたり》（在）〔目前〕にす。（すなわち、）自らその名を言いて岌《きゆう》と曰《い》う」と注解しています。

岌は「高＝大」の意を持つ言葉なので、「1天の神」で述べたように、初めて自ら「おれは大〔人〕だ」と人間宣言をした者だということになります。ところが、同じ『帝王世紀』を引いて唐の司馬貞は『史記索隠』において「皇甫謐云う。帝嚳の名は夋なり」と釈し、『太平御覧』「皇王部五」も「……その母、（嚳を）生むも神異を見《まのあたり》にせず、（嚳は）自らその名を言いて逡《しゅん》と曰う」[15]と記しています。

この夋＝逡は、『山海経』に「中容の国あり、帝俊は中容を生む。……司幽の国あり。帝俊は晏龍を生み、……白民の国あり。帝俊は帝鴻を生み、……黒歯の国あり。帝俊は黒歯を生む。……東方を折《せつ》と曰《い》い、（吹き）来る風を俊と曰い、……」（「大荒東経」）、「羲和《ぎか》は帝俊の妻にして、十の日を生めり」（「大荒南経」）、「帝俊の妻の常羲《じょうぎ》は十二の月を生みて、ここに始めて浴《ゆあみ》せり」（「大荒西経」）、「帝俊は禺《ぐう》号《ごう》を生み、……帝俊は晏龍を生み、晏龍は（初めて）琴瑟を為《つく》〔作〕れり。帝俊に八人の子あり。これが始めて歌舞を為《な》せり。帝俊は三身を生み、……」（「海内経」）というふうに頻出する「俊」と同一の帝王だと推測できます。その観点から、嚳＝夋＝逡＝俊とは、嚳の二代後に帝王となった虞舜《ぐしゅん》と、実は同一人だとする学説が起こり[16]、今では、ほぼ定説になっています。

舜は、先代の帝たる「尭《ぎょう》が舜をして山林・川沢に入れるに、暴風・雷雨がありとも舜は迷《まど》わず行く。尭、以って（舜を）聖（人）となす」（『史記』）という山の神でした。

そうすると、既述した『尚書』「尭典」が記す、舜の朝廷における夔の事蹟は舜そのものの能力になってしまうのですが、これも先に掲げた『山海経』「海内経」が載せる、俊の八人の子が初めて歌舞した記事と照らし合わせれば、嚳＝夋＝舜＝夔が山に棲む精霊で、その音曲をもって神と人との調和を計ったということが明らかになってきます。たぶん、これが東アジアの山の神の原型なのでしょう。

古代中国の五刑のなかには刖《げつ》という足斬りの刑がありましたが、これは実際に足を切断してしまうのではなく、足の筋を抜いて歩行不能にする罰で、先に書いた北欧の鍛冶神ヴェルンドもこの刑を受けています。中国やオリエントの大帝国では、こうした足の筋抜きや片眼潰しを強制して世襲の鍛冶職を確保した例も少なからずあり、事実、殷墟からは身体の同一部分を毀損された人骨がおびただしく出土しています。

けれども、日本やヨーロッパなどでは自ら身体を傷つけて常人と区別し、鍛冶を天職とした山人が多かったと考えられます。こういう人々の暮らしは狩猟採取が主体だったはずですが、豊かで美味な穀物を求めて里へ赴いて田畑を手伝ったのが、里人の目には山の神の去就と映ったのでしょう。

5 石の神

ギリシアの邪眼女神ゴルゴーン

◎和合する石神と縁切りの石神

野や山際の細い街道筋を行くと道祖神、地蔵、馬頭観音といった路傍の素朴な石神に出会います。それらは大都市の意外な片隅にもひっそりと佇《たたず》んでいて、思わず見とれてしまうこともしばしばあります。風雪に耐える石に神体を彫るのは、これらの神性が永遠に続くようにとの願いからなのでしょうが、その根源を辿ってみると、ある種の石が持つ不可思議な威力に古代の人々が畏怖して崇めた例も少なからずあるようです。

かつて、日本各地の町や村では旧暦一月十五日の小正月〔現在の二月中旬―下旬〕の前夜に子供たちが焚火をたき、爆竹を鳴らし、餅や団子を食べて遊びました。これが集落のはずれや道の辻に立つ道祖神(1)の祭りで、どんど焼きとか左義長《さぎちょう》と呼ぶ地方もありますが、この夜ばかりは子供がおおっぴらに火遊びするのが許されていたのです。しかし、この日が正月に付随する子供の遊びの日になったのは近世以降のことで、元来は、若者が通過儀礼を受ける日でした。すなわち、邨《むら》〔村〕や邦《くに》〔国〕の戦士となるために、全ての若者は競漕《ボート・レース》、岩登り《ロック・クライミング》、崖跳び《バンジー・ジャンプ》、荒牛乗り《ロディオ》、長距離走《マラソン》といった「試練」に参加して長老たちに勇気と力量を認めてもらい、初めて一人前として扱われるのでした。これは全世界に共通する儀礼で、春分に先立って行なわれていました。わが国の「成人式」も、この通過儀礼が基になっています。

座像や立像、祠形《ほこらがた》や丸石に彫られた道祖神の姿かたちはさまざまで、その神体の種類は無限ともいえるほど多岐にわたります。ただ、それらのほとんどが男女神が体を寄せ合った双身像なのが特徴で、昔の子供たちはその意匠を見ては、秘められた性についてのひそかな思いを抱いていたのでした。

中世風の髪型や衣装をした道祖神の多くは江戸時代中期頃に造られたものだといわれています。諸藩の城郭がひととおり完成したので職を失った石工が帰村したり流浪した折に、それぞれが得意な人物像を彫りあげたのです。しかし、そうしたもののなかに記紀神話に登場する猿田彦神《さるたひこのかみ》と天鈿女命《あまのうずめのみこと》を配した像があり、これが正統な道祖神像だと考えられます。

猿田彦は天八達之衢《あまのやちまた》という道の分かれ目に居た神で、瓊瓊杵尊《ににぎのみこと》の天孫降臨に際して葦原中国《あしはらのなかつくに》へ道案内をしたのは周知のとおりです。そして天鈿女は、その猿田彦と問答を交わして道案内を承諾させた女神ですから、ともに道を司る神だといえましょう。猿田彦は衢《ちまた》に立つ神ですが、『日本書紀』一書《あるふみ》が「其の鼻の長さ七咫《ななあた》、背《そびら》の長さ七尺余《ななさかあま》り。当《まさ》に七尋《ななひろ》と言ふべし。且《また》口尻明《くちわきあか》り耀《て》れり。眼《め》は八咫鏡《やたのかがみ》の如くして、絶然《てりかがやける》赤酸《あかか》醤《がち》に似《の》れり」と表わすように傲然と突き立つその姿は、まさに男性性器を思わせます。事実、衢の神の生誕のいわれは、伊奘諾《いざなき》が死せる伊奘冉《いざなみ》を追って黄泉国《よみのくに》へ行って帰り来たったとき、穢《きたな》き国で汚れた身を清めようと禊《みそ》ぎ

猿田彦神と天鈿女命を配した道祖神（川口謙二編著『日本神祇由来事典』柏書房刊より）

祓《はら》いした折に「投げ棄つる御褌《みはかま》に成れる神の名は道俣神《ちまたのかみ》」（『古事記』）だったわけですから、やはり男根を示唆します。

すなわち、古代の集落においては、入口の三叉路に巨大な陽石を立てて外から来る邪神の侵入を防ぐのが通例で、これを衢神《ちまたのかみ》もしくは岐神《ふなとのかみ》と呼びました。したがって、天鈿女が猨田彦と問答するために近づいた際は「乃《すなは》ち其の胸乳《むなぢ》を露《あらは》にかきいでて、裳帯《もひも》を臍《ほそ》の下《しも》に抑《おした》れて、咲噱《あざわら》ひて向きて立つ」（『日本書紀』一書）という格好であり、これは明らかに女陰を擬したものでした。この象徴的な女神を陽物たる衢神が受け入れたとき、外来の邪性が消え、高天原《たかまのはら》と葦原中国の和合が成り立ったのでしょう。

そういう意味では全国の到る所でみられる石造りの男根像である金精神《こんせいしん》信仰も、この古代の衢神の流れをくむものかもしれません。また、道祖神の源流の一つは、朝鮮半島の村々の辻に立っている天下大将軍・地下女将軍と記された将軍標だともされています。本来、それは木偶で、長性《チャンスン》ないし長性標《チャンスンピョ》と呼ばれ、村に疫病や邪鬼を入れさせぬよう、歯を剝《む》き出《だ》し、口を開いた恐ろしい形相に造られています。石彫の長性は特に「石長性《トルチャンスン》」といい、寺の境内にあるものを「弥勒《みろく》」と称するところもあるそうです。(2)これは朝鮮古来の天父＝天神信仰と地母＝地神信仰の合体だと考えられますので、女神の天《あま》つ神《かみ》の天鈿女と男神の国《くに》つ神《かみ》たる猨田彦の和合とはまさに相反しているといわざるを得ません。

むしろ、その源泉は古代中国で伝承されていた、道を安んずる神に求めるべきでしょう。それは「祖道」とも呼ばれる黄帝の子の「累祖《るいそ》」で、明《みん》の陳継儒は『羣砕録《ぐんさいろく》』において、遠遊を好み旅を重ねていたのが路傍で死んだため、後の人が旅人の安全を守る行人として祀ったのだ、と述べ、また、累祖とは黄帝の元妃〔皇后〕だとする異説も併記しています。

この道祖神としばしば混同されているのが塞《さえ》の神《かみ》で、『今昔物語』や『宇治拾遺物語』などでは「道《サ》祖《ヘ》ノ神《カミ》」と訓じていますから、十一世紀の平安時代には既に同一視が起こっていました。それは塞の神の神体がやはり陽物や陰門の形をした石が多いところから生じたのですが、この神の誕生の由来も記紀神話における伊奘諾の黄泉国行きに発しています。

泉津醜女《よもつしこめ》や雷神《いかづちがみ》など死の国の鬼に追われて黄泉比良坂《よもつひらさか》まで逃げてきた伊奘諾は、ここに千引《ちびき》の石《いは》という大石を引《ひ》き塞《さ》えて、最後に追いかけてきた伊奘冉と縁切りをしました。この大石は道反之大神《ちがへしのおほかみ》、またの名を塞《さや》り坐《ま》す黄泉戸大神《よみどのおほかみ》といいます。すなわち、あの世〔黄泉〕とこの世〔現世〕の間の道に立てて邪鬼の侵入を閉ざした戸という意味で、島根県東出雲町の揖屋《いや》には今もその遺跡が残っているそうです。そして、これが塞の神の淵源であり、この神の役割は異文化の遮断ですから、道祖神の有する融合性は持ち合わせていないことになりましょう。

◎眼の石で冥界を支配する大地母神

伊奘諾の黄泉国訪れとしばしば対比して語られるギリシア神話のオルペウス冥界行きでは、必ずしも冥府とこの世を隔てる石の戸は示されていません。けれども、ギリシアの冥府ではシーシュポスが大石と尽きることのない格闘をしています。それは、ゼウスがアーソーポス河神の娘アイギーナに恋して攫《さら》うのを目撃したシーシュポスが河神に告げたために、ゼウスから科せられた罰で、巨大な石を急坂の上

冥界で石を転がし上げるシーシュポス

竪琴を弾くオルペウス

まで転がし上げると、あと一息のところで不思議な力が働いて石が転げ落ちるので再び持ち上げねばならず、この作業は未来永劫に続きます。つまり、シーシュポスは一種の石の神の役割を担っているのです。

しかし、オルペウスが冥界で竪琴を弾くと、この石も自ずから静止したといいますから、オルペウスの音楽は岩をも止める力を有していたことになります。そればかりでなく、死後にオルペウスの魂は羊飼いの一人に乗り移って妙なる曲を歌い、それが原因で彼の墓の石柱は倒れ、石棺も壊れるという大騒動を惹き起こしたのですから、オルペウスもまた或る種の石神だといえるのかもしれません。

しかし、ギリシア神話における石の神の代表といえば、なんといっても恐ろしいゴルゴーンでしょう。「2海の神」で触れた海の老人ポルキュスとその妹ケートーとの間に生まれたのがゴルゴーンの「強き《ステン》女《ノー》」「広くさまよう女《エウリュアレー》」「女支配者《メドゥーサ》」の三人の娘ですが、二人の姉は不死の神格を持ち、決して歳をとりませんでした。しかし、末娘のメドゥーサだけは、日々、歳を重ねて変化していく人間の乙女だったのです。海神ポセイドーンは春の野原で、このメドゥーサを愛し、彼女の胎内には、海神の子たる有翼の神馬ペーガソスと英雄クリューサーオールが宿されていました。

ゴルゴーンたちも元来は美しい処女で、ことに髪を何よりも誇りにしていました。しかし、パラス・アテーナーと美を争う不遜な態度をとったので、怒った戦闘処女神がゴルゴーンの全ての美を剝奪してしまいました。すなわち、自慢の捲毛は蛇に、歯は猪のごとく、背に大きな黄金の翼を付けられ、そして眼は、見る者を石に化してしまう邪眼《イビール・アイ》に変えられてしまったのです。この変身《メタモルフォーゼ》は、しばしば「仮面」として捉えられます。美しい処女が被《かぶ》ったがために、一瞬にして時間が経過し、醜悪な老婆の風貌に化す仮面の威力です。なかでも、人間の乙女たるメドゥーサに与えた影響は大きく、彼女は仮面劇のなかの女主人公《ヒロイン》のごとき運命を背負わねばなりませんでした。

ゴルゴーンは、遙かなる西に在る死者の国、夕べの娘《ヘスペリス》の国、三頭三身《ゲーリュオーン》の怪物の棲処《すみか》に近い場——ここもいわば黄泉である岩地の薔薇《キステーネー》の国の洞窟に棲んでいました。そして、洞窟の入口には、ゴルゴーンの姉妹で同じくポルキュスとケートーの娘である「老婆たち《グライアイ》」の三女神が棲み、洞窟への道を守護していました。「蜂《パムプレード》」「女戦士《エニューオー》」「怖ろしき女《ディノー》」の三人は生まれながらの白髪、眼と歯は共同で一つずつしかなく、必要なときに貸し借りして使いました。したがって、グライアイもまた「老婆」の仮面を被って誕生した女たちであり、それ故にゴルゴーンの姉妹なのです。その土地は太陽も月も現われぬ死の国ですが、異説では「白鳥の姿をした白髪の処女」として語られているので、白鳥処女伝説は黄泉にまで及んでいたことが窺《うかが》い知れます。

その洞窟には人間や動物の形をした石がたくさん転がっていましたが、これはいうまでもなく、ゴルゴーンを見たために化石してしまった者たちの姿でした。見た者が石になるのは、その顔つきが余りに恐ろしく、その視線が余りに鋭いゆえで、この邪眼はしばしば女陰に擬せられます。ギリシア神話に編み込まれる以前のゴルゴーン、とくにメドゥーサは、先住民族が信仰した厄除けの力を有する古い大地母神だったらしいのです。したがって、彼女は、大地母神にして豊饒女神たるデーメーテールの娘のペルセポネーと、しばしば混同して語られたようです。

メドゥーサが花咲く春の野でポセイドーンに処女を奪われたように、ペルセポネーもやはり春の花を褥《しとね》にして、叔父の冥界神ハーデース――海神ポセイドーンの兄――に恋され、掠奪されて地下の死者の国へ連れてこられ、冥土の王妃になりました。

母神デーメーテールは娘を探して彷徨し、身を老女に変じて――すなわち、仮面を被った状態で――アッティカのエレウシースを訪れ、「美しき舞《カリコロン》」の井戸の傍の「笑いなき《アゲラストス》」石に坐って思案したのち、本性を隠してエレウシース王子の乳母となりました。このとき、大地母神は石神の精をも得たのです。しかし、豊饒神がオリュムポスに帰らぬので大地は稔らず、人々は困窮しました。

ゼウスはハーデースにペルセポネーを返すよう要請しましたが、既に彼女は冥界の柘榴《ざくろ》の実を食べていたために地下から逃《のが》れられぬ掟を受けていたのでした。ゼウスは仕方なく、毎年の三分の一の期間はハーデースと共に、残りの三分の二の期間は地上で母神と暮らせるように計らったのです。こうして、ペルセポネーは穀物の種神となり、地下に播かれて地上に芽生え出るよう運命づけられました。ただ、ペルセポネーは冥界で自らを防禦する折にはゴルゴーンの首を付けるともいわれ、それがメドゥーサとの同一性として語られる根拠になりました。そして、この説話を軸に、エレウシースではデーメーテールとペルセポネー崇拝の秘教が興り、女たちが人々を嘲《あざけ》り罵《ののし》るテスモポリア祭が盛大に行なわれました。

このような、女が主体の祭りの儀式は、また、戦いの場でもみられます。戦闘の際に大地母神が軍勢の先頭に立って女陰を見せ、敵の力を石のごとく凝固させてしまう呪術は古代世界の到る所でみられ、先述した記紀神話の天鈿女と猨田彦の対決もその一例でしょうし、「3 鳥の神」で触れた、神功皇后が新羅征討の際に女陰に石を挟んだ、というのも、この呪術だったのかもしれません。したがってメドゥーサの場合は、女陰が顔面に転化した姿態として描かれており、それ故に神も人も恐れる怖しさにみちています。

メドゥーサを退治したのは英雄ペルセウスで、むろん、不死のステンノーとエウリュアレーは抹殺することができないため、最初から末妹だけを討伐の対象にしたのです。彼はアテーナーより青銅の楯を、ヘルメースより金剛の鎌を、そして山奥の鍾乳洞で暮らす三人の淡水の妖精《ナーイアスニンフ》から、それぞれ翼の付いた靴、キビシスという袋、被《かぶ》れば体の見えなくなる帽子を借り、空を飛んで岩地の薔薇の洞窟へ赴きました。洞窟の入口には当然、グライアイが見張っていましたが、三人の老婆が慌《あわ》ただしく一つの眼を渡し合うすきに、ペルセウスは眼をひったくって盲目となし、洞窟の中の道筋を聴きだしました。次いで、ペルセウスはゴルゴーンの睡眠中に姿を消して近づき、メドゥーサを直視せぬように顔をそむけつつ楯にその姿を映して見ながら鎌で首を斬り取り、キビシスに入れた刹那《せつな》、メドゥーサの首からは海神ポセイドーンの息子たち——天馬ペーガソスと英雄クリューサーオールが飛び出しました。その騒ぎにステンノーとエウリュアレーが目醒めて追ってきたので、ペルセウスは空中を遁走しました。その逃亡のさなかにも、死せるメドゥーサに視線を合わせて石と化さぬようにキビシスを振り回しつつ持ち帰ると、

メドゥーサの首を斬るペルセウス

ゴルゴーンをはめ込んだ
神威楯を持つアテーナー

これをアテーナーに捧げました。アテーナーはその首を楯の中央に付けましたが、大地母神の邪眼が戦闘に欠かせぬ呪法であったことは既に述べた通りで、戦いの女神にとっては当然の処置だったわけです。

前三十―前二十世紀の古代オリエントにおける大地母神エレシュキガルは、この上もなく強大な力の持ち主で冥界の女王をも兼ねていました。その妹は天の神であり、シュメールではイナンナ、アッカドではイシュタルと呼ばれていました。この天の女神は弟もしくは夫である植物神ドゥムジ――アッカドではタンムーズ――の死を回復させんがため冥界を訪れますが、その物語は当時の人口に膾炙《かいしゃ》し、『イナンナの冥界下り』、『イシュタルの冥界下り』として粘土板に彫られ、その一部は現存しています。

生命の樹を囲むイシュタル（左）とドゥムジ

エレシュキガルの冥府には七つの、おそらくは石の門があって、天の女神はこの門をひとつくぐるたびに身につけている装飾や衣服を剝がれていき、遂には素裸で冥界の女王の前に立たされます。そして、

彼女（エレシュキガル）は（イナンナに）目を向けた、死の目を。
（彼女に向けて）〔言葉を〕発した、怒りの言葉を。
叫んだ。罪の叫びを。
その病の〔女〕は死体に変わった。[3]

というふうに邪眼を浴びせるのです。ベリリの異称を持つエレシュキガルが石の神であったことは『イシュタルの冥界下り』の異書板に、

ベリリが集めた彼女の宝物を〔　〕
〔　〕に満ちた「眼の石を」〔　〕
彼女の兄弟の声をきいたとき、ベリリは彼の宝物を〔　〕
彼女は「眼の石」を〔　〕(4)

と記されているように、石の邪眼を有していたと読み取れます。

このように黄泉では、どの地でも多くの石の神が支配していますが、それは諸民族が太古より死者を石棺に入れ、石室に葬ったところからの連想によるのでしょう。ところで、シュメールのイナンナ、アッカドのイシュタルの系譜は、フェニキアのアスタルテーを経てギリシアのアプロディーテー、ローマのウェヌスと同一視されることは、「2 海の神」で記しましたが、これらはみな豊饒女神の要素を持っているのです。したがって、古代人は、この項で取り上げたデーメーテールとペルセポネーの特質と同じく地下に伸びる植物の根が、あたかも地底の冥界を訪れているように想定していたのです。

◎宇宙から来た、雉の姿の石の神

古代中国には石から生まれた帝王がいます。

漢の武帝は元封元年（前一一〇）に華山で祈願を捧げましたが、そのとき「夏后啓の母たる石を見る」（『漢書』「武帝紀」）と記録しています。啓は前二十二世紀頃に夏王朝を建てたとされる禹の子で、その母は塗山氏の女《むすめ》〔娘〕の女媧《じょか》(5)でした。禹は帝舜のもとで中国全土の治水治山を命ぜられ成功しましたが、その後、化して熊になる呪術(6)を会得しました。たまたま禹が熊になっているのを妻の塗山氏が見てしまい、自らの境遇を慚《は》じて去り、嵩高山の麓まで行ったときに化して石となってしまいました。禹がこれを見て、わが子よ帰れ、と叫ぶと、石の北方《せなか》〔背中〕が破れて啓が生まれたのだ、と唐の顔師古が『漢書』の注に書いています。しかし、『淮南子』「修務訓」には「禹、石より生まる」とあって、むしろ父親のほうの出生譚としています。思うにこの話は、禹の母(7)か、あるいは妻の塗山氏の女——女媧のどちらかが妊娠したまま死んで石棺に入れられた後に赤児が生まれて取り出された故事の誤伝だったのではないでしょうか。

オリエントで天の神が冥界へ下ったのに対比すれば、中国では天から石の神がしばしばやってきた不思議な出来事が起こりました。

夏王啓（『三才図会』より）

それは春秋時代前期のこと、秦の文公がその十九年（前七四七）に石のごとくで肝に似た物を入手し陳倉〔現在の陝西省宝鶏県の東〕の北阪城に祀《まつ》ると、その神は或る年にはまるで来ず、また或る年には数回も訪れてきました。来るときは常に夜で、流星のように光り輝くものが東南ないし東からやってきて、祠ってある〔北阪〕城に集《いた》〔至〕ると雄《おす》の鶏《きじ》〔雉〕のごとき姿になります。そして、その鳴き声が雷鳴のように殷殷《いんいん》と響きわたると、野生の鶏がこれに応《こた》えて夜雊《よな》〔鳴〕きするので文公はこの神秘を讃え、一牢《いちろう》〔牛・羊・豕《ぶた》の牲《いけにえ》〕をもって祀り、石を陳宝《ちんぽう》と名づけた、というのです。

この話は『漢書』「郊祀志」が載せる記事ですが、その陳宝の正体を唐初に出来た『括地志』「岐州・陳倉県」は『晋太康地志』を引いて、こんなふうに語っています。

秦の文公の時代に陳倉の人が猟をして彘《ぶた》〔豕〕のごとき獣を得たが名がわからず、（文公に）献上しようと牽《ひ》〔引〕いていく途中、童子二人に逢いました。童子は「これの名は媦《ゐ》〔妹《いもうと》〕と言い、常に地中に在って死人の脳を食べている」と曰《い》い、殺させてほしい、とその首を打ち叩きました。するとまた「二人の童子の名は陳宝

鶏〔雉〕の古代土偶

で、雄は王（位）を得《むさぼ》〔貪〕り、雌は（諸侯の）覇《おさ》〔長〕を得る」と語るのです。そこで陳倉の人が二童子を逐《おいはら》うと、（雄は）化して雉となり、雌は陳倉の北阪（城）に上《のぼ》って石となったのでこれを祀ったというのです。『括地志』は更に『捜神記』[8]を引いて、雄は南陽〔現在の河南省南陽市〕に至り、その後、この地で光武帝が（王道を）興したと説きます。これは「3 鳥の神」で触れたように、光武帝が王莽《おうもう》を倒して後漢を再興したことを指しているのですが、六朝期から隋唐にかけての伝承では、南陽生まれの光武帝は霊石である陳宝の生まれ変わりなので、王位を得たのは当然の宿命だとされていました。

この陳宝は落下した隕石だったのでしょうか。史書は陳宝の来た季節を伝えませんが、現代でも有名な獅子座流星群は毎年十一月中旬に現われ、約三十三年ごとには流星雨といわれるほどの数の星を降らせます。他にもペルセウス座や龍座などの大流星群があるので、陳宝も宇宙から来た石の神だったといえそうです。

天の石かどうか、インドのシバプール村にあるスーフィ派回教寺院には宙に浮く石が安置されています。その約五十五キログラムの丸い花崗岩の巨石は、十一人が取り囲んで「カルマ・アリ・デルビッシュ」と聖者の名を唱えつつ人差し指で触れると、二メートルの高さまで宙に浮き一秒間空中にとどまって落下するのです。参加する人数は正確に十一人でなければならず、また名前がはっきり発音されなければ石は動きません。もう少し軽い約四十一キログラムの石もあって、こちらは九人の指と同じ呪文で浮きます。つまり、この二つの石は、音波と指が発する生命の流れ《バイオ・カレント》に正確に反応する「聖者の魂」だというわけです。(9)

スーフィ派回教寺院にある宙に浮く石

七世紀の朝鮮半島でも石が浮き上がる出来事が起こりました。海東華厳を創設した高僧義湘が唐より帰国して布教の場を探していた折、太白山系鳳凰山の中腹に秀麗の地を見つけました。しかし、そこには異教徒が多数占拠していて、どうにもなりません。義湘が黙って『華厳経』を念ずると、突如、広さ一里もある巨石が浮いて漂い、異宗の伽藍に落ちんとしたので衆徒は四散し、義湘はそこに浮石寺を建立したというのです。この話を載せる『宋高僧伝』は、「2海の神」で記したところの義湘に恋慕して龍に化し追ってきた善妙が虚空中に大石を現出させたと述べるので、義湘なり善妙なりが石を自在にできる能力の持ち主だったことになります。

また、古代バビロンの神官たちは、千人の力でも持ち上げられなかった大石を音によって浮き上げたといいますし、二世紀のギリシアの風刺詩人ルキアノスは、シリアのヒエラポリスにあるアポローン神像が宙に浮きあがったことを記録しているなど、古代には反重力を持つ石の神がたくさんあったようです。

6

木の神

ヒンドゥーの樹木崇拝

境内に巨樹が聳えている神社は数多くありますし、巨樹そのものに注連縄《しめなわ》を張って神体にしている所も少なくありません。太古の東アジアでは各種族が共同体ごとに崇めていた聖なる山や谷の巨樹を、守護神の寄りつく神木として祀っていました。前十一世紀の中国で西周が興ると、各地の諸侯の聖地に土の壇を築かせ、その上に氏族が先祖伝来の象徴《シンボル》としてきた樹木を植えて神を祭らせ、これを「社」と称しました。それが神社の起源です。

◎仕立てられて神になった槐の木

古代中国の王朝が社に植えた樹木は、前二十二―前十八世紀頃の夏が松、前十八世紀からの殷が栢《かしわ》〔柏〕、そして周が栗〔『論語』「八佾」〕で、これらを祖先神の宿る木として崇めました。しかし、前四―前三世紀になると、荘周は『荘子』「人間世」篇で、社の神樹についての話をこんなふうに皮肉めかして語っています。

大工の棟梁の石《せき》が斉の国〔現在の山東省東北部〕へ行き、曲轅《きよくえん》という所で櫟社《れきしや》の神木を見ました。その櫟《くぬぎ》の木の大きさは数千頭の牛を蔽《おお》〔覆〕い、〔幹の周りは〕百圍《ひやくめぐり》もあり、その高さは山を見下ろし、〔地上から〕千仞《せんひろ》〔七千尺〕のところに最初の枝が出ていて、これで舟を作れば、まさに数十艘もできようというもの。見物する者は市《いち》を成して群れていましたが、棟梁は顧《かえりみ》もせずに立ち去ってしまいました。足を止めて見とれていた弟子があわてて追いかけ、「私が大工を志して以来、こんな立派な木材を

社の神樹（『三才図会』より）

見たこともありません。先生が見ようともしないのはなぜですか」と問うと、棟梁は「言うな、あれはつまらぬ木だ。あれで舟を作れば沈むし、棺《ひつぎ》を作ればすぐに腐り、器を作れば壊れ、門戸を作れば汚い樹液が染み出《し》し、柱を作れば虫食いになる。全く役に立たぬ木で用いるところがない。だからこそ、こんなにも長生きしているのだ」と答えました。

石が家へ戻った夜、櫟社の神木の霊が夢に見《あら》〔現〕われて「おまえは私を雅《みやびや》かな木に比べようとするのか。あの柤《こぼけ》〔樝〕、梨《なし》、橘《たちばな》、柚《ゆず》、果蓏《きからすうり》〔果蠃＝黄烏瓜〕の類《たぐい》は実が熟すと、もぎ採られるが、そのとき木は曲げられ、大枝は折られ、小枝は引っぱられる。これは役に立つ能力のために自らの生命を苦しめているのだ。だから寿命を永らえずして若死にし、自分から世俗に打ちのめされる。世の中の物という物は全てこうなのだ。私が役立たずを願ってきて久しい。寿命も尽きようとする今こそ願いが達せられようとしており、役立たずが私の真の役立ちになっている。もし、私が有用だったら、これほど大きくなり得ただろうか。しかも、おまえも私も滅びゆく物にすぎない。そんな物同士が物の用、無用を定められようか。おまえのような死にかけの散人《ろくでなし》が、なぜ散木《やくたたずのき》だとわかるのか」と語りました。

棟梁の石が目醒めて夢の意味を考えているとき、弟子が「無用の心構えを守っていれば社の神木になれるのでしょうか」と尋ねたので、「しっ、何もいうな。やはり、あれはただ神木に寄りついているだけで、自分を知らぬ者が悪口をいっているので神木の霊になって出現したのだ。社の神木でなくとも無用を守っていれば翦《き》〔伐〕られはしないだろう。それに、あれの信念は世間と異なっているのだから、俗世の基準で誉《ほ》〔賞〕めるのは見当違いではないかな」と答えた、という話です。

これは世俗を超越しつつ自由と独創に生きた荘周ならではの寓話ですが、この話よりも先に「逍遙遊」篇において、前四世紀の魏の宰相だった恵子との論争を載せています。

それは、恵子が「私は樗《ちょ》という大樹を持っているが、太い幹はこぶだらけで墨縄《すみなわ》を当て〔柱や板に造〕られず、小枝は曲がりくねっていて規矩《ものさし》〔物差し〕を当て〔細工物に造〕られぬ。道〔端〕に立っているが、〔通りかかる〕大工は見向きもしない。あなたの言〔説〕も大きいばかりで無用で、衆《みな》〔皆〕が無視するところだ」と、荘子に向かっていったのです。荘子はこれに応《こた》えて「……あなたは大樹の無用を患《うれ》いているが、なぜ、それを無何有《はてしなき》〔果てしなき〕郷《さと》の広莫《こうばく》たる野に樹《う》〔植〕えて、その側《かたわら》〔傍〕で彷徨《ぶらぶら》と何もせずにいたり、その下で逍遥《のんびり》と寝そべったりしないのか。そうすれば、斤《まさかり》や斧《おの》で〔樹の寿〕命を縮められることも、害《そこな》〔損〕われることもないだろう。用うるところが無いからといって、どうして困ることがあろうぞ」と反論したといいます。つまり、ここで荘周は、恵子の現実的な小賢《こざか》しい知恵を嘲笑しつつ、「無何有の郷の広莫たる野」という無限の理想境で、ひたすら彷徨と逍遥で時を過ごす、超俗の無心を説いています。というのも、黙って聳え立つ巨木は、それだけで一つの宇宙を形成しているからで、先の櫟社の神木も例外ではありません(1)。

そして、『太平広記』の引く唐の皇甫氏の『原化記』は、櫟の神霊と同じような視点で、何でもない大木が神に仕立てられて遂には神木に化した説話（2）を収録しています。

京洛〔洛陽〕の士人〔知識人〕の息子で彫刻を得意にする人が、或るとき他の邑《まち》へ行く途中の山道で槐《えんじゅ》の大樹の根元にある数斗入りの甕《かめ》ほどの瘤癭《こぶ》四つを見つけました。これを欲しいと思ったものの人手も少ないし、斧も鋸《のこぎり》も持ってないので帰路に採《と》ろうと決め、しかし先に他人に採られぬようにと衣装籠から紙を出し、割《さ》いて紙銭に作って瘤に懸けました。こうしておけば、誰もが神樹だと信じて伐《き》らないだろうと考えたからです。

数か月後の帰途、大勢の人夫に道具を持たせてこの樹まで来ると絵馬や数多くの紙銭が懸かっているばかりか焼香する場所まで出来ていました。士人は笑いつつ「村人は無知だから、うまく惑《まど》わせたな」と斧を当てさせようとしたところ、忽《たちま》ち紫衣を着た神が顕《あら》われて屹然《おごそか》な顔つきで「この木を伐るな」と叱りつけました。士人が進み出て「私が先頃、通りがかりにこの槐の瘤を採ろうと思ったが道具がない、人に採られるのを恐れて権《かり》〔方便〕に紙銭で保護しておいたのです。もともと神さまなど無かったのに、なぜ止めるのですか」というと、神は「始めは君が権に紙銭をこの樹に懸けたのだが、その後みなが神

槐（『三才図会』より）

木だ、ご利益《りやく》があるといって祈願したので、冥府の役所では某《それがし》にその祭儀を受ける職務を命ぜられた。したがって今では神があるので、敢えて伐れば災《わざわい》が降りかかるぞ」と答えました。

それでも士人が承知しないと、神は「君はこの瘤を採って何に用いるのか」「彫刻をして器にするのです」「それならば善い値で買い取ろうか」「ええ」「幾ら欲しい」「百貫文いただきたい」「奉納の絹百匹が半里先の崩れた墳《つか》〔塚〕の中にある。それを取ればよかろう」。士人が墳へ入ってみると、果たして百匹の絹があったそうです。

◎東海の仙境にあった扶桑の大樹

「5石の神」で述べた、天から石の神の陳宝がやってきた陳倉の地には、同じ頃に牛と合体した奇怪な梓《あずさ》の大樹がありました。『括地志』の引く『録異伝』は次のように述べます。

秦の文公の時〔前八世紀〕、都の雍〔現在の陝西省鳳翔県南〕の南にあった大きな梓を文公が伐らせようとしたところ輒《たちま》〔忽〕ち大風雨が起こり、樹は生き物〔の肌〕のようにぴったり合わさって断《き》ることができません。時にひとりの病人が夜間に山中をうろついていて、鬼が〔梓の〕樹神に向かって「秦〔の文公〕がもし使用人の髪を振り乱れさせ、朱絲《あかいいと》を樹に繞《めぐ》らせて君を伐ったら困りはしないかい」と曰《い》うのを聞きましたが、樹神は無言のままでした。

翌日、病人がこのことを語ったので、〔文〕公はその言葉通りにして樹を伐らすと、みごとに断《き》れ、中から一頭の青牛が飛び出し、走って豊水へ跳び込み、また水中から躍り出たので騎士に撃たせましたが取り抑えられません。しかし、馬から落ちた騎士がざんばら髪になると、牛はこれを畏《おそ》れて再び川へ沈み、もう出てはきませんでした。この故《できごと》〔出来事〕によって〔秦は〕髦頭《ざんばらあたま》という騎馬兵の職を置き、漢、魏、晋もこれに倣《なら》いました。〔北魏の〕武都郡は〔この地に〕怒特祠《どとくし》〔怒れる牛の社《やしろ》〕を立てましたが、これぞ大梓牛神を祠ったものです。

このように不思議な樹神を数多く信奉した古代中国では、東海の彼方の国――日本とも比定できる地――には巨大な桑の木の神がいるものと想定していました。最初にこの伝承を取り上げた書は前四世紀以前の春秋・戦国期に成立した『山海経』「大荒東経」で、「大荒の中に山ありて名づけて曰く孽揺頵羝《げつようきんてい》。上《いただき》〔頂〕に扶木《ふぼく》ありて柱《たか》〔高〕さ三百里、その葉は芥《からしな》のごとし。谷ありて温源谷と曰う。〔その〕湯谷の上に扶木ありて、一つの日〔太陽〕が〔その〕方《ところ》〔所〕へ至れば一つの日が方より出《い》で、〔日は〕みな烏《からす》を載せる」と記し、同じ書の「海外東経」も「湯谷の上に扶桑ありて十日の浴する所。……〔日は〕水中に居《すまいお》り、大木ありて九日は下枝に居《とどま》〔止〕り、一日は上枝に居り」と述べます。ここにいう十日とは、「4 山の神」で述べたところの帝俊の妻の義和が十日を生んだ、という「大荒南経」が載せる記

烏を載せる十日の浴する扶桑樹（漢代の画像石）

事に相応しています。そのかぎりにおいては羲和は東方の神か南方の神か不明なのですが、「大荒南経」でこのくだりを書き起こす「東南の海の外、甘水の間《ちか》〔近〕くに羲和の国あり」の東南が、原典では「東」だとする説が古くからあるので(3)、実は「大荒東経」にあった文が「大荒南経」に紛《まぎ》れ込《こ》んだ、とみるべきでしょう。そうすると、羲和は太古の日本の太陽神にも想定でき、にわかに天照大神《あまてらすおほみかみ》との類似性が問題になってきます。そして、「十日を生めり」とあるのは、夜も太陽が沈まぬ状況が十日間も続いたという宇宙の異変でしょうから、前三十世紀頃の縄文中期の火焔土器とも始源《アルケー》を等しくする言い伝えだったのかもしれません。

更に、この『山海経』を承《う》けて後漢の許慎は『説文解字』に「日初めて東方湯谷に出でて榑〔扶〕桑の叒〔若〕木に登る所なり」と説くので、古代日本には「若木《じゃくぼく》」と称される世界樹の桑の神樹があり、扶桑は後に日本の異称にさえなったのです。

前二世紀の漢代に、武帝の傍近くに仕えた東方朔は『海内十洲記』において、より具体的に記述しています。すなわち、扶桑は東海の更に東の碧海の中にあって、その地は〔四〕方一万里、頂上に太帝宮あり、太真東王父《たいしんとうおうふ》の統治する処。長《たか》〔高〕さ数千丈、大《ふと》〔太〕さ二千余圍《めぐ》りの椹〔桑〕樹が一つの根から二つに分かれて伸び、上部にて相倚《あいもた》れいれば、これを扶桑と名づく。九千歳に一度のみ実りてその味は絶甘香美、仙人がこれを食せば全身みな金光色となり、直ちに空を飛翔できる、というもので、その土地には紫金、九玉が生じ、真仙霊官は変化万端して常の姿はわからぬといった聖域として描かれています。

同じ東方朔の『神異経』「東荒経」はこの東王父を「東王公」と呼び、常に「投壺」という矢投《やな》げの遊戯をしていたと述べます。壺には人〔形〕が出る設備があって、矢を投げてこれが出なければ天は嘲笑し、もし当たって人が出ても倒さなければ、やはり天は笑う、という不思議な光景を描写しているのです。しかし、この荒唐無稽な「天笑」を、博識無比だった晋の張華が、「笑とは天の口より炤灼《てりかがや》きたる火の流るるを言う。今の天下には〔この火〕雨《ふ》〔降〕らず、電光のみあり」と注釈しているので、やはり太陽が激烈に照射した大災害の様相を指す伝承だということになります。東王父＝東王公は、また「木公」の異称もあります。唐の杜光庭は『墉城集仙録』で東方神を木公とし、別名を東王公とし、『仙伝拾遺』では、『神異経』の投壺する東王公の名を木公に変えて同意の文で記しています。

東王公（『三才図会』より）

この大桑樹の神――東王父＝東王公＝木公を記紀神話に比定してみると、高木神《たかぎのかみ》が浮かび上がってきます。『古事記』は「是の高木神は高御産巣日神《たかみむすひのかみ》の別《また》の名ぞ」と述べるので、天地《あめつち》初めて発《ひら》けし時に独《ひと》りで高天原《たかまのはら》に成った神であり、いわば屋久島の縄文杉のごとく数千年を経た木霊《こだま》にほかならず、この木霊――これぞ木公の原義なのでしょう――が高天原で天照大神《あまてらすおほみかみ》の顧問役を務めていたことになります。

また、扶桑が一つの根から幹分かれしていた言い伝えに対応するのは、大国主神――その前身は大穴《おほあな》牟遅神《むじのかみ》——と八上比賣《やがみひめ》の結婚にかかわる木の俣があります。大穴牟遅が兄弟の八十神《やそがみ》たちに殺されたものの母神の刺国若比賣《さしくにわかひめ》の努力で葦原色許男《あしはらしこを》として甦った話は「3鳥の神」で書きました。その後、葦原色許男は木国《きのくに》〔紀伊国〕の大屋毘古神《おほやびこのかみ》の許へ赴きますが、再び八十神に追われたため「木の俣より漏《く》き逃《の》がし」れて須佐能男〔素戔嗚〕の坐《ま》す根《ね》の堅州国《かたすくに》へ行きました。既にそこを支配していた素戔嗚は、この異境から来た男に数々の試練を施しますが、素戔嗚の女《むすめ》〔娘〕の須勢里毘賣《すせりびめ》の協力のもとにそれらの全てに耐えた葦原色許男は毘賣を連れて、この地を立ち退きます。すると、あの世とこの世の境の黄《よ》泉比良坂《もつひらさか》まで追ってきた素戔嗚が、「おまえは大国主神とも、また宇都志《うつし》〔顕〕国玉神《くにたまのかみ》とも名乗って、わが娘を嫡《むかい》〔正〕妻《め》とし、出雲に立派な宮殿を造って住まい居れよ、この奴《やつこ》」という意味の言葉を叫んだのです。そこで初めて大国主の名を得た大穴牟遅＝葦原色許男は須勢里毘賣を正妻とし出雲に戻りました。それ故、八上比賣は身を退《ひ》き「其の生める子をば、木の俣に刺し挟みて返りき。故《かれ》、其の子を名づけて木俣神《きのまたのかみ》」と呼んだというのですが、実は、「2海の神」で述べた「翁＝父＝童」という概念がここに投影されてきます。「2海の神」では、塩土老翁《しほつつのをぢ》と少童《わたつみ》＝海童《わたつみ》が同一の海神であったと検証しましたが、それはまた、東王父とも融即しているのです。

童とは「禿《はげ》」の意で、古代中国では樹木の生えてない山を「童山」と称しました。そして、その様相を「濯濯《たくたく》」と表現したのです。『孟子』「告子章句上」の「又《そのうえ》、牛羊を従えて之〔山〕を牧せば、是以ってそれ濯濯（なる）なり」というのがその用例で、漢の趙岐はこれに「濯濯、無草木の貌《さま》」と注しています。

では、「濯」とは何かといえば、殷代の甲骨文の・〔濯〕に起因します。これは巫覡が沐浴する際に鳥の翼の羽を用いて魂を昂《たかぶ》らせる呪法の「羽」を象《かたど》った卜辞で、その行為が「羽化〔登仙〕」を図る呪術の「洗濯」です。したがって、後漢の許慎は『説文解字』で、濯を「瀚《すすぐ》〔澣〕なり。水、翟《やまきじ》〔山雉〕に从《したが》〔従〕う」と澣沐＝沐浴＝洗濯祓除《せんたくふつじょ》(4)の意に解します。

『古事記』は、神倭伊波礼毘古命《かむやまといはれびこのみこと》〔神武天皇〕が日向を発して瀬戸内を東征してくる途上で「亀の甲《せ》に乗りて、釣《つり》為《し》乍《つつ》打ち羽挙《はぶ》き来る人、速水門《はやすひのと》に遇《あ》ひき」と記しますが、これが海原で洗濯している海僊《かいせん》〔海の仙人〕の姿です。神武はこの者と問答を交わしたうえ、槁機《さを》〔棹〕を渡し、槁根津日子《さをねつひこ》と号《なづ》けて海路の先導者にしますが、これが塩土＝塩椎と同類の海神であることは説を要しないでしょう。

ところで、「父」とは、いったい何者でしょうか。殷代の卜辞の〔父〕を『説文』は「矩形なり。家長にして教《おしえ》〔善〕に率《したが》〔遵奉〕う者。また杖を挙ぐるに从《したが》う」といいますが、羅振玉は金文の〔父〕から「疑うに炬《たいまつ》〔火〕を持つ形を象《かたど》るならんか」と解しています。そして、後代に父＝叟〔翁〕＝長老の意となる「叜《そう》」の甲骨文は、屋内の火と父を合したで表わされているので、父とは屋内にて炬火を持つ者なのです。

いっぽう、「母」は・で、礼冠もしくは簪笄《こうがい》を戴して跪《ひざまず》く巫女のとほぼ同形であり、香薫草薬酒を浴びて祓除釁浴《ふつじょきんよく》し地に澡《そそ》〔注〕いで降神する祼《かん》の儀式を示しています。それ故、母の原義は、氏族・種族の禊祓を掌《つかさど》〔司〕り、〔天〕帝を経て祖神の意思を聴く大巫女たる「族母」の謂でした。

したがって、父は母に相応する者などではなく、祖霊の降臨に際し炬火《たいまつ》を捧げ持って「母」たる大巫女＝地母神を扶《たす》ける役目の覡《をかんなぎ》にすぎませんでした。

ここにおいて、「父」は確実に「童」と結びつきます。童と同義の「奴」の卜辞はですから「母」に付いて扶ける者に他なりません。『説文』は童を「男にて辠《つみ》〔罪〕ある者を奴と曰う。奴は童と曰い、女は妾と曰いて辛《とが》〔犯法〕に从う」というので、それは氏族内の規範《ルール》を破る罪を犯したために自《はな》〔鼻〕の上、目の周りを辛《きず》〔傷〕つけられて黥《いれずみ》を入れられ、奴として巫女に仕えさせられている者を指し、それが「父」の原義だったのです。そして、更に重要なのは「童」の卜辞が「東土」を含んでいる点です。

殷代から戦国期にかけての古代中国で、東方の呼称は「析《せき》」あるいは「折《せつ》」でした。(5)

析は、『説文』が「破木なり。一に折と曰うなり」とするので「折」と同意ですが、その木の破れたかたちを「柝《たく》」あるいは「梼《たく》」といいます。それは、木の開けているさま、その開いた木が相撃《あいう》つさまを示し、転じて「欜《たく》〔拍子木《ひょうしぎ》〕」を表わす語にもなりました。その「柝」の観念を、丁山は卜辞のに当て、「(これは)まさしく樹中の空形たるを象《かたど》りたれば、まさに橐《たく》〔囊《のう》〕の本字にて、それは木に从《したが》いて欜に作り所用《もちいる》までもなきなり。欜は今、俗に(書)写して柝に作る」(6)と、柝の本来の義は欜＝橐＝囊〔大袋〕だと推断しています。

ここで、東方朔が『海内十洲』に描写した扶桑樹の形象《イメージ》が、はっきりとしてきます。すなわち「……椹〔桑〕樹が一つの根から二つに分かれて伸び、上部にて相倚《あいもた》れいれば」というのは、中間が空虚になった大樹で、それを古代人は柝〔析＝折〕＝欜＝橐＝囊＝というふうに心的形象〔観念〕してい

たのでした。そして、そのの中間に日の登るさま、あるいは風の吹き抜けるさまが、「東」の卜辞・なのです。

扶桑たる大樹の幹の中間が空虚になっているさま——柝＝槖とは、「3 鳥の神」で述べたところの、〔天〕帝が口より細く長く吹き出した气〔気〕——すなわち長嘯＝息長——が吹き通る「場」[7]ですから、その声を聴く巫女と、それを扶ける童＝奴＝父がそこに配されて当然でしょう。

連理の扶桑樹（漢代の画像石）

そうしてみると、葦原色許男が「木の俣より漏《く》き逃《の》が」れて根《ね》の堅州国《かたすくに》〔黄泉〕へ行き、八上比賣がその葦原色許男＝大国主の子を「木の俣に刺し挟みて返りき」とした「木の俣」こそ幹の中間が空虚になった大樹の柝＝扶桑だったのです。と同時に、それは「現世〔この世〕」と「常世《とこよ》〔あの世〕」を繋《つな》ぐ通《かよ》い路であったとも推測できます。

また、柝＝槖は、元の呉澄が『〔老子〕道徳経注』で「槖は太虚に象《かたど》りて周遍を包含するの体」と解するように太虚・元気の籠められた至妙の櫃《いれもの》＝嚢《ふくろ》＝大袋で、巫女に仕える童＝奴は炬火のための道具を入れて、常にそれを携えていました。それ故、槖＝嚢が童＝奴の異称ともなるのですが、柝＝木の俣にかかわる葦原

色許男も「童」のひとりだったはずです。小学唱歌の「大《だい》こくさま」が、

おおきな　ふくろを、かた　に　かけ、

だいこくさま　が、きかかる　と、[8]

……………………………

と謳《うた》い出《だ》すように、古来、大国主の像は大袋を肩にした姿で描かれるのが常でした。[9] それが根国《ねのくに》という異境から脱出するとき、祖神の素戔嗚から「おまえは大国主神と名乗れ、……この奴《やっこ》」と宣告されました。つまり、それは奴＝童にすぎなかった者に「父」の資格を与えて、独立神たる大国主になることを許した宣告だったのです。

この大国主説話は、太古の或る時期には「母権」の下位に置かれていた「父権」の奪回を語っているのではないか、と私は考えます。大国主の前身である大穴牟遅は、ひたすら大巫女――おそらくは母神の刺国若比賣《さしくにわかひめ》――に仕える「海童」でした。それが海の異境で葦原色許男に転生し、山の異境である常《とこ》世《よ》で祖霊から大国主という「父」たる大地神に転生させられました。そして、帰還した際には巫女の須世理毘賣を妻とし、かつての海童時代に愛を交わした巫女の八上比賣さえも畏れて姿を隠すほどの大神になり得たのです。

それは、まさしく、卜辞の「東母に九牛を𤉲せんか」(続一・五三・二)、「東母、西母に若《じゃく》すること㞢《あ》らんか」(上二八・五)などの文例のごとき殷王朝の大地母信仰が、周王朝になると、崑崙《こんろん》の西王母と扶桑の東王父が並行《パラレル》に信仰されたように、わが国でも、天照という大女神に対応する大国主の存在が確立

された時代の変わり目を示しているのです。そして、東王父との類似性において、大国主は大樹神であったといえるでしょう。(10) ただし、中世以降の七福神信仰でなじみぶかい大黒天は姿かたちは似ていても、必ずしも、大国主と同一の神格ではありません。大黒は仏教がヒンドゥー教のシヴァを導入して、仏陀の門衛に位置付けた忿怒尊マハーカーラですが、シヴァの本性である豊饒の神格は保たれていました。これが東アジアへ流出し、南方中国の寺々では、食神として厨《くりや》に祀りました。それを遣唐留学生《けんとうるがくしょう》だった最澄が延暦二十四年(八〇五)に持ち帰り、比叡山延暦寺に安置したのが、わが国の大黒天信仰の嚆矢です。その後、同じ字音の大国主を本地《ほんじ》として習合し、日本的な神性を獲得したのが「だいこくさま」で、厨神に因んで僧侶の妻女の呼称にも用いられました。

大国主の祖神である素戔嗚もまた樹神であったことは、既に「4 山の神」で述べました。その素戔嗚は朝鮮半島に縁《ゆかり》のある神ですが、十三世紀末に高麗の一然が撰した『三国遺事』が収める古朝鮮の檀君神話は大樹が国家の基《もとい》になったと語ります。中国の伝説の帝王の堯の時代(前二十三世紀頃)に、天を司る桓国がその子桓雄に天符印三箇を授けて朝鮮の太伯山の神檀樹下に降らせました。桓雄は世の純化に努め、これに感じて祈願し人身を得た牝熊と婚して、始祖王の檀君王倹をもうけ、ここから朝鮮の歴史が始まった、という説話です。したがって、古代朝鮮では檀《まゆみ》の巨樹が人々を導く神霊として崇められていたことになります。

◎梢に鷲が、根元に蛇が棲む世界樹

この世が木から生じたとする神話は世界各地に分布しています。ソロモン群島のマランタ島の伝説では、トフ・ヌヌと呼ばれる砂糖黍《さとうきび》に二つの節ができて割れ、それぞれから跳び出した男と女が人類の祖先だとします。パプアニューギニアのケラキ族は最初の人類が一本の椰子《やし》の木から出てきたといいます。創造神ガインジがこの椰子の中の声を聞き、同じ言葉ごとに分けて出したので、世の中にはさまざまな言語を話す民がいるわけです。

南アメリカのボリビアに住むユラカレ族も人間は木から出現したと伝えます。太古には別の人々がいましたが業火によって全て死滅したとき、ティリ神が一本の木を開け、その中から各種の部族を出し、もう十分な数の住民になったと考えて木を閉じました。しかし、これらの民は虚弱で無知なため何も作れませんでした。そこで一人の乙女が森で最も美しい樹のウレに祈ると、ウレが出て来て彼女と婚し、強い男の子を産ませ、この子が成長して人々に生きる術《すべ》と技《わざ》を教えて世を繁栄させたといいますから檀君神話に似ています。

東南アジアでは、スマトラの西にあるニアス島に悪魔と神が木から生まれ出て人間を創った神話があります。すなわち、原初に天に寄り集まった三十の風から二本の木が出来て、第一の木に二つの肉穂が生じ、その一つから半神《ラトウレ》が、もう一つから黒い精霊《ベフ・サルト》が現われ出ました。黒い精霊はバハリとラファブアを生み、バハリは悪魔《アシヨハ》を生み、悪魔は赤い精霊《ベフ・ソヨ》たちを生んで、これらはみな祖先《アシヨハ》〔悪魔〕と呼ばれました。第二の木にも肉穂ができ、そこから神《ロワランギ》が現われ出て息子のバリウを生みました。この木には続いて二つの肉穂ができ、その一つから生命の無い人間が出てきたので神が手を尽くしたものの、結局、死んでしまいました。そのとき神の心臓に芽が生えてトラア樹に成長し、この木に金色の肉穂ができ、また人間が出てきたので神がきちんと形を整え、バリウが魂を与えて、これが今の人間の祖先になった、といいます。

古代オリエントやヨーロッパでも世界の発祥にかかわる木がたくさんありました。

アッカドの粘土板『エタナ物語』によれば、大洪水後の前三〇〇〇年頃、神々がキシュの町を築き、女神イシュタルが英雄エタナを見つけて王位に即《つ》け、町を整備させました。エタナはユーフラテスポプラの大木の傍に嵐の神アダドの神殿を造りましたが、その大木の根元には蛇が、梢には鷲が巣くっていて、互いに太陽神シャマシュに誓って友情を交わしていました。しかし、

かれらは互に誓いをかわしたのち
両者一斉に孕《はら》み、一斉〔に〕生んだ。
ヘビはユーフラテスポプラの影で生んだ。
ワシはその（木の）高いところで生んだ。

ポプラに棲む鷲に乗って天へ昇るエタナ

ヘビが野牛やガゼルをつかまえてくると、
ワシが食べ、その子どもらがたべた。
ヘビがヒョウやトラをつかまえてくると、
ワシがたべ、その子どもらがたべた。
……………………………………
ワシは心のなかで悪事をたくらんだ。
かれは心のなかで悪事をたくらんだ。
かれは自分の友人の子どもらをたべようという気をおこした。
「わしの子どもらは〔大きくなり、丈がのびた〕。
連中が出かけていって、わしに〔…〕を探してきてくれるだろう。
〔子宝の〕草をわしに探してきてくれるだろう。
だからわしはヘビの子どもらをたべよう。
……………………………………
かれは舞いおりて、〔ヘビの〕子どもらをたべてしまった。(11)

というふうに、鷲が裏切って蛇の子を食べたので蛇は太陽神《シャマシュ》に訴えて助言をもらい、野牛の死体に隠れ、肉を食べにきた鷲を捕えて翼をもぎ、穴に放り込んだため鷲は飢死しそうになりました。その頃、子供が授かるように太陽神に祈願していたキシュ第一王朝の十三代王のエタナが神の指示で鷲を助け出し、天にある「子宝の草」を取りに行くことになりました。鷲の背に乗って空へ昇っていったエタナは天の二つの門にまで達しましたが、あまりの高さに目が眩《くら》み、地上に落ち、エタナは家を浄《きよ》める神になったという筋立てです。シュメール語の粘土板『ギルガメシュとエンキドゥと冥界』でも、女神イナンナの聖なる園にあるフルップ木の根元に蛇が、てっぺんにズー鳥が、そして中途に魔女のリリトが棲む主題《テーマ》が設定されています。

これらの物語と相似するのが北欧神話の世界樹ユグドラシルです。『エッダ』「巫女の予言」が、

> 太古に生れ、その昔、わたしを生み育ててくれた巨人らのことを、わたしはおぼえている。九つの世界、九つの根を地の下に張りめぐらした名高い、かの世界樹を、わたしはおぼえている。[12]

と詠い上げる通り、この樹は世界の中央にあって九層の世界を貫き支えて天上に聳《そび》えています。樹を支える三本の根のうち一本はアース神の所に、一本は霜の巨人の所に、もう一本は霧と死の所ニヴルヘイムに届いていて、その下には沸《わ》きたつ泉フヴェルゲルミルがあり、黒蛇ニーズヘグが下から根をかじっています。霜の巨人の方の根の下には、「4 山の神」で述べたところの知恵と知識を湛《たた》えたミーミルの泉があります。天に伸びた根の

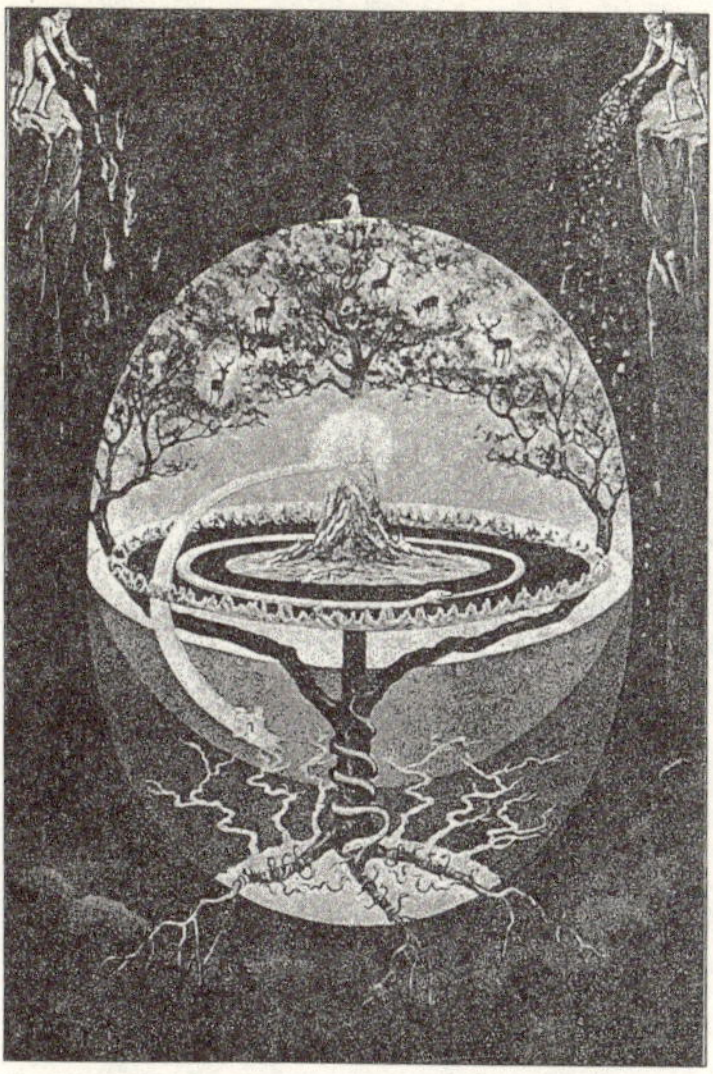
世界樹ユグドラシル

オーディンの物語を刻んだ
ヴァイキングの記念石碑

下には神聖な泉ウルザンブルンがあり、そこには神々の裁きの場があるのです。

ユグドラシルの梢には一羽の巨大な鷲が止まっていて、その両眼の間にはヴェズルフェルニルという鷹が棲んでいます。鷲は地下の黒蛇ニーズヘグと仲が悪いのですが、それは樹に棲む栗鼠《りす》のラタトルスクが両者に相手の悪口を伝えて登り降りしているからなのです。また、枝の間で四頭の牡鹿が葉を食べていますが、これらの動物を統括しているのは樹の根方のウルズの泉に住む三人の運命の女神《ノルニム》です。この世界樹は梣《とねりこ》の巨木なのですが、ユグドラシルという名称は「ユッグの馬」だと解釈されています。ユッグは、これも「3 鳥の神」で述べた軍神オーディンの異名のひとつで、彼が神秘的な知力を得るために世界樹の枝に馬乗りになっていたことを示します。すなわち、「オーディンの箴言《しんげん》」が、

わしは、風の吹きさらす樹に、九夜の間、槍に傷つき、オーディン、つまり、わし自身にわが身を犠牲に捧げて、たれもどんな根から生えているか知らぬ樹に吊りさがったことを覚えている。

わしはパンも角杯も恵んでもらえず、下をうかがった。わたしはルーネ文字を読みとり、呻きなが

ら読みとり、それから下へ落ちた。(13)

と詠うところの試練で、この苦痛を経てオーディンは賢者になったのでした。それはゲルマンのシャマンが自らの魂を樹霊と溶け合わせる儀式で、「2 海の神」で記したガリアのドルイド神官が行なったのと共通する通過儀礼であったのでしょう。

この、民族の魂ともいうべき梣の巨樹を、エリス・デヴィッドソンは「もっとも、時とすると、聖なる常緑樹イチイ〔櫟〕の木のようにも思われる。ゲルマンの人々のもう一つの聖なる木、樫の木ともつながりがあり、それは天空神の崇拝と関係づけられ、しばしばその根もとには一つの泉があると言われ

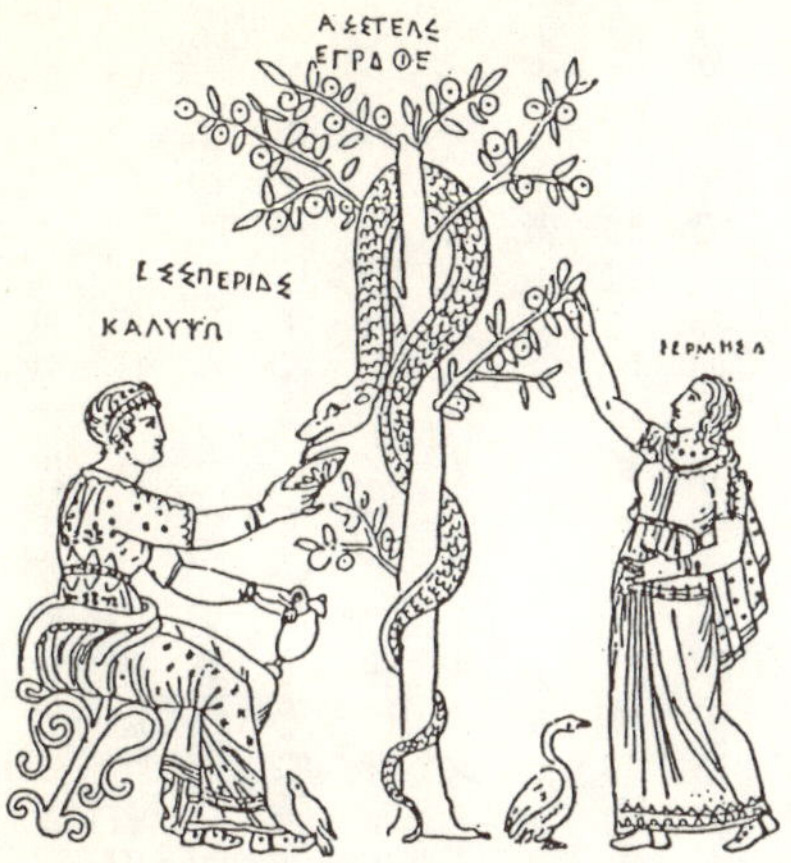

ヘスペリスの黄金の林檎

死者をもてなす無花果の女神

ていた[14]」と、北欧の聖樹が櫟と樫であったことを仄《ほの》めかしています。
いっぽう、現代フランスの生態学者《エコロジスト》のジャック・ブロスはユグドラシルを人間誕生以前の「梣の宇宙樹」だと推断したうえで、「有史時代に入っても、ゲルマン民族の間では、宇宙のトネリコに関する信仰が相変わらず存続していた。その信仰によれば、宇宙は巨大な一本の樹木によって支えられているのだという。種族の中には、高台に非常に大きな樹の幹で作られた円柱を立てるものもあった。その中の一つが、よく知られているイルミンスルである。ザクセン人にとって、それは穹天を支える宇宙の柱、年代記作者ルドルフ・フォン・フルダの言う『いわば全世界を支える宇宙の柱』であった。この『偶像』は、七七二年ザクセン人討伐の途次、カール大帝によって破壊された[15]」と、ドイツのエルベ流域に八世紀まで「擬似世界樹」が建てられていたことを示唆しています。

このような世界樹は他にもギリシアのヘスペリスの園の林檎樹、イスラエルの民の生命の樹、ローマのネミの渓谷の柏の樹、中国の崑崙山の若木など数多く伝えられています。ジャック・ブロスは他に、エジプトの無花果《いちじく》、南メソポタミアの都市エリドゥのキスカヌという大樹、インドの釈迦が悟りを得た菩提樹《ぼだいじゅ》、中国の建木《けんぼく》[16]とその両脇に聳《そび》える桃[17]と橘《たちばな》[18]、そして、この項で私が取り上げた扶桑を「空洞のクワ〔桑〕の樹」として挙げています。それらに共通する特性は、あの伝説の大洪水に耐えてきた木だという点であって、それ故に神の宿る聖木とされているのだ、と私は考えます。

7 月の神

太陽神アポローンと月神アルテミス（右）

地球から約三十八万キロメートルのところで周回する月は、一年にほぼ三センチずつ遠ざかっています。したがって、四十五・五億年前に地球が出来、それより数千万年後に月が誕生したとき両者の位置は極めて近く、その距離は七万キロほどだったとされるので、今の数倍の大きさに見えたはずです。数百万年前に人類が出現したときでも、おそらく今の倍くらいの大きさと明るさだったので、古代の人々は月の神を太陽神と対等の存在として語っています。

◎主食の収穫祭から月が生まれた

太古に月と地球の距離が近かった事実は、月の引力によって生ずる潮汐力が大きかったことを示しています。つまり、朔《さく》や望《ぼう》の時の大潮、上下弦の頃の小潮の差が今よりも激しかったわけで、海辺での漁猟は豊かな獲物に恵まれていました。そればかりか、山の狩りや焼畑農耕の収穫にも大いに影響を及ぼしていたでしょう。それ故、月の神の多くは食物神としての性格も併せ持っています。

インドネシアのセラム島に住むヴェマーレ族は、月の起源をこんなふうに語ります。

月はもともと地上に住むラビエという名の乙女だったのですが、ある時、天に住む太陽の男トゥワレに求婚されました。しかし、ラビエの氏族の人々がこの申し入れを拒むと、突然、乙女の体が傍の木の根方に沈みはじめたのです。周りの者たちが力を合わせて掘り出そうとしましたが、たちまち首まで埋まってしまった彼女は母親に向かって「地中に引っぱり込んでいるのはトゥワレで、私はいま死なねばなりません。どうか豚を一頭屠《ほふ》って死者のための祭りをし、三日目の晩になったら皆で空を見てください。私はそこに光となって現われるでしょう」といって大地に消えました。近親者が言葉通りに三日間の死者のための祭りを行なうと、その晩、西の空に大きな満月が現われるのを見た、というのです。

この話はドイツの民族学者イエンゼンが採集したものですが、彼は主人公のラビエをヴェマーレ族の語る別の神話のハイヌヴェレという乙女と結びつけ、両者は同じ神格の二つの側面を表わしていると判断しました。ハイヌヴェレ説話は次のような筋立てです。

デマ神と呼ばれた最初の人間はセラム島西部のヌヌサク山のバナナの樹の実から生じました。このとき一つだけ未熟な実が残っていましたが、この実からはムルア・サテネと呼ばれる若い娘が生じ、デマたちの支配者になりました。他のデマたちは九家族をつくって森の中の聖地九の広場《タメネ・シワ》に住みましたが、そのなかに妻子のない「夜《アメタ》」という男がおりました。アメタは或る日、犬を連れて狩りに出かけ、野猪を見つけて池に追い込みました。溺れ死んだ猪の牙に、この世に初めて生じたココ椰子の実が付いていたので、これを蛇文布《サロング・パトラ》に包んで持ち帰ると、その夜の夢に一人の男が現われて「実はもう芽が出かかっているから土に埋めなさい」と告げました。アメタがその通りにするとココ椰子は三日後に高木になり、また

花と実を付けたバナナの樹

三日たつと花が咲きました。彼は花から酒を造ろうとして指を切ってしまい、その傷口から流れた血が花にかかって花の汁と交じり合い、その三日後に一人の人間が出来始め、更に三日の後には小さな女の子が生まれ出ていました。その晩、アメタの夢に先の男が再び現われ、「女の子を蛇文《サロング・パトラ》布にくるんで椰子の木から降ろし、持ち帰りなさい」といいました。お告げの通りにアメタはこの子を家を連れ戻って、「ココ椰子の枝《ハイヌヴェレ》」と名づけましたが、子は瞬く間に成長し三日後には適齢期の娘《ムルア》になり、大便をすると、それは皿や銅鑼《どら》などの高価な品なのでした。時に九晩続くマロ踊りの行事があり、デマの九家族がみな参加しましたが、アメタだけは踊りに出かけませんじた。踊りの輪は九重の螺旋形《らせんけい》になっていて、その中心に立って踊ったハイヌヴェレは八晩にわたって珊瑚、皿、山刀、耳環、銅鑼などを全ての踊り手に与え続けました。最初は喜んでいたデマたちも、ハイヌヴェレが高価な品物を配り続けるので次第に薄気味悪くなって、踊りの輪の真ん中に深い穴を掘っておき、最後の晩には踊りながら彼女をそこへ陥《お》とし込み、上から土をかけて踏み固めてしまいました。翌日、このことを知ったアメタは娘の遺体を掘り出して切り刻み、踊りの広場の周囲に埋め直しました。ただ、両腕だけは埋めずにおき、支配者ムルア・サテネのところへ持っていきました。すると、埋めたハイヌヴェレの屍骸の断片から、それまで、この世に無かった食べ物——特に各種の芋類が生じて、以後の人間の主食になった、といいます。そして、ハイヌヴェレの殺害に怒ったムルア・サテネは九の広場《タメネ・シワ》に、九重の螺旋形をした大きな門を造り、その入口にデマの全員を集めると、「私は人殺しをしたおまえたちの前から立ち去るが、その前に、誰が人間として生き残るのにふさわしいかを定めておこう」といい、皆に、門を通って自分の立つ出口へ通り抜けてくるように命じました。デマたちの多くは螺旋の迷路を抜けられず、野猪、鹿、鳥や魚の精霊になりました。うまく抜けられた者はサテネが手にしたハイヌヴェレの腕で体を打たれ、セラム島東部の「五人間《パタリマ》」種族と西部の「九人間《パタシワ》」種族に分けられて、それぞれの祖先になり、サテネは死者の山のニトゥという精霊になったということです。

一見、残酷な趣向で綴られているこの物語は、明らかに栽培植物とその原始農耕の手法を語ったものです。ハイヌヴェレの生命の消長は満ち欠けする月齢に即しているので、まさしく月の精であり、デマ神のマロ踊りは秋の満月の夜の収穫祭に他なりません。そして、その聖なる月が与えるものに疑いを抱いたとき、デマは神である特権を奪われ、死すべき者——人間や鳥獣、魚類へと堕《お》ちねばなりませんでした。それ故、太古には月こそが大地母神として崇拝されていたのでしょう。その意味では、里芋や団《だん》子《ご》を月に祀る日本の盆踊りや十五夜などもその根源《ルーツ》は古代の収穫を祝う祭典だったのです。

デマ神は、ニューギニアのマリンド・アニム族にあっても月の原的存在でした。昔、体中に蛸の吸盤のごとき疣《いぼ》のあるゲブというデマがいました。彼は自分のひどい醜さを恥じて独りで蟻塚の中に隠れ暮らしていましたが、或る日、海辺で漁をしていると数人の娘の姿が見えたので急いで砂に身を隠しました。しかし、娘たちは彼を掘り出し、そこへ村から駈けつけてきた男たちが土掘り棒と椰子の実割りの道具でゲブの疣を削り落とし、夜になると藪の中へ引っぱりこんで皆で同性愛の対象として犯して、ゲブの体中に精液を塗りつけました。すると、彼の体の傷はすっかり癒え、その夜のうちに首からバナナの樹が生えて朝には実が成ったので、デマたちはその実をもいで広場で盛大な祭りを行ないました。その後もゲブは捕われたままデマたちの暴行を受けていましたが、或る夜、こっそり屋根の上に這い出て、そこからヤム芋の蔓《つる》を伝って天に登り月になった、といいます。

このようにデマ神を主人公とする熱帯地方の神話では、月の創成と農耕、死、生殖行為などの起源が結びつけられており、月が世界秩序の象徴《シンボル》とされているのです。(1)

◎月には若返りの霊水がある

日本の月の神は記紀神話の述べる月読尊《つくよみのみこと》で、(2)この神は伊奘諾《いざなき》が黄泉国《よみのくに》より逃げもどって禊祓《みそぎはらい》を行なって右眼を洗った際に成り出たことは「2 海の神」で触れました。その折、左眼からは日の神天照《あまてらす》が、鼻よりは嵐の神の素戔嗚《すさのを》が生じたのですが、このくだりは太古の南方中国で伝承されていた盤古神《ばんこしん》話《わ》に則《のっと》って創られた挿話《エピソード》です。すなわち、先述の『述異記』の他にも、『釈志』の引く『五運歴年記』が「盤古は〔人として〕首《はじ》〔初〕めて生まれ、死に垂《およ》〔及〕んで化身す。〔その〕気は風雲と成り、声は雷霆《らいてい》と成り、左眼は日と為《な》り、右眼は月に為る」と記しており、記紀がこれをそのまま承《う》けたと考えられるのも、既に述べた通りです。つまり、南シナ海から東シナ海にかけての沿岸地域に、天然現象の起源を示すこのような巨人伝説があったわけですが、『日本書紀』一書《あるふみ》は更に遠く、先述した熱帯地方のハイヌヴェレ説話と相似の挿話を語ります。

天上《あめ》に君臨した天照は葦原中国《あしはらのなかつくに》に保食神《うけもちのかみ》という神がいると聞き、弟の月夜見〔月読〕に見に行かせました。月夜見が保食の許《もと》へ赴くと、保食は国《のら》〔田野〕の方へ首をめぐらせて口より飯《いい》を出し、海に嚮《む》〔向〕かえば大小の魚を口より出し、また山に嚮かってはさまざまな獣を口より出し、これらを大机に並べもてなしたので、月夜見は顔面紅潮して「穢《けがらは》しきかな、鄙《いや》しきかな、寧《いづくに》ぞ口より吐《たぐ》れる物を以て、敢《あ》へて我に養《あ》ふべけむ」といって、剣を抜いて撃ち殺してしまいました。そして、天上へ帰って報告すると天照は大いに怒って「汝《いまし》は是《これ》悪《あ》しき神なり。相見じ」と、以降は月夜見と一日《ひとひ》一夜《ひとよ》を隔て離れて住んだので日と月は交替で現われるようになったのです。

天照は次に米を司る天熊人《あまのくまひと》を遣わしましたが保食神は既に死んでいました。しかし、その遺骸の頭には牛と馬が化生しており、額には粟が、眉には蚕《かいこ》が、眼には稗《ひえ》が、腹には稲が、陰《ほと》には麦および大豆と小豆《あずき》が生じていたので、天熊人がこれらを全て持ち帰ると天照は喜び、「是《こ》の物は、顕見《うつ》〔現存〕しき蒼生《あをひとくさ》〔青人草＝人間〕の、食《くら》ひて活くべきものなり」といって田畑の種にした、といいます。

このように、月の神が農耕とかかわる伝承が残っているのは南の島伝いに黒潮に乗って到来した民がもたらした観念だと思われますが、『日向国風土記』逸文では、それが次のように変型しています。

天津彦彦火瓊瓊杵尊《あまつひこひこほのににぎのみこと》が高天原《たかまのはら》から天降って日向《ひむか》の高千穂の二上《ふたがみ》の峯に到ったとき「天暗冥《そらくら》く、夜昼別《わ》かず、人物《ひと》道を失ひ、物の色別《わ》き難《が》た」い状態でしたが、土着民である土蜘蛛《つちくも》の大鉏《おほくは》と小鉏《をくは》の二人が「稲千穂《いねちほ》を抜きて籾《もみ》と為《な》して、四方《よも》に投げ散らしたまはば、必ず開晴《あか》りなむ」と進言し、そのようにすると日と月が現われ出たので、この地を「高千穂」というようになった、と述べ、これも、やはり穀物にかかわります。

しかし、『日本書紀』の別の一書は日と月の起源に関する異伝を記します。それは伊奘諾が天下を統治する子を生もうと欲して、左手に白銅鏡《ますのかがみ》を持つと大日孁尊《おほひるめのみこと》〔天照〕が化り出《なりい》で、右手に白銅鏡を持つと月弓《つくゆみ》〔月読〕が化生したとする挿話ですが、この例《ケース》は中央アジア伝来のようです。アルタイ地方のタタール人の伝説によれば、大昔には日も月もなく人間は空中に浮かんで自分の内部から熱と光を出して暮らしていたのですが、或るとき一人の男が病気になって熱と光を放射できなくなりました。そのとき神が救護者を送り、この者が天に二つの大きな金属鏡を懸けたところ、これが日と月になり、世の中に熱と光を与えるようになった、といいます。

月読はまた、若返りの水を持つ神だという言い伝えもあります。『万葉集』巻第十三に、

3245 天橋《あまはし》も　長くもがも　高山も　高くもがも　月讀《つくよみ》の　持てる變若水《をちみず》　い取り来て　君に奉《まつ》りて
變若《をち》得《え》しむもの

とあるように、古代には、人が死なねばならぬのは月読の変若水が得られないせいだとする考え方が広く行き渡っていました。これは月の満ち欠けを循環する生命力に見立てた観念でしょうが、沖縄の宮古島では変若水についての神話が最近まで語られていたのです。

ネフスキーの『月と不死』によれば、昔、お月様とお天道様〔太陽〕が人間に長命の薬を与えようと思い、変若水《しりみづ》と死水《しにみづ》の入った二つの桶をアカリヤザガマという男に担がせて節祭《しつ》の新夜《あらゆ》に下界に遣わしました。この男は「変若水を人間に、死水を蛇に浴びせよ」と命ぜられていたのですが、下界に降りて小便をしている間に大蛇が現われ出て変若水を浴びてしまったので、仕方なく人間に死水を浴びせて天に戻りました。このことを知ったお天道様は大変に怒り、桶を担いだまま永久に月の中に立つ罰をアカ

リヤザガマに与えたので、その影が月面に見えるのです。そして、これ以来、変若水を浴びた蛇は脱皮して生まれ変わり、人は死ぬ運命になった、といいます。ただ、神は人を憐れんで多少の若返りはさせようと、毎年節祭《しつ》の前夜に天から若水《ばかみづ》を下すので、人々は祭日の黎明に井戸から若水を汲んで浴びる風習があるそうです。(3)

ここにいう若水《ばかみづ》は、私たちが元旦の朝に初めて汲む「若水《わかみづ》」に相当するのでしょう。若水は、古代に、立春の朝に天皇に奉《たてまつ》ったという水ですが、その名称の由来は「6 木の神」で記した、太古のわが国で扶桑と呼ばれた世界樹のひとつである若木《じゃくぼく》の根方から湧き出る「生命の水」だった、と考えられます。

いっぽうの変若水《をちみづ》も、若返りの水ですが、これは母神が海水をもって洗濯祓除《せんたくふつじょ》し、夕月〔月読〕の託宣を聴く儀式に拠っているはずです。それ故、卜辞の「若」はと描かれ、神憑りした巫女《シャマン》が髪を振りみだし、両手を高くかかげている姿で表わされています。海水は、むろん、月に支配されているので、この若返りの儀式で得る「生命の水」は月読に祈願すべきものだったのでしょう。

そして、私たちは更に物語性の高い月の女神を知っています。「かぐや姫」です。

その馴染《なじ》みぶかい筋立ては、九―十世紀の平安時代に成立したとされる『竹取物語』に拠っていますが、それは遙かに古くから語られてきた伝承が整理されたかたちの一つに過ぎず、十三世紀の鎌倉期の鴨《かもの》長明《ちょうめい》の作とされる『海道記』や同じく十三世紀半ばに『古今和歌集』に注釈した『〔藤原〕為家抄』などの竹取説話においては、「昔採竹《たけとり》の翁と云ふ者あり。女《むすめ》〔娘〕をかぐや姫といふ。翁が家の竹

かぐや姫を連れ帰る翁(『竹取物語絵巻』より)

林に鶯《うぐいす》の卵、子の形にかへりて巣の中にあり。翁養ひて子とせり」(『海道記』)というふうに鳥の卵より人間の子を得たとの伝承になっているので、この月姫にも「3鳥の神」で述べた白鳥処女説話の濃厚な影響がみられるのです。したがって、それは『丹後国風土記逸文』「奈具社」にみえる天女伝説、『帝王編年記』が記す近江国伊香小《いかごのを》江《うみ》の白鳥伝説、『本朝神社考五』が載せる駿河国三保松原の羽衣伝説などと同じ根《ルーツ》に発した天女降りだといえましょう。そして、それらの全てが中国やインド、更に遠くペルシア、ヨーロッパの白鳥伝承と繋《つな》がっています。

十二世紀初めに成立した『今昔物語』巻第三十一に収められている「竹取ノ翁、見付ケシ女ノ児ヲ養ヘル語《コト》」は、それより以前にまとめられた『竹取物語』よりも古い話に拠っているらしく、都の貴公子たちの求婚を斥《しりぞ》けるための難題は雷《いかづち》、三千年に一度だけ咲く優曇華《うどんげ》の花、打たぬに鳴る天の鼓《つづみ》、を取り寄せよという三つだけで、それを全員に次々に出しています。御門《みかど》(天皇)もまた求婚するのは『竹取物語』と同様ですが、「空ヨリ多《オホク》ノ人来《キタリ》テ輿《ミコシ》ヲ持来《モチキタリ》テ、此ノ女ヲ乗セテ空ニ昇《ノボリ》ニケリ」とあるのみで、月へ戻ったわけではありません。したがって、これは奈良・平安初期の人々が篤く信仰した道教系の仙術と仏教によって彩《いろど》られており、そのうえに天女降りの伝説がまぶされていると捉えるべきでしょう。

更に道教的傾向の強いのが、より古く八世紀に完成した『万葉集』巻第十六が載せる「竹取翁」説話断片と翁の歌一首、反歌二首、〔天女の〕娘子《をとめ》〔乙女〕らの和《こた》〔答〕える歌九首です。

それは、春の季《すえ》〔末〕の月〔三月＝現在の四月下旬から五月中旬〕に丘に登った翁が、ゆくりなくも春の菜の羹《あつもの》〔吸物〕を煮る九人のなまめかしき仙女に遭遇したという話です。そして、「娘子等《をとめら》老翁を呼び嗤《わら》〔嘲笑〕ひて曰《い》はく、叔父《をぢ》来《きた》りて此の燭《そく》の火を吹けといふ。ここに翁唯《を》唯《を》と曰ひて、漸《やや》〔徐〕く趍《おもむ》〔赴〕き徐《やや》く行きて座の上に着接《まじは》〔交〕り、共に春菜を饗応《きょうおう》されたので、神女たちになれなれしく近づいた罪を歌をもって贖《あがな》った、とするもので、「かぐや姫」のような筋立てではありません。

おそらく、これが竹取翁説話の最初のかたちなのでしょうが、それは中国の唐の張鷟《ちょうさく》(4)が七世紀中頃に著わした『遊仙窟《ゆうせんくつ》』の影響を明らかに受けています。そこでは、軍司令部の属官である「私」が黄河の源をめざして遡上し、神仙の窟《いわや》に辿りついて、そこに住む十娘《じゅうじょう》という十七歳の仙女と、その嫂《あによめ》の十九歳の五嫂《ごそう》のふたり――ともに貴公子の寡嫁《かふ》と自称――と詩歌管絃の興を尽くしてもてなされたのちに十娘と情を交わし、そして別れるという話が展開されます。興味ぶかいのは、この書物が中国では早くに散佚《さんいつ》し、日本だけに原写本が伝わっている点です。その理由は、神仙思想に憧れていた遣唐使の留学《るがく》生《しょう》や随員たちが争って買い求めた結果だといわれています。

では、なぜ、「いまは昔《むかし》、竹取《たけとり》の翁《おきな》といふもの有《あり》けり。野山にまじりて竹を取りつゝ、よろづの事に使《つか》ひけり。名をば、さかきの造《みやつこ》となむいひける」（『竹取物語』）という翁が月の女神とかかわるのか、といえば、彼が当時の先端技術者の一人であったからです。奈良時代から平安時代にかけては、村から村へと巡《めぐ》り歩《ある》き、さまざまな道具を造ったり直したりする職業集団がありました。「6山の神」で取り上げた鍛冶をはじめ、炭焼き、木工といった専業家で、太古に「野槌《のづち》者」と呼ばれた竹細工もその中に入ります。[5]

農業や漁業、あるいは日々の暮らしに欠かせぬこれらの道具を製作する仕事は、一般の村人には及びもつかぬことでした。したがって、それらの技術者は人々から敬《うやま》われ、畏《おそ》れられ、呪術師と同等に扱われました。なかでも、古代人が「神秘力を持った植物」と考えていた竹を自在に取り扱って、笊《ざる》や籠《かご》、箕《み》、筬《おさ》など、豊かな稔《みの》りをもたらす農機具とか魚猟具、あるいは織機《しょつき》をたちまちに編み上げ、造り出していく竹取は、「神仙の技《わざ》を持つ者」と、憧れと驚きの目で見られていたのです。いわば、現代人がスペース・シャトルやリニア・モーターカーの開発者に寄せる眼差《まなざ》しに近い、といえましょう。

竹取翁の「翁」は、これも既に「2海の神」「4木の神」で検証したように翁＝父＝童＝奴たる者、すなわち、火を捧げて地母神に付き従う覡《をかんなぎ》に他なりません。そうすると、先にみた『万葉集』の竹取翁説話で、九人の仙女が翁に向かって、「この燭の火を吹け」と命じ、翁が即座に応《こた》えた意味が俄《にわ》かに明瞭になります。つまり、九仙女とは、山芋や里芋、米〔陸稲〕、麦、粟《あわ》、豆、黍《きび》の五穀などの原初の栽培農耕の豊饒を司る地母神で、それ故に春菜をも煮る必要があったのです。翁は、むろん、童たる若者で、肩にかけた大袋から道具を出して火を起こしたのでしょう。そして、月の満ち欠けを読み解いて稔りをもたらす「九人の仙女」は、ハイヌヴェレ説話におけるデマ神の「九家族」と対応しています。したがって、竹取伝承の始源の一つは、太古——おそらくは縄文中期頃——に、熱帯の大スンダ列島やメラネシアから、ハイヌヴェレ・デマ神信仰を抱いて北上し、日本列島に定住した海洋民が伝播した説話にある、と私は考えます。『因幡国風土記』が載せる「白兎」伝承もその一つでしょう。

また、竹取伝承の主軸となる竹は、この月神信仰をもたらした民の辿った海路——マレー半島、インドシナ、中国南西部沿岸——に自生するイネ科の多年生常緑木本です。この植物の最大の特性といえば、内部が大きな中空になっている茎の形状でしょう。中空は柔軟で等質な維管束《いかんそく》と硬くて強靱《きょうじん》な表皮で支えられ、更にそれを補強するために等間隔の節《ふし》があるので、人々は遙かなる太古からこれを手近な容器として用いてきました。根である地下茎は広く伸びて四方の根と絡《から》み合《あ》い、互いの茎を強く支えます。そこから生まれ出る筍《たけのこ》は、一年で一メートル十五センチ、三年で十五メートルまで育つという異常な生長速度を有しています。

そして、何よりも古代の人々の心を捉えたのは、竹が月光に反応する特質でした。かつて、夜は真の闇でしたが、満月の折のみは大地が淡く照らされていました。殊に、竹林の中は、月の光を受けてそそり立つ竹の茎ごとの内部の中空に、あたかも灯《ともしび》のあるがごとく青白く浮き上がって見えるのでした。

そうすると、竹取翁の「童」たる者の意味が、いっそう明らかになります。「4 木の神」で述べた「扶桑」は幹が中空になっている巨樹で、そこを照らす太陽や吹き抜ける風が祖霊の託宣《たくせん》であり、それを憑依《ひょうい》する巫女たる地母神と扶《たす》ける童がいました。いっぽう、中空が密封されている竹も、まるで透き通ったように月の光を滲《にじ》み出します。したがって、月の潮汐力に憑《よ》る豊饒女神と翁＝童にとって、竹は不可欠の依《よ》り代《しろ》でした。それ故、『古事記』は「稲羽〔因幡〕の素〔白〕兎」説話に童たる大国主を配しています。

竹林が青白く揺れるさまは、また海底の光景にも似ていました。すなわち、潮の流れを掻《か》い潜《くぐ》り、海藻の群生する岩の間から見上げる陽光は、あたかも月の光のように仄《ほの》かで朧《おぼろ》です。そうした海底の景色を見慣れていた熱帯の海洋民たちの末裔は、満月の夜の竹の原に身を置いたとき、遙かなる祖霊の地への感傷が湧き、血が騒いだに違いありません。

諸国を巡り歩いて最新技術を駆使していた職業集団の男たちは、また、すぐれた語り手でもありました。彼らは各地で聴き覚えた話を別の里で面白おかしく話すのが常でしたが、そこには自らの夢も織り込まれていました。彼らの最大の望みは、とにかく落ちついた世帯を持つことでしたが、その想いも昔噺に託して人々に語り続けました。それは、いつの日か、思いもかけぬ福徳の女性を得て、竹取長者とか炭焼長者といった富裕な身の上になる夢想で、当然ながら、そこでは自分自身も主要な登場人物になっていました。こうした、技術者たちの空想話の一つとして後代まで語り継がれ、かたちを整えていったのが「かぐや姫」の物語なのだと考えられます。

では、かぐや姫は全《まつた》くの空想の所産か、といえば、実は『古事記』の垂仁天皇〈伝・前二九―七〇〉の条に、「迦具夜比賣命《かぐやひめのみこと》を娶《めと》して、生みませる御子、袁邪弁王《をざべのおほきみ》」の記事があります。(6) そして、『新撰《しんせん》姓氏録《しょうじろく》』によれば、この姫は、開化天皇の孫の讃岐垂根王の兄の子だとされているので、垂仁天皇の遠縁に当たります。記紀を按ずるに、天皇家の遠祖は太古の黄河流域に発し、一時、中国東南部に住したのち、朝鮮半島南部を経て縄文中期頃に日本列島西部に定着した巫祝王だと推定できます。したがって、その子孫も代々、巫覡の呪術に闌けていて日輪と月球の双方を皇子や皇女が分担し、崇拝していたはずです。むろん、迦具夜比賣は月魄《げっぱく》に身を捧げる巫女だったのが、日の御子たる垂仁天皇と結ばれて、日華と月華の融即がみられたのでしょう。それ故、『竹取物語』とは、この紀元前後の天皇家の恋愛譚に他ならないのですが、語り継がれるうちに、かぐや姫は帝の求愛を斥けて月へ戻った、という虚構《フイクシヨ》性《ナル》の部分に重点が移っていき、同時に、天皇を「不死」とする尊厳性が確立されていったのです。

◎三日月を持つ、妊娠した大地母神

月に、人間を不死にする薬があるという言い伝えは古代中国でも語られていました。『淮南子』「覧冥訓」は、前二三三四―前二二三四の帝王堯の時代の弓の名手羿《げい》が（崑崙山に赴いて）西王母から不死の薬を請い求めてまだ服用しないうちに妻の姮娥《こうが》がこれを盗んで食べ、月へ奔《はし》って月精になったものの、薬を飲まぬ羿は月へ行けず、ただ悲嘆するのみだった、と記します。後漢の張衡は『霊憲』でこの話を載せたうえ、姮娥は遂に月に身を託して蟾蜍《ひきがえる》に姿を変えたとし、これが月の陰翳《いんえい》として見えると述べます。姮娥は、漢以降は常娥《じょうが》と呼ばれま

蟾蜍を表わす月神姮娥（漢代の画像石）

したが、『山海経』「大荒西経」は「女子ありて、方《まさ》に月を浴《ゆあみ》させしおり。帝俊の妻の常義《じょうぎ》は十二の月を生み、此《ここ》に始めて浴さす」と述べ、この「常義」が常娥の古名です。また、その記事が、「5 山の神」で触れた「大荒南経」の十日を生み、甘淵で浴させている帝俊の妻の義和のくだりと対《つい》になっている(7)のはいうまでもありません。そして、常義＝常娥＝姮娥は、同じく西方の大母神である西王母とのかかわりからみて、この女神も元来は地母神だったのであろうと考えられます。

蛙の姿をした月の女神が不死の飲料を有するとした信仰は既に前三十世紀のわが国の縄文中期にもあったらしく、蛙の顔と乳房を持つ有孔鍔付土器の酒杯が出土しています。

しかも、この月の地母神の淵源は更に古く、ヨーロッパでは四万—一万年前の後期旧石器時代にも

蛙の顔と乳房のある縄文土器

三日月を掲げ持つローセルの女神

あったことが確認されています。南フランスからスペイン北部の洞窟で数多く発見された（先史時代の）「ヴィーナス像」と呼ばれる女神の浮彫りがそれで、いずれも乳房や腹、尻、陰部などを異常に大きく妊娠した姿で表現しています。これらの大女神はあらゆる物を無限に産み出すと同時に、生きとし生けるものが死ぬと全て呑み込んでしまう畏怖すべき存在だったと想定されています。特にフランス・ドルドーニュ地方のローセルにある浮彫りの女神は右手に三日月を掲げ持っており、その表面には一年の太陰月の数が刻まれているので、まさに月の女神なのです。つまり、満ち欠けを繰り返す月は死と再生の象徴《シンボル》なのですから、当然、それは年ごとに生まれ育ってくる作物と結びつき、豊饒を司る大地母神として信仰されたわけで、その意味では熱帯のデマの月の神に先行する神格でしょう。

そして、このヨーロッパの太陰信仰の延長線上にあるのがローマの月の女神ディアーナーです。既に「2海の神」でみてきたように、その本源の姿はネミ湖畔で森の神ウィルビウスと共に祭られた樹木と狩猟の神でしたが、農民の信仰を得て豊饒——殊に人々の多産と安産——を恵む神として崇められました。ところがディアーナーには神話伝説がほとんどなく、その神格はギリシアの山野処女神アルテミスの行状が移され、同一視されたものだったのです。

では、なぜアルテミスがギリシアで月の神と見做《みな》されたかといえば、祖母が輝ける女《ポイベー》であって、満月を表わす「清き女」「清める女」と新月を示す「脅えさせる女」「不可解な女」という双方の異称を併せ持っていたのを受け継いだからです。更に、双生の兄である光明神アポローンが太陽神と同一視されたのに対応して月神とされるに至ったのですが、ギリシアでは処女神のアルテミスも、元来は太古のプ

三女神カリテス（ポンペイ壁画、1世紀）

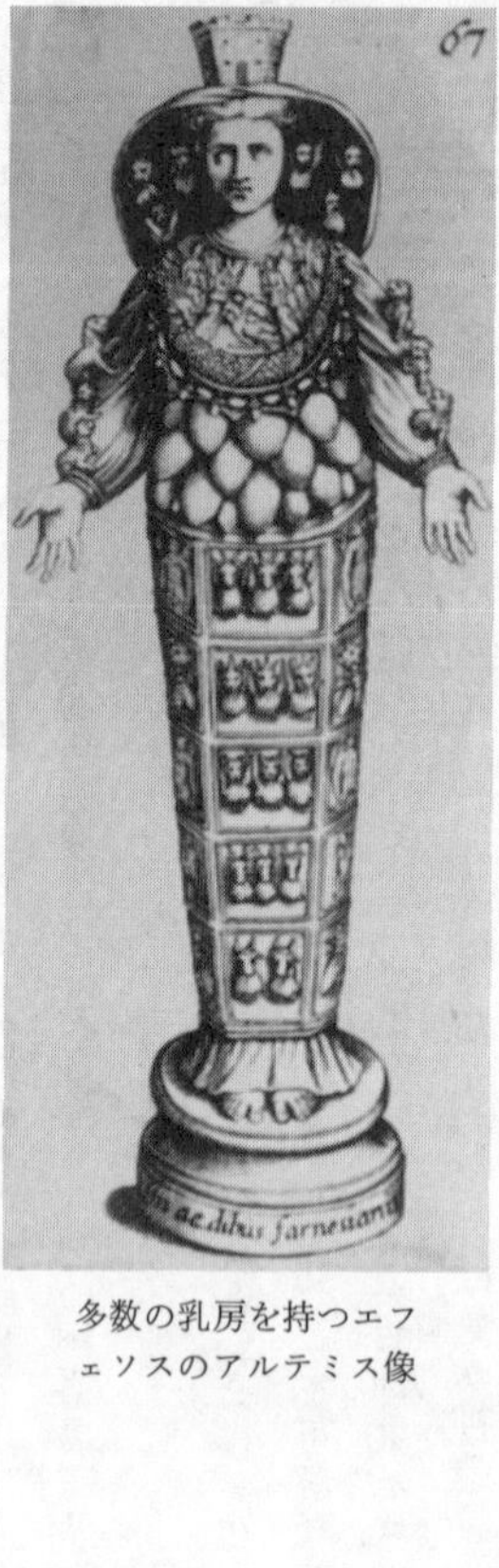

多数の乳房を持つエフェソスのアルテミス像

リュギアの多乳房大地母神アグディスティスの別名「大《メグレー》アルテミス」だったので、ギリシアでも獣の仔らの守護神とされ、やがて人間の「産褥の女神《ロケイア》」とも呼ばれたのです。アルテミスにはまた豊饒の大地女神デーメーテールの娘だとする異説もあるので、やはり穀物神の役割を有していますし、水精カリストーと合体して「月光を水に映す」存在だともされました。

更にアルテミスは、「三人娘《トリッタイ》」のカリテスの異名を持つことでアプロディーテーとも結びつきます。美と優雅の女神カリテス——カリスともいう——は、ゼウスと海の女神エウリュノメー[8]の子としてオリュムポス山上に住み、神々の宴《うたげ》で歌舞していましたが、誤って天から落ち、三つの石の形で、オイディプースの息子のエテオクレース王の許へ降りました。異説では、この王の三人娘《トリッタイ》が舞踏のさなかに井戸の中に落ちて命を失ったので、これを憐れんだ大地が、トリッタイという花を芽生えさせた、とします。

いずれにせよ、「三」を聖数とするカリテスは、ヘーシオドス以来、「輝く女《アグライアー》」「喜び《エウプロシュネー》」「花の盛り《タレイア》」と呼ばれ、月の出を表わすものでした。詩人ピンダロスはカリテスを総称して「騒ぎ立てる女たち《ケラデナイ》」と称し、この三女神の月祭りの賑わいを表現しました。ラコーニア地域で崇拝されたカリテスは二柱で、「呼ばれたる女《クレーター》」と「輝ける女《パエンナ》」という名でしたが、闇夜には新月を呼び出し、満月もまた、賑々しい音で迎えられたからだ、とカール・ケレーニイは解釈しています。[9] アテーナイ人は「成長する女《アウクソー》」と「前進する女《ヘーゲモネー》」で表現しましたが、これも各月の半ば以降は、月が太陽よりも先に空に現われるためで、カリテスは特に月光の娘だとされていたのです。

ローマ人は、このカリス〔カリテス〕を翻訳するに際して、「美《ウェヌス》」と「恵《グラティア》」の二つの言葉をもってしました。したがって、美は愛の女神ウェヌス〔ヴィーナス〕と習合し、それ故にアプロディーテーを継承しました。また、恵は月光を浴びて輪舞するグラティア三女神になったのです。

アルテミスも、時に「騒ぐ女《ケラディネー》」とか「前進する女《ヘーゲモネー》」と、カリテスと共通の名で呼ばれました。その意味は、この女神が月とともに顕現し、それを崇《あが》める人々、そして動物や植物までもが歓《よろこ》びに踊ったためだ、とされています。

そして、アルテミスはむろん月神セレーネーとも習合して、動植物と人の性の繁殖に大きな影響を与えたばかりか、常に魔法と関係づけられていました。セレーネーは至高神ゼウスとの間にパンディーアを産みましたが、この娘は「くまなく輝く女」「くまなく明るい女」で満月を表わしています。また、小アジア起源の恋物語によれば、セレーネーはラトモス山の洞窟で目を開けたまま永遠に眠り続けている恋人エンデュミオーンを好む時に訪れては掻き抱き、彼との間に五十人の娘をもうけたとしています。この数はオリュムピア競技から次のオリュムピア開始までの月数に合致しており、月神は神々の女王の位置にまで高められて崇拝されたといわれています。

アルテミスにまつわる、このようなさまざまな伝承を追っていくと、古代ギリシア人が時代によって、また地域によって、月の異なる相に「神性」をみていたことに気づきます。満月と新月です。

実は、この相違は私たちの暮らしにも大きくかかわっています。

「5石の神」で触れた小正月や春分、この項でも述べたお盆、十五夜など日本古来の祝祭の日は全て望《もち》〔満月〕の日で、これらの夜の月に供える粢《しとぎ》の団子《だんご》を「餅《もち》」と称したのも、その故で、縄文時代から人々は春分を正月にしていたはずです。しかし、推古天皇十年（六〇二）十月に百済僧観勒《かんろく》が渡来して暦書——隋の開皇二十年（六〇〇）に成った『皇極暦』でしょう——を朝廷に献じたので宮中では朔《さく》〔新月〕を基準とする暦を用いはじめました。この中国の暦法を国法に定めたのは持統天皇四年（六九〇）十一月十一日で、「始めて（宋代に成った）元嘉暦《げんかのこよみ》と（唐代の）儀鳳暦《ぎほうのこよみ》とを行《おこな》ふ」（『日本書紀』）の勅令に発します。

中国の新年は、前二十二世紀頃からの夏王朝は立春、殷（前十八—前十二世紀）は大寒、周（前十二—前三世紀）は冬至、秦と漢代初期は立冬だったのを漢武帝が太初元年（前一〇四）五月に夏王朝の正月、すなわち立春に戻して実施したのが現代の「陰暦」にまで至っているのです。ここで注意すべきは、立春、冬至、立冬が月の「朔」に基づいているのに対し、殷の大寒のみが「望」に拠っている点です。

おそらく、遥かなる太古には、全世界が春分を新年とする「望」の暦法を用いていたことは、各地の春祭りから窺《うかが》えます。しかし、日や月の運行基準を修正すべき事態が生じました。中国大陸で、その天体再観測を行なったのが「4 山の神」「6 木の神」で記した羲和《ぎか》・常羲《じょうぎ》の派遣された帝堯（伝・前二三三三—前二二三四）の代で、そのときに「望の暦」が「朔の暦」に正された、と考えられます。西北方から中原に入った夏や周はそれに順じましたが、東北夷の殷は敢えて古法にこだわったので「大寒」を年初めとしたのであり、日本列島の民もそれに倣《なら》っていた、と私は推測します。

ギリシアの月の女神セレーネー

ギリシアのもっと古い物語では、牝牛の姿をした月の女神は太陽の牡牛との結婚を祝ったと語られ、セレーネーの車も牛に牽《ひ》かれていました。彼女の母ティアーの別名は「牝牛の眼をもてる広々と輝く女《エウリパエッサ》」なので、これも牛にかかわる月の女神です。また、セレーネーの兄で太陽神であるヘーリオスの妻は「新しき女《ネアイラ》」という名で新月を表わしていますし、その娘たちは「明るくする女《ラムペティエー》」と「輝く女《パエトウーサー》」と呼ばれて、これまた月を示し、ヘーリオスの三百五十頭の牛をトリーナキエー島で守っていたといいますが、この数は太陰暦の一年の日数に相当しています。

このように月神が牛に関係づけられているのは、海や山の豊かな漁猟や原始農耕の収穫をもたらす秋分点に牡牛座が位置していた一万数千年前に月の軌道が変化し、修正されるような天体的異変が生じた出来事を反映しているのかもしれません。

8

獣の神

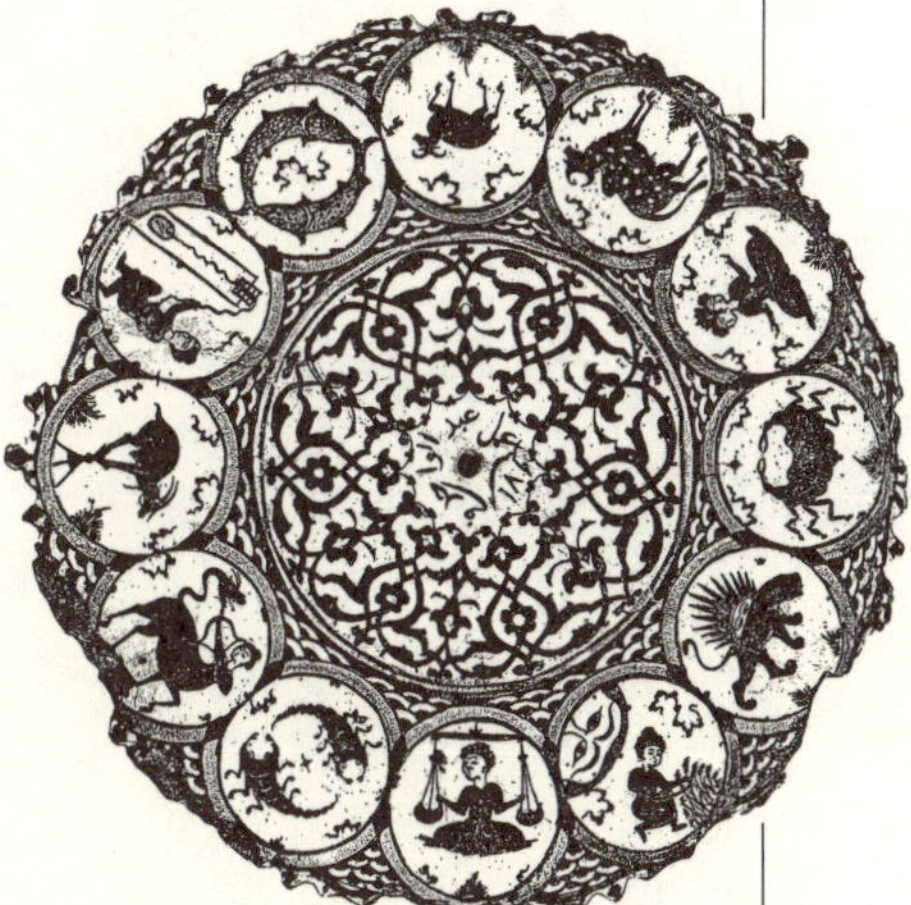

黄道十二宮を描いたペルシアの絵皿

私たちは、子年から亥年まで十二年ごとの巡《めぐ》り代《か》わりのなかで暮らしています。子は鼠、亥は猪などと獣に当てはめて覚えている十二支は、元来、古代中国で陰陽五行に則《のっと》って自然現象の様相を表現した名称でした。たとえば、子は「十一月に陽の気《うんき》〔雲気〕が動き、万物は〔地中に〕入りて滋《そだ》〔長＝生育〕つ」、亥は「荄《くきのね》〔草根〕なり。十月に〔地中に〕微《かすか》に陽が起こり、陰の盛りに接す」（『説文』）であり、漢の太初暦では子を十一月、丑を十二月、寅を正月というふうに割り当てましたが、これは木星の動きに正反する架空の星「太歳」を十二支に合わせ、年を表わす基準に用いたものです。

◎生物の進化を示すヴィシュヌの化身

十二支に獣が当てはめられた初見は、一世紀に後漢の王充が著わした『論衡』「物勢篇」の「〔人の〕曰《いわ》く、寅は木《もく》なりてその禽《けもの》は虎なり、戌は土《ど》なりてその禽は犬なり。丑、未もまた土なりて、丑の禽は牛、未の禽は羊なり……」です。それ以前は次頁・表のような寅＝摂提格《せつていかく》、卯＝単閼《たんあつ》といった歳星十二辰の名称が用いられていました。(1) それは歳星と呼ばれた木星が反時計廻りに十二年――正確には十一・八六二年――周期で天を一巡りする軌道を時計廻りに修正した――すなわち太陰〔太歳・歳陰〕――うえ十二等分して付けた名です。前二世紀に出来た『淮南子《えなんじ》』「天文訓」は「太陰が寅に在らば、〔その〕歳《とし》〔年〕を名づけて曰く摂提格。その雄《かしら》〔長帥＝頭〕を歳星〔木星〕とし、〔北〕斗と牽牛《けんぎゅう》〔の宿《しゅく》〔星座〕〕に舎《やど》〔止〕り、以って十一月にこれとともに、晨《あけがた》〔初〕〔明け方＝午前六時〕に東方に出づる。東井《ちりりぼし》と輿鬼《よき》（の宿）が対（向）しあり。太陰が卯に在らば歳を名づけて単閼と曰う。歳星は須女《うるきぼし》、虚《げんぶ》〔玄武〕、危《うみやめ》（の三宿）に舎り、以って十二月にこれとともに、晨に東方に出づる。柳《ぬりこ》、七星、張《ちりこ》（の宿）が対しあり。……」というふうに説明しています。

太陰	歳名
寅	摂提格《せつていかく》
卯	単《たん》閼《あつ》
辰	執《しゅう》除《じょ》
巳	大荒落《だいこうらく》
午	敦《とん》牂《しょう》
未	協《きょう》洽《こう》
申	涒《とん》灘《たん》
酉	作《さく》鄂《がく》
戌	閹《えん》茂《ぼう》
亥	大淵献《だいえんけん》
子	困《こん》敦《とん》
丑	赤奮若《せきふんじゃく》

歳星十二辰

ここで注意すべきは、「天維《てんい》の（暦の）元を建てるには、常に（甲）寅（の年）を以って始めとし、（歳星〔木星〕によって）起（算）する。（歳星は天を）右より（左へ）一歳〔年〕ごとに移り、十二年にて大きく天を周《めぐ》り、（周り）終わらば、また始めに復す」という基本規定で、十二辰の順序は子から亥ではなく、寅よりめぐって丑に至っていたのです。それは、黄帝の孫たる帝の顓頊《せんぎょく》（伝・前二四九〇―前二四一三）が制したという、歳星が丑に、太陰が寅にある年を元始とする「顓頊之歴〔暦〕」法に則《のっと》っています。

これを王充が獣で表わしたのは、後述するように、西方諸国が太古から星の名としていた十二獣神が伝わったのを記したのであって、岑仲勉や郭沫若の意見では、それは古代イラン語であり、バビロニアの神名が前二―前一世紀の漢代に西域《シルクロード》経由で伝来したとします。しかし、より古い摂提格や単閼といった歳星十二辰の名称自体がオリエントの星名を音訳したもので、前三世紀の戦国期に成立した屈原の『楚辞』「離騒」の冒頭では、寅年を示す「摂提」が、

帝高陽〔顓頊〕の苗裔《しそん》〔子孫〕たる

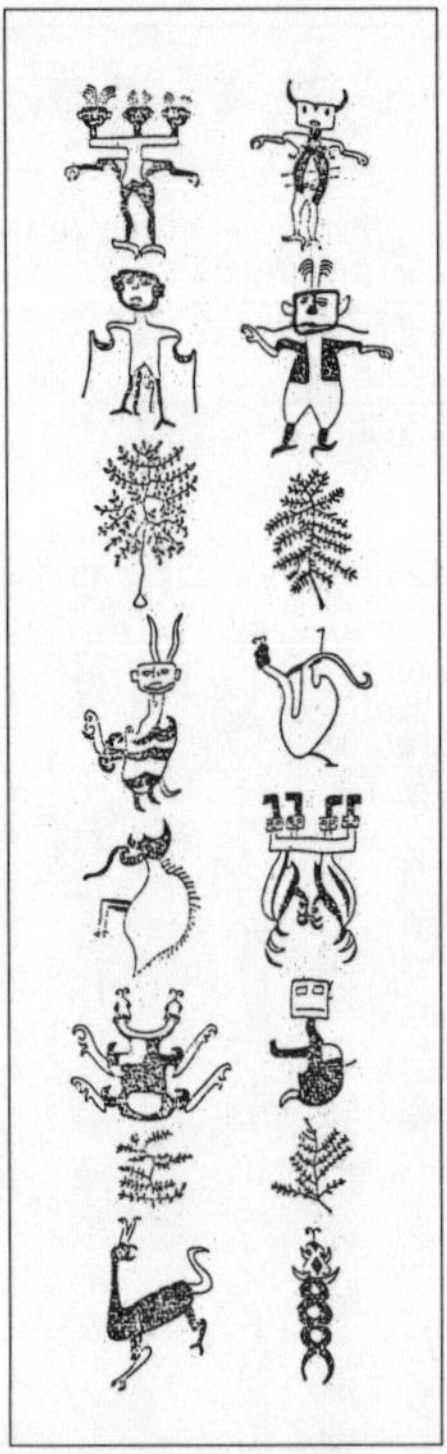

長沙出土の東周期の十二獣神

朕《わ》〔我〕が皇《うるわ》〔美〕しき考《なきちち》〔亡父〕（の字《あざな》）は伯庸
摂提《とらどし》〔格〕の貞《ただ》〔正〕しく孟《はじ》〔始〕めに当たる陬《しょうがつ》〔正月〕（寅の月）の
庚寅《かのえとら》（の日）に吾は（母胎より）降《くだ》り（て生まれ出で）たり

のごとく詠われています。そして更に古く、長沙出土の東周期（前八―前六世紀）の帛書《はくしょ》には、奇妙ながら実に魅惑的な十二獣神を描いたものがあるので、既にこの頃には十二辰＝十二支の原型が出来ていたと考えられます。

インドでは、仏典に出てくる十二獣は中国とほとんど同じで、ただ虎が獅子《ライオン》に変わっているだけ（『経律異相』）ですが、これはオリエントから中国へ移行する過程《プロセス》を承《う》けたものでしょう。もっとも、これらの獣はみな、衆生化度のために姿を変えた菩薩の化現で、一か月ごとに一獣ずつ、人間・天上界を遍歴して、衆生の教化に努めているというのが仏教的な解釈です。

この考え方の基になったのは前三世紀頃から語り継がれた『ジャータカ〔本生物語《ほんじょうものがたり》〕』で、この物語は仏陀《ぶっだ》が誕生以前に輪廻転生した多くの生を述べています。そこでは、まだ修行者である菩薩《ボーディサッタ》とか大士《マハーサッタ》だった仏陀が人間や鬼神のほか牛、鼠、鶉《うずら》、猿、鹿、兎、象などの獣に生まれ変わり、そのたびに善業功徳を積んだという筋立てになっています。その語り口は、「かつて或る時、その昔、バーラーナシーの都でブラフマダッタ王が国を治めていたときのこと、菩薩は鼠の胎内に再生しました」というふうな表現で始まります。この型式《パターン》を繰り返せば、太古からの口碑や伝承に登場する神や人や獣を悉く《ことごと》菩薩に仕立てあげることができ、インドの説話や寓話、噺《はなし》の類《たぐい》のみならず、商人や船乗りが諸国より持ち込んでくる伝説も取り入れられました。(2)

さて、その鼠の胎内に生を受けた菩薩は知慧《ちえ》ぶかく、小豚のように大柄な鼠に育ち、何百もの鼠の手下を従えて森に住んだ、といいます。時に、一匹の山犬がこの鼠たちを騙《だま》して食べようと思い、太陽に向かって風を吸いこみながら一本脚で立っていました。この様相を見た菩薩は「聖者に違いない」と思い、鼠の群れを率いて朝に夕に奉仕に行きました。ところが、奉仕をし終わった鼠が帰るとき、山犬はいちばん最後の一匹を捕えて呑み込み、これが毎日の日課となりました。群れの数が減っていくのを知った菩薩は、ある日、自分がいちばん後《あと》になり、食べようと飛びかかってくる山犬を見るや、「おまえの修行とは、他の者を食べることだな。これこそ猫被《ねこかぶ》りというものだ」と叫び、山犬の喉元を喰い破って殺したので、鼠の群れも引き返して、その肉を喰い尽しました。これが「猫本生物語」です。

いっぽうヒンドゥー教では、三世紀以降に至高神となったヴィシュヌが、経典によって異なるものの、十から二十四種の化身を執り、そのうち聖者や人間以外では野猪、人獅子、白鳥《ハンサ》、亀《クールマ》、魚《マトスヤ》といった獣や鳥、魚類などになります。

すなわち、その化身十態の第一は魚《マトスヤ》で、人類の祖先である賢者ヴァイヴァスワタを救うのが目的でした。或る日、マヌの一人であるこの賢者(3)が沐浴していた折、掌《てのひら》で、角のある黄金の小魚を見つけ、壺に入れておきましたが、日ごとに成長し、ヴィシュヌの化身たる魚は遂に湖の大きさを超え、海に放たねばならぬまでになりました。そして魚は、世界を覆い浸す大洪水を予言して、ヴァイヴァスワタに大きな船を贈り、あらゆる獣の一番《ひとつがい》ずつとあらゆる草木の種を積むように命じました。賢者がその通りにすると、やがて水が地表に溢れました。魚のヴィシュヌは自らの角に綱を付けて船をヒマラヤの高嶺に曳き上げたので、人類、動物、植物は破滅を免れた、といいます。

魚に化身したヴィシュヌ

ヴィシュヌは第二に亀《クールマ》、第三に野猪、第四に人獅子《ナラシンハ》、第五に矮人《こびと》、第六に隠者の息子、第七にラーマ王、第八にクリシュナ、第九に仏陀に化身し、それぞれの代の世界を救済しました。そして、第十の最後の化身が、この私たちの世の破滅に際して現出することになっています。そのとき、ヴィシュヌは白鳥カルキと共に地上に顕現するはずです。

なぜ、至高神がこのように多様な姿に化すかといえば、生きものは当初は水中に棲んでいたのが両棲類となって泥中に生き、次いで陸に上がって獣となり、やがて半人半獣の猿に変わっていった生物の進化を示しているのだという説があります。

そのヴィシュヌの第七の化身であるラーマ王の行跡を記す『ラーマヤナ』では、ラーマを助ける猿神ハヌマンの活躍が詠われています。山のように巨大で、顔はルビーのごとく赤く輝き、尾はあくまで長く、吠え声は雷に似て、音を轟かせて空を駈け、大海を一跳び、ヒマラヤの峰々をも持ち上げる超能力のハヌマンこそ、後の中国で孫悟空の原型《モデル》となった猿神なのです。

ヴィシュヌに匹敵する主要神で、宇宙の根源的要素を支配するシヴァも前三世紀までは西北インドの山岳地方で祀られていた酒好きで狂暴な土着神にすぎませんでした。山の民は、おそらく虎神として畏敬していたようで、額に半月の印があるのはその名残りだといわれます。そのシヴァと妃の山の女神パールヴァティーとの間の子が、知恵と幸運を司る象頭の神ガネーシャです。この神が象頭になったのは、彼が母神パールヴァティーの水浴の番をしていて父のシヴァをも閉め出したので、怒った父神に首を斬り落とされたのですが、寛大なシヴァはたまたま通りかかった象の頭を息子に付け、象顔《ガジャーナナ》と名づけたためです。このガネーシャは四本腕で背が低く、大食らいで布袋腹《ほていばら》。かつて打ち負かした魔神を鼠の姿に変えて乗り物にしていますが、密教に取り入れられて大聖歓喜天《たいしょうかんきてん》〔聖天《しょうてん》〕となり、日本でも広く信仰されました。

シヴァのもうひとりの神妃ドゥルガー女神も、太古にはデカン地方のヴィンディヤ山の民が祀ってい

象頭のガネーシャ

虎に乗るドゥルガー

た処女の虎神でした。水牛の悪魔マヒシャーを殺した代償に好物の酒と獣肉の贄《にえ》を求めた恐ろしい神ですが、その処女性によって天を支える神格を得て、後にはベンガル地方で特に信奉されました。今でも盛大に行なわれている秋のドゥルガー祭《プージャー》は、古代には血を供えて祀るホーマーという火祭りでしたが、前六―前五世紀に仏教やジャイナ教が興って不殺生を提唱すると、その影響を受けてドゥルガー祭の火祭りも生きものを殺さずに水、花、香、食物を供えて真言《マントラ》を唱えるだけになりました。そして、この火祭りが仏教に取り入れられ、私たちにもなじみぶかい護摩《ごま》〔火祭り《ホーマー》〕の儀礼になったのです。

◎狼によって育てられた始祖たち

『元朝秘史』の冒頭は「上天《あまつかみ》の定命《さだめ》によりて（この世に）生まれたる蒼き狼ありき。その妻は白き牝鹿なり」で始まります。この狼と鹿の夫婦がオナン川の源のブルカン岳に棲んでバタチカンという子を産み、その十一代の後裔が成吉思合罕《チンギス・カン》なので、モンゴル族たる十三世紀の元王朝は狼の子孫だったことになります。もっとも、狼と鹿の婚姻とは、この二つの獣を族標《トーテム》としていた二つの部族が結合した寓話的表現とも考えられますが、それよりも、むしろ、別の民族の始祖伝承に拠ったと推量すべきでしょう。

それは五―六世紀にモンゴル平原の北にいたトルコ系民族の高車《こうしや》の始祖神話を承けて創られたのではないかと思われます。『魏書』および『北史』の「高車伝」はその成り立ちを「匈奴の単于《ぜんう》〔王〕に二女が生まれ、姿容《すがたかたち》甚だ美なれば国人は皆もって神となす。単于曰く、この女《むすめ》〔娘〕たち、なんぞ人に配すべきか、将《まさ》にもって天に与えん、と」と国の北の無人の地に高台を築いてその上に二人の娘を置き、「きっと天が迎えにくるから」と言いわたしました。しかし、いつまで経っても天は来ず、四年後に一頭の老狼がやってきて昼夜吠え、立ち去らなくなりました。妹娘は「ここに狼が来ているのは天の使いに違いない」といって、姉の制止を聞かずに狼と共に行き、その子を産みました。後に子孫が増えて栄え、遂に高車の国を建てましたが、その民は声を引く長歌を好み、それは狼の吠え声に似ているといいます。

わが国の記紀神話では、「2 海の神」「4 山の神」で少し言及した山幸彦〔彦火火出見〕が、海神より得た溢瓊《しほみちのたま》・涸瓊《しほひのたま》を用いて兄の海幸彦〔火闌降＝火酢芹〕を屈伏させたところ、兄は末代に至るまで弟に従うことを誓ったので、「是《ここ》を以《も》て、火酢芹命の苗裔《のち》、諸《もろもろ》の隼人等《はやひとたち》、今に至るまで天皇《すめらみこと》の宮墻《みかき》の傍《もと》を離れずして、代《よよ》に吠《ほ》ゆる狗《いぬ》して奉事《つかへまつ》る者《もの》なり」（『日本書紀』一書《あるふみ》）といいます。その作法は、元日即位とか蕃《ばん》〔海外〕客《かく》入朝などの儀に、「番上隼人廿《にじゅう》〔二十〕人《にん》、今來隼人廿人、白丁隼人一百卅二人、応天門外の左右に分陣し、群官の初めて入るや、胡床より起〔立〕ちて、今來隼人は吠声三節を発す」(『延喜式』「兵部省・隼人司」)のごとく、犬の遠吠えをして四周の邪霊を祓《はら》うことでした。

隼人の居住地は九州南部とされ、熱帯太平洋地域から渡来した種族だともいわれます。そして、隼人は竹笠の造作に従事していたとも伝えられるので、「6月の神」でみた、竹とともに渡来した海洋民の裔《すえ》だと捉えるべきでしょう。また、犬の吠え声をするのは、太古の帝の高辛〔嚳〕のとき房王が乱したのを畜犬の盤瓠《ばんこ》が殺して危急を救ったので会稽〔現・江蘇省東部・上海市・浙江省北部〕を与え、侯に封じた故事に拠るものでしょうから、わが国の縄文期の山の民と中国東南部の海の民の交流も想定できそうです。

高車の始祖説話とよく似ていて実態が裏返しなのが、六―七世紀に中央アジアを支配した突厥《とっけつ》の始祖伝説です。『周書』『隋書』『北史』などの「突厥伝」によれば、その祖先は西海〔現・青海湖〕の西岸に住んでいて隣国に攻められ全滅し、ただ十歳ほどの男児だけが脚と臂《うで》の筋を抜かれたうえ草原に棄てられました。すると、一頭の牝狼が来て肉を与えて育て、男児が成長すると交わって孕みました。隣国王が男児のまだ生きていることを知って殺させると、牝狼には神が憑《つ》いて西海の東、高昌国の西北の山に降り立たせました。そして、狼はこの山の草の繁った洞窟に隠れ棲み、十人の男児を産みました。やがて子供たちは独立し、その最も賢い者が突厥を建てた阿史那《あしな》ですが、彼は建国後も出自を忘れぬために営門に狼頭の纛《はたほこ》〔幡鉾〕を立てていたといいます。そして、その子孫は金山《アルタイ》の南に居住し、茹茹《じょじょ》〔蠕蠕

＝柔然〕国の鉄工になった、というので、「6 山の神」で述べた鍛冶を天職としていたのでしょう。また、金山が兜《かぶと》の形をしていたので、自らを「兜〔突厥《とっけつ》〕」と称し、遂にそれが呼び名になったそうです。

この突厥の始祖説話を更に遡れば、有名なローマの建国伝説に至るのかもしれません。周知のように、前八世紀のシルウィウス王家で兄ヌミトルの王座を奪ったアムーリウスは、ヌミトルに子孫ができるのを恐れて、兄のひとり娘レーアをウェスタ女神に仕える聖処女にしました。ところが或る日、レーアがテーヴェレ河畔で昼寝をしていると、天から降った軍神マルスがその姿を見て交わり、やがて彼女はロムルスとレムスの双生児を産みました。怒ったアムーリウスは双児を籠に入れてテーヴェレ河へ流したのですが牝狼がこれを拾い、乳を与えて養いました。牧人ファウストゥルスがこれを見つけて育て、成人した双児はアムーリウスを殺して祖父ヌミトルを王位に復させた後、自分たちの育った場所に新しい街を造ることで争いました。その折、レムスはアヴェンティノの丘に登って六羽の鳥を見たのに対し、ロムルスはパラティノの丘に登って十二羽の鳥を見たので、勝ったロムルスがパラティノの丘に建設したのがローマ帝国の基礎なのです。

ロムルスとレムスを養った牝狼

伝説のローマ建国者ロムルスとレムスを養った牝狼の青銅像は現存していますが、これはローマ時代から飾られていた狼像に、ルネッサンス期の巨匠ポライオーロが乳を飲む双児を付け加えて完成したもの

アレッツォのキマイラ

です。しかし実は、この狼像はローマ時代に造られたのではなく、前十二世紀頃からイタリア半島にいた先住民エトルスク人が彫造した、狼に似た怪獣だったのです。なぜ、そのような獣像を造ったかといえば、エトルスク人は、地下の死の世界には狼の毛皮を頭から被って死者の魂を嘖《さいな》むアイタ神の存在を信じており、畏敬していたからだと思われます。また、一五五九年に中部イタリアで発見された獣像は獅子の体に蛇の尾、背中からは山羊の頭が出ている怪物です。「アレッツォのキマイラ」と呼ばれる前五世紀に造られたこの怪物は、ギリシアからイタリアへ渡来し、エトルスク人が崇拝した獣神だったのでしょう。「キマイラ」の初見は前十二世紀頃に書かれた『イーリアス』第六巻で、それをホメーロスは「この怪物は、神霊のたぐいに属していて、人間界のものではなく、前のほうは獅子、うしろは大蛇、まんなかは牝山羊の形で、燃えさかる火の恐ろしい勢いを、口から吐き出していた」[4]と描きました。前八世紀にはヘーシオドスが『神統記』で、

さて女怪（ヒュドラ）は　手のつけられぬ火を吐くキマイラを生んだが
これは　怖るべき怪物で　体軀巨大　脚も迅《はや》く　剛力であった。
怪物（キマイラ）には三つの首があって　ひとつは　目つき鋭い　獅子の首
ひとつは牝山羊《キマイラ》の首で　もうひとつは猛《たけ》だけしい竜《ドラコーン》　蛇の首であった。[5]

と詠っており、「アレッツォのキマイラ」は、これを像にしたものだとされています。

とはいえ、これまでみてきたような始祖たちを育てた狼の存在は必ずしも荒唐無稽なのではありません。実際に狼が人の幼児を養っていたことは十九世紀のインドで数例報告されており、救出された後も吠え叫んで生肉を食す、いわゆる狼少年だったそうです。中世ヨーロッパで狼男として喧伝されたのも、たぶん同様な事柄が元になっていたのでしょう。

狼ばかりか虎が人の嬰児を育てた話もあります。『春秋左伝』「宣公四年伝」によれば、楚の鬬伯比は父の死後、母の実家である邧《うん》の宮廷で成人し、そこの公女と通じて息子の子文を産ませました。邧君の夫人は恥じて赤児を夢中《むちゅう》という沢に棄てさせると虎が乳を与えて育て、邧の君が田〔狩《かり》〕に出てこれを見て懼《おそ》れ、夫人に告げて拾い戻しました。楚人は乳を穀《こく》といい、虎を於菟《おと》と呼ぶので、この児に鬬穀於菟と名づけ、伯比と公女の仲を許しましたが、この児こそ後に楚の君主になった令尹《れいいん》〔上卿〕の子文《しぶん》なのだ、と述べています。

◎牡牛、牡羊、鰐、猫がエジプトの神聖獣

古代エジプト人は身の周りのあらゆる生きものに神格を認めました。「3 鳥の神」で朱鷺《とき》や隼、鷹などの鳥神に触れましたが、獣も数多く崇拝されており、私たちになじみぶかい人の頭をした獅子神のハルマキス〔スフィンクス〕の頭も時には牡羊で表わされていました。
前三十五—前十六世紀にかけてナイル河流域のヘリオポリス、ヘルモポリス、メンフィス、テーベな

どの諸都市で宇宙創成説がつくられました。ヘリオポリスの九柱神《エネアド》は創造神アトゥムを頂点に形成されましたが、この主神は蛇から牡牛に転じ、太陽神ラーと同一視されるときは自らの孫娘である天の神ヌトから毎朝、黄金の仔牛として生まれ、また夜の天空航行時に出会う悪蛇アペプと戦う折はマングースあるいは猫またはライオンでした。

アトゥムの娘で露の女神テフヌトは牝ライオンまたは山猫であり、その兄弟で夫の大気神シュウもライオンでしたが、あるときは自らを狒狒《ひひ》に変身させています。彼らの娘である天の女神ヌトは牝牛ですが、星を産む際は牝豚であり、その双生児で夫の大地神ゲブも牡牛です。ゲブとヌトの長男オシーリスは穀物神なので樹霊ですが、時に牡牛、牡羊、それに「3鳥の神」に記したベヌー鳥に変容しました。

その妹で妻のイシスは鳶《とび》であるとともに牝牛の頭を持ち、弟のセトは鰐《わに》と同時に河馬《かば》、時には黒豚でし

牝ライオンの姿の
テヌフト神（下左）

猫の姿をしたバスト女神

た。そして末子の月神トトは朱鷺のほかに犬の頭をした狒狒として信奉されました。

ヘルモポリスの八柱神《オグドアド》では、男神はすべて蛙の頭を、女神はすべて蛇の頭を付けていましたが、後にそのうちのアメンが牡牛の、その妻で天の女神アマウネトが牝牛の姿を得ました。いっぽう、メンフィスでも創造と豊饒の神プタハが他の神々の機能を吸収して牡牛の形で崇拝され、その妻セクメトと息子のネフェルトゥムはともに獅子頭人身で表わされました。また、水の支配神クヌムは牡羊であり、王家の守護神ベスは獅子の鬚《ひげ》と眉を持つ矮人《こびと》でした。母なる女神タウエレトは妊娠した河馬で、しかも太陽円盤と牝牛の角があり、同様に乳母の女神レネネトもコブラの頭に太陽円盤と牝牛の角を付けていました。

テーベではアメンが牡羊の姿をしていますが、他の地域神にも獣の神は多く、偉大な天空女神ハトホルは牝牛ながら怒り狂えば牝獅子となり、アヌビスは犬ないしジャッカル、ウプアウトは狼、ハルサフェスは牡羊、モントは人身牛頭、セベクは鰐、バスト女神は猫、冥府のハアピは犬あるいは猿の頭、同じくドゥアムテフはジャッカルの頭を持つ神として信奉されていました。

そして、この多彩な獣の神々のなかでも特に崇められたのが牡牛、牡羊、鰐、猫でした。現実に生きていたこれらの獣のうち容姿がよく、毛並みのすぐれた何頭かは神聖な存在とされ、それぞれに固有の名称が付けられて、同じ姿をした神の具現として飾り立てられ、幾代にもわって丁重に飼育されたのです。

このような風潮を承《う》けたためかどうか、古代ギリシアでも数多《あまた》の神が獣の姿で表わされています。有

蛇や豹に守られるティアマト女神

バビロンのイシュタル門に描かれた獣神

怪物を服従させたマルドゥック

名な牛頭人身のミーノタウロスや翼ある馬のペーガソス、人頭馬身のケンタウロス、山羊の角と脚をしたパーンなどは言うに及ばず、乱暴な牝犬のスキュラ、牝犬、牝狼でもある冥界の女王ヘカテ、牝犬、騾馬《らば》、牝牛のエムプーサ、魚体であるばかりかライオンと牡山羊にもなる海神ネーレウス、牝狼のレートー、海豚《いるか》でも牡羊でもあるアポローン、牝熊、牝ライオン、牝鹿の姿になったアルテミス、牝熊のカリストー、牡山羊のサテュロス、牡羊のヘルメース、牡羊と馬の姿の海神ポセイドーン、牝牛の月神セレーネ、牡牛のディオニューソス、そして主神ゼウスさえもがしばしば牡牛や狼に変身しました。

これらエジプトやギリシアの獣の神の原型《モデル》は古代オリエントにあり、シュメールでは冥界の女王の夫は天の牛、太陽神はライオン、荒野神は驢馬《ろば》でした。バビロニアではエンキドゥが人頭牛身でしたし、塩水神ティアマトは七岐《ななまた》の大蛇《おろち》、炎の龍頭蠍尾獣《りゅうとうけつびじゅう》、海の怪獣ラハム、巨大なライオン、狂犬、蠍人間《さそりにんげん》、不思議の野牛などを創り、これらの獣神はバビロンの神殿や門に描かれ飾られました。

そのティアマトを滅ぼした至高神マルドゥクが天上に水の宮殿《アプスー》を模した十二宮を築いて星の運行を定めた（『エヌマ・エリシュ』）のですが、この時点では木星神マルドゥクを中心に太陽神シャマシュ、月神シン、金星神イシュタル、火星神ネルガル、水星神ネボ、土星神エヌルタの七神が配置されたのみで、まだ十二獣神は未完成だったようです。そして、これに対応してバビロンでは牛や山羊、羊の姿をした七獣神が信奉されており、やがて、それらが天空の星座に当てはめられて「黄道十

バビロンの七獣神

二星座」になったと考えられます。更に長い紆余曲折の末、それが前一五〇年頃にギリシアのヒッパルコスによる「黄道十二宮」に完成したのですが、十二星座は区分が不揃いであるのに対し、十二宮は一つが三十度ずつになるように、黄道を等しく十二等分しています。そして、その変化の過程《プロセス》の段階で東遷した獣神群が中国の十二支になったのだろうと考えられます。

9 花の神

花を摘むフローラ
（ポンペイ近郊出土）

毎年四月八日に行なわれるお釈迦様の誕生祭は、色とりどりの草花で御堂を飾り、仏像に甘茶を注いで祝うので花祭りと呼ばれます。灌仏《かんぶつ》は、仏陀が誕生したとき龍が天から香湯をかけたからだとされますが、実際はバラモン教の清めの儀式の変型なのでしょう。花を飾るのは、仏陀が母の摩耶《マーヤー》夫人の脇腹から生まれ出て地上に跳び降りたとき、触れるところに次々に蓮華《ロータス》が生じたのを象徴しており、それ故に仏や菩薩の座は蓮華の花弁なのです。

◎蓮華から生じたヒンドゥーの神々

仏教にゆかりの深い蓮華も、その源を探れば、前三十―前十五世紀に北西からインド亜大陸に侵入したアーリア人が信奉していた『リグ・ヴェーダ讃歌』の神々のうちに認められるようです。嵐の神インドラは両脇に蓮の茎が伸びたかたちで、その妻インドラーニは蓮華の光背を付けたかたちで彫造されますが、それはインドラの息子たちで矮人《こびと》の職人であるリブ精霊群が、この世に草花と薬草を創出したのを承《う》けており、水の底の泥中から生え出て花を開く蓮華の生命力を象徴しています。

前十―前六世紀の初期ヒンドゥー教が発達したブラーフマナ時代になると、創造と破壊の循環を無限に繰り返す壮大な宇宙創造説が信じられました。そこでは、一日が地上の四十三億二千万年に相当する宇宙神ブラフマーが眠るとき、その体は水上に漂う蓮華の中に収められて風を吸い込むので、その間、全世界は旱魃《かんばつ》や大風、大洪水などの災害が続くと考えられていたのです。後代になると、ブラフマーは世界の創造神に転じました。最初、宇宙の主——一説では宇宙の測量神ヴィシュヌ——が、千年にわたって海面に横たわっていた宇宙の卵を抱いていると、その神の臍《へそ》から一本の蓮華が千の太陽のように輝きつつ立ち上って全世界を包むかのごとくに拡《ひろ》がり、この蓮華からブラフマーが飛び出てきて創造の作業に取りかかったといいます。この創造神話を、C・M・スキナーは、ヴィシュヌの臍から生まれ出たブラフマーは蓮の上に舞い下り、その蓮の台座の上から、世界の全てが顕現するよう命じた、と述べ、ぱっと開いた蓮の花弁《はなびら》は太陽の光を連想させるので、やがて太陽崇拝の中に取り入れられたのだ、と解釈しています(1)。

別の神話では創造神はナーラーヤナだとしますが、この神はヴィシュヌの、あるいはブラフマーの異型であって、ナーラーヤナは長い期間、原初の水ナラの上で菩提樹の葉に乗って足を吸いながら自己対話を続けた後に創造の意思を持った、とされます。いずれにせよ、この宇宙創造説は遙かなる太古の祖先の体験を基にして語り継がれたものでしょう。それは世界各地に残る洪水伝説のひとつですが、この説話からも読みとれるように、大洪水はただ一度だけ起こったのではなく、数千年か一万年位ごとに繰り返し生じていたと考えられます。

ハスの上に乗るヴィシュヌ

創造者にして至高神であるヴィシュヌには四本の腕があり、その一つは武器の蓮華《パドマ》を持っています。

猪に化身したヴィシュヌ

彼の住むのは金と宝石で出来ている天国ヴァイクンタで、世界山メルの斜面にあって、ここから流れ出るガンジス河の源はヴィシュヌの足にあるのです。ここにはまた青、赤、白の蓮華が咲く五つの池がありますが、ヴィシュヌとその妻ラクシュミーは白い蓮華の中に安坐して太陽のごとき光を放っています。

　ヴィシュヌがさまざまな化身を取ることは「8 獣の神」で述べましたが、その第三の化身の野猪ヴァラーハになったのは、大地を取り戻すためでした。というのは、不死身の悪魔ヒラニャクシャが、その利点を楯に神々や人間を虐待し、創造神ブラフマーから「讃歌《ヴェーダ》」を盗み、遂には大地を水底の己《おのれ》の闇の棲処《すみか》にまで引きずっていったからです。そして、ヒラニャクシャは、全ての神と人と獣の反撃を免《まぬが》れる呪法として、生きとし生ける者の名を唱《とな》え挙《あ》げましたが、たった一つ、猪の名を唱えるのを忘れました。そこで、ヴィシュヌは山のように巨大で黒ずんだ色をし、白く鋭い牙と光のごとく煌《きらめ》く眼を持ち、雷鳴に似た声の猪に化したのです。そして、水面に浮かぶ蓮華を眺めつつ、この茎は何かの上に乗っているに違いないと考え、全身を太陽のように輝かせながら水の底まで潜っていって、牙で悪魔を殺して大地を見つけ、その一部を持ち帰って水上に浮かべたのでした。

　ラクシュミーは、ヴィシュヌのどのような化身のときもその妻になる運命であり、第五の化身の矮人ヴァーマナになったときに彼女は水から生まれ、蓮華の花に乗って漂ったので、この女神は蓮華《パドマ》またはカマラーと呼ばれ、その象徴である蓮華の上の立像か座像で表わされています。

いっぽう、ヒマラヤから西へ流れる河と同名の水の女神サラスヴァティーも蓮華にかかわっています。詩と音楽をも司る彼女は額に三日月を付けた白い肌の優美な姿で、白鳥または孔雀を従え、蓮華の花に腰掛けているのが通常の様相です。或る神話は、サラスヴァティーは本来、ラクシュミー、そしてガンジス河の女神ガンガーと共にヴィシュヌの妻であった、とします。しかし、三柱の女神があまりに争うためにヴィシュヌはサラスヴァティーをブラフマーに、ガンガーを破壊神シヴァに与えました。ところが、サラスヴァティーは怠け者で、ブラフマーの執り行なう犠牲祭に、念入りな化粧をしていて遅れたため、ブラフマーは賢人の娘ガーヤトリを第二の妻にするという出来事が起こり、サラスヴァティーは

蓮華の上に立つラクシュミー像
（バールフット出土、前1世紀）

戦いの神カルティケーヤ

激怒したそうです。この女神はやがて仏教に取り入れられ、中国を経由して日本にも入り、七福神で唯一の女神である弁財天として信仰されました。

ヴィシュヌからガンガーを与えられたシヴァは、一説によれば、六首十二腕、十二脚の戦いの神カルティケーヤの父とされています。(2) それは、かつてシヴァの妻だったサティーが父親の犠牲祭の火に投身して死んだのでシヴァは苦行に専念していたのですが、神々はサティーをヒマラヤの娘パールヴァティーとして甦らせ、再びシヴァと結婚させるよう仕組みました。時経て結婚適齢期になったパールヴァティーは、しばしばシヴァの前に現われましたが、シヴァは目もくれません。そこで嵐の神インドラが愛の神カーマに仲立ちを依頼しました。カーマは、シヴァが花を摘む娘――すなわちパールヴァティー――を見た瞬間に愛の矢を放って欲望を目覚めさせ、二神が結婚してカルティケーヤが生まれたというわけです。ところが、シヴァはパールヴァティーを見た同じ瞬間にカーマをも見ました。破壊神は愛の神の大胆さに激怒し、たちまち、額の「第三の眼」を向けてカーマを焼き殺し、灰にしてしまった、といいます。

しかし、シヴァがこの第三の眼を得たのはパールヴァティーとの婚姻後だとする説が有力です。破壊を司る神のシヴァは「最高主」とも見倣《みな》され、五つの顔、四本の腕、三つの眼を持つ公正な男として描かれますが、三番目の眼は、ある日、パールヴァティーが戯れに彼の眼を覆ったため世界が闇となって滅亡の危機にさらされたとき、彼の額の中央に現われ出ました。シヴァは、すぐさま、これを武器として用いる技《わざ》を会得しました。すなわち、この眼を敵に向ければ、一瞬にして相手を焼き殺すという技法です。

元来、シヴァは前二十世紀から前五世紀にかけて創られ、口承されたヴェーダよりも遙かに古い神でした。それはルドラと呼ばれ、嵐と光を表わして赤く描かれる恐ろしい山神で、家畜と医療を司っていました。したがって、その神格は豊饒をもたらす牡牛の姿を執る「獣の主」でもあったのです。むろん、それは牲《いけにえ》を求める凶暴な神の一面も有していましたから、犠牲と結びつく殺傷や暴力ともかかわっていました。それ故に、火神アグニと共にルドラの神性を継承したシヴァは、豊饒を示す「吉兆神」と殺《さつ》戮《りく》を意味する「破壊神」の相反する力を併せ持っていたわけです。

さて、パールヴァティーと婚姻したものの、シヴァの子はなかなか生まれませんでした。神々は再び協議し、アグニを夫婦の許《もと》へ遣わしました。アグニがシヴァの住むカイラーサ山に着いたとき、ちょうどシヴァがパールヴァティーを抱き終えたばかりだったので、火神は鳩に変身して大神の精子を啄《ついば》み、これを嵐神インドラに渡すため持ち帰りましたが、大神シヴァの体より洩れ出た物は他の神々の手には負えぬほど重くなったので、遂にガンジス河を渡る際に捨てざるを得なくなりました。すると、河岸に、月のように美しく、陽のように輝かしい子が生まれ出ました。これがカルティケーヤです。その折、昴星団《プレアデス》の六人の娘〔六星〕が水浴びに来ており、彼女たちのいずれもが、この美しい赤児に乳を与えようとしたので、カルティケーヤは六つの口を得て全ての娘の

花の付いた弓矢を持つ愛の神カーマ

望みに応えた、といいます。

ギリシアのエロース〔キューピッド〕にも似た愛の神カーマは鸚鵡《おうむ》に乗っている美貌の永遠の若者です。彼はいつも妻の情熱《ラティ》と友人の春《ヴァサンタ》と共にいて、蜂を弦にした砂糖黍《さとうきび》の弓を携えており、先端に花を付けた五本の欲望の矢を放って恋を成就させるのです。ヴァサンタはカーマのために弓を張り、めざす相手にふさわしい種類の花を付けた矢を選び出します。カーマは美しい天の妖精アプサラスの群れに囲まれていますが、実は彼自身がこの妖精の主神なので、まさに天上の花の神だといえましょう。

◎玄宗も驚嘆した、牡丹の「花神」

古代インドの神々が蓮華の精だったように、太古の中国でも蓮は美の神意を表わす花卉《かき》とされました。前七世紀頃までの詩歌を集大成した『詩経』「国風・陳」「沢陂《たくひ》」が、

彼の沢の陂《つつみ》〔堤〕に蒲《がま》と荷《はすのは》〔蓮葉〕あり
美しきあの人に〔心〕傷《いた》めど何とせん
寤《さ》〔醒〕めても寐《ね》〔寝〕てもすべも無く涕泗《なみだ》〔涙〕〔流れて〕滂沱《ほろほろ》と

彼の沢の陂に蒲と蕳《はすのみ》〔蓮実〕あり
美しきあの人〔の背〕は碩大《すらりとたか》く巻《みごとなかみ》〔美髪〕で
寤めても寐てもすべも無く心の中《うち》は悁悁《やるせない》

彼の沢の陂に蒲と菡萏《はすのつぼみ》〔蓮萏〕あり
美しきあの人は碩大く儼《よきかお》〔好貌〕なれば
寤めても寐てもすべも無く〔ひとり〕枕に伏しては輾転《ふしまろ》ぶ

と詠い、蓮のあらゆる様相を美の女神になぞらえていますが、ただ敢えて蓮華〔芙蓉〕のみを取り上げぬところに、神性に対する若者の叶わぬ恋が秘められているようです。

古代の人々はこの蓮を含む香草、芳草の類《たぐい》を神々の象徴として尊崇し、江南では特にその風習が盛んでした。前三世紀の戦国期に生きた屈原の『楚辞』「離騒」では、既に「8獣の神」で述べたように、太古の神皇たる高陽〔顓頊〕の子孫を自認する著者が幼時より身に纏《まと》っていたのは、

江離《おんなかづら》〔蘼蕪〕と辟芷《かおりよろいぐさ》で〔身を〕扈《おお》〔被〕いて
秋蘭《ふじばかま》〔藤袴〕を紉《つな》〔索〕いで佩《おび》た
…………
朝《あした》には阰《ひ》〔陂〕の山の木蘭を搴《と》〔取〕り
夕《ゆうべ》には〔河の中〕洲の〔冬にも枯れぬ〕宿莽《しゆくもう》を攬《と》〔采＝採〕る

というふうな草花の装飾であって、全篇にあらゆる香花、香草が記されています。

同様に『九歌』「雲中君」では雲の神を降す巫女が、

蘭の湯に浴《ゆあみ》し沐《かみあら》〔濯髪〕いして芳《かんば》しく
〔五色の〕采《いろどり》〔彩〕の華の衣に〔杜〕若《かきつばた》の英《はな》〔華〕を飾りたる
霊《みこ》〔巫〕が〔うねって雲の神を〕連蜷《みちびきひ》〔導引〕けば既に〔来て〕留まり
昭昭《きらきら》と爛《あきら》〔明〕かにて未央《つ》〔尽〕きぬ

と花の祭りを行なっています。

また、同じく『九歌』の「山鬼」で詠われているのは、山に棲む女妖の山鬼さえもが、

山の阿《すみ》〔曲=隅〕に人有《あ》らば〔これぞ山鬼〕
薜茘《まさぎのかづら》を被《きもの》〔着物〕として女羅《ねなしかづら》を帯にして
含《おもい》〔懐〕を既《つ》〔尽〕くした睇《ながしめ》〔流視〕でにっこり笑う宜《うつく》〔美〕しさ

石蘭《せきらん》の被《ころも》〔衣〕に杜衡《かんあおい》の帯
所思《こひしいひと》〔思慕〕に遺《おく》〔贈〕ろうと芳馨《かおりばな》〔香花〕を折りとってはきたが

……………………

既に晏《くれ》〔晩〕ゆく歳（の私）なれば孰《たれ》〔誰〕が（恋の）華を予《あた》〔与〕えてくれようか

と、花々で身を包む世界に棲んでいたのでした。

こうした風潮を承《う》けて、三世紀の晋代に衡山に棲んだ女仙の魏華存〔南嶽夫人〕の弟子の董霊微は、山や野に多くの花をよく植え育てたので世に花姑と称せられ、遂に「花神」の名で祀られるに至りました。

しかし、次第に中国を代表する花は牡丹になり、唐の柳宗元の『龍城録』が記すところによれば、洛陽の宋単父は千種もの牡丹を作ったので玄宗が驪山《りざん》に召して植えさせると、万に及ぶ株がことごとく異種だったため千余両を賜り、世人は「花神」と呼びました。また、同じ明皇〔玄宗〕の時代に宮廷の沈香亭の前にあった一株の牡丹の花は、朝は深《ふか》碧《みどり》、暮れ方には濃黄、夜には白と彩りを変えたので帝は「これぞ花木の妖（精）だ」といったそうです。六代後の穆宗の代には禁中〔宮廷〕の牡丹の花が夜開き、黄と白の蛺蝶《あげはちょう》が数万匹も飛び回り、花の上には背丈一尺ばかりの小人が五、六人も遊んでいましたが、人々がこれを掩《と》〔取〕ろうとしたところ、輒《たちま》〔忽〕ち失せて所在知れずになる不思議な出来事が起こったといいます。

十四世紀に明の瞿佑《くゆう》は『剪燈新話《せんとうしんわ》』のなかに「牡丹燈籠《ぼたんどうろう》」の話を載せています。それは、明州《めいしゅう》〔現・浙江省鄞県〕に住む喬《きょう》という青年が正月十五日の夜に燈籠祭りを見に行った折、双頭の牡丹燈籠を掲げた女中を供に連れた美女に出会い、枕を共にします。実は、これが十二年前に十七歳で死んだ麗卿《れいけい》と

牡丹の精「葛巾」（『聊斎志異』挿絵）

いう女の死霊で、半月も喬と情を交わしたのちに寺に安置してあった自分の柩《ひつぎ》に青年を引き入れて殺し、ともに幽霊となって出歩き、行《ゆ》き遇《あ》う人々に祟った、という怪談です。

この話は、わが国で寛文六年（一六六六）に浅井了意が翻案して『伽婢子《とぎぼうこ》』に収録しました。それを更に創り直したのが、江戸末期から明治中期にかけての噺《はなし》の名人・三遊亭円朝で、天保年間に牛込の旗本飯島の家に起こった事実譚を加味して江戸の出来事に仕上げ、旗本の娘のお露が牡丹燈籠を提《さ》げて恋人の新三郎の許に通うという筋立てで語りました。その語り口と身振りは絶妙で、特に、お露が牡丹燈籠で真冬の凍《い》てついた夜道を照らしながら下駄《げた》をカランコロン、カランコロンと鳴らして歩く場面は仄暗い高座の蠟燭《ろうそく》を大きく揺《ゆ》らし、人々は身の毛もよだって震えながら聴き入った、と今に伝えられています。

この円朝の人情噺をまた、明治の作家・福地桜痴が補綴し、河竹新七が脚色したのが、現在でも、お盆興行に上演される歌舞伎の『怪異談牡丹燈籠』で、映画でも幾度となく撮《と》られています。

清の蒲松齢《ほしょうれい》の『聊斎志異』は牡丹と結婚した男の話を載せています。洛陽の常大用は牡丹で有名な山東の曹州へ行ったとき分限者の庭園に泊めさせてもらい、そこで葛巾という名の仙女のような美人に出会って恋をし、結ばれました。程なく旅銀が尽きましたが、葛巾は一本の桑の木の下の土を簪《かんざし》で数回突き刺し、銀子の入った甕《かめ》を掘り出して大用の急場を救いました。しかし、二人の仲が人の噂に立つようになったので駆け落ちしようと、まず大用が洛陽へ戻ったところ、家には既に葛巾が待っていて挙式したのです。葛巾は大用の弟の大器に義妹の玉版を嫁がせ、二年後にはそれぞれ男の子を生みましたが、その時になって自分たちの姓は魏で、母は曹国夫人の称号を贈られた家柄だと打ち明けました。不審を抱いた大用が曹州の分限者の家を訪れると、壁に『曹国夫人に贈る詩』が書かれていたので主人に問うと、これが曹国夫人の名を持つ葛巾紫という牡丹だと、軒まで届く大株を示されました。驚いた大用が帰宅してその話をすると葛巾は顔色を変え、二人の男の子を遠くの地面へ投げ棄てて玉版とともに姿を消してしまいました。子供たちも地に墜《お》ちるや見えなくなりましたが、数日後にその辺りに二株の牡丹が芽をふき、やがて紫と白のみごとな花を付け、次々と変種も生じて、常家の庭は次第に洛陽の牡丹の名所になったという話です。

富士山神札に描かれた木花之開耶姫

◎アプロディーテーの涙が薔薇に

わが国の花の神は「4 山の神」で取り上げた木《この》花之佐久夜毘賣《はなのさくやびめ》〔木花之開耶姫〕で、この女神と姉妹の木花知流比賣《このはなのちるひめ》およびその孫の深淵之水夜礼花《ふかぶちのみづやれはなの》神《かみ》はいずれも山桜の精でしょう。

これら桜の神とは別に、朝鮮半島と山陰地方の交渉を語る『古事記』の天之日矛《あめのひぼこ》伝説には藤の花の精の男神が登場します。天之日矛の娘の伊豆志袁登賣神《いずしをとめのかみ》には多くの神々が結婚を申し込んだものの、みな断られていました。ここに秋山之下氷壮夫《あきやまのしたびをとこ》と春山之霞壮夫《はるやまのかすみをとこ》の兄弟神がおり、他神のように失恋した兄が弟に「汝《な》は比の孃子《をとめ》を得むや」と問うと、「易《やす》く得む」と答え、母に相談したところ、母神は藤の蔓《つる》で弟の衣服から褌《はかま》、襪《したくつ》〔足衣〕、沓《くつ》までを全て一晩で織り縫い、また弓矢も作って持たせ、孃子の家に行かせました。すると、春山之霞壮夫の衣服や弓矢は悉《ことごと》く藤の花と化し、その花に惹かれた伊豆志袁登賣と婚姻して一子をもうけた、といいます。

このような桜、藤のほか梅、桃、躑躅《つつじ》の花などに古代日本人は神性を見ていたようですが、既に「7月の神」でみたごとく、『万葉集』巻第十六に竹取翁《たけとりのおきな》として詞書《ことばがき》する「忽に羹《あつもの》を煮る九箇《ここのはしら》の女子《をとめ》に値《あ》ひき。百嬌儔《たぐひ》無く、花容止無《やむこと》し」という、かぐや姫の原型も数年に一度だけ咲く竹の花の擬神化だといえなくもありません。

同様な意味で、タイには美しいバナナの木の精霊と結婚した若者の話があり、チャンパ〔現・ヴェトナム中部のチャム族〕では檳榔樹《びんろうじゅ》の花神が王位を継いだ伝説がマラッカ王国の史書『スヂャラ・ムラユ』に記されています。それは、王宮の傍の檳榔樹に大きな蕾が付いていたが、いつまでも開かぬため王が不審に思って摘み取らせてみると、中から花の萼《がく》を宝器の銅鑼《どら》とし、雄蕊《おしべ》を宝剣として携えた美少年が出現したので王はパウ・グランと名付け、後に娘のパウ・ビアの婿として王位に即《つ》かせた、というものです。また、中世のヨーロッパでは、仲を引き裂かれた恋人たちが死ぬと、その墓からはそれぞれ茨《いばら》が生え出て、これ以上は伸びられぬところまで大きくなると寄り添って蝶結びをつくり、小さな美しい薔《ば》薇《ら》を幾つも咲かせると広く信じられていて、グリム兄弟はこれを「ジュナイパーの木」と呼びました。これらの伝説はいずれも各地の風土に適した花を神として崇めた例だといえましょう。

　薔薇といえば、ギリシア神話では、それは美少年アドーニスの死を悼《いた》んだ女神アプロディーテーの涙から生じたとされます。アドーニスは、キュプロス王キニューラスとその娘ミュラーとの父娘相姦から生まれた不倫の子ですが、あまりに美しかったのでアプロディーテーは赤児を箱に隠し、穀物女神デーメーテールの娘で冥界に住むペルセポネーに「決して見ないように」と頼んで預けました。しかし、ペルセポネーは約束を破って箱を開け、たちまちアドーニスの魅力の擒《とりこ》になって、アプロディーテーがいくら返すように求めても拒み続けたので遂に二柱の女神は、どちらがアドーニスを愛人にするかで激しい争いを起こしました。そこでゼウスが裁定に乗り出し、一年の三分の一ずつをそれぞれの女神と共に、そして残りの三分の一は自分の好きな所に暮らすようにアドーニスに命じたのですが、彼はその自由な期間もアプロディーテーと一緒に過ごすのを選んだといいます。

　こうしてアドーニスを取り戻したアプロディーテーは夢中で溺愛しましたが、女神のもともとの愛人であった戦さの神アレースが嫉妬し、狩りに熱中していたアドーニスに猪を嗾《けしか》けて鋭い牙で急所を突き刺して惨死させました。アプロディーテーはその流れた血をアネモネの花に変え、自らの涙からは真紅の薔薇が生じた、というわけです。

アドーニスをめぐるアプロディーテとペルセポネーの争い

アプロディーテーと争ったペルセポネーは草花の種の神です。ゼウスは彼女を冥界神ハーデースの妃にしようと考えていましたが、デーメーテールは同意せず、娘を密かにシシリア島に隠れ住まわせていました。或る日、ペルセポネーは百輪の花を付けた水仙を見つけて手折ろうとしましたが、それはゼウスが企《たくら》みに咲かせた花で、たちまち地面が裂け、黄金の馬車に乗ったハーデースが現われて彼女を冥府へ攫《さら》っていったのです。事の成り行きを知った母神デーメーテールはエレシウスの神殿に閉じ籠もってしまいました。そのため地上には疫病が蔓延し、大地には作物が何も実らなくなったのでゼウスも驚いて和解を申し入れてペルセポネーを地上に戻しました。母と娘が喜んで抱きあうと、冬枯れだった大地にたちまち花が咲き乱れ、緑があふれました。しかし、ペルセポネーは既に冥界の柘榴《ざくろ》の実を口にしていたために、一年の三分の一はハーデースの妃として地下の冥府で、残りの三分の二は母と一緒に地上で暮らす運命を定められたことは先に「5石の神」で語りました。それ故、草花の種は冬の間は地中で過ごし、春から秋にかけては地上で美しい花を開くのだ、とするのが一般的な解釈です。しかし、太古の地母神が巫術を継承させる「息子〔奴＝童〕」、「娘〔妾〕」を定める際には、その子に冥界〔死の世界〕を体験させる掟《おきて》があった、と考えられます。したがって、アプロディーテーやデーメーテールといった大地母神を継ぐアドーニスとペルセポネーも、いったん死んだ後に花として甦る神性で語られたのでしょう。それは、わが国でも同様で、既に「3鳥の神」「6木の神」で検証した刺国若比賣と大国主国の伝承がこれに相応します。また、始祖たる大母神・伊奘冉を慕いつつ新羅で樹神に再生する素戔嗚もこの神格に括《くく》り得《う》べきなのでしょう。

10

火の神

インドの火神アグニ

四百五十万年前頃に誕生したとされる人類《ホモ・サピエンス》が火を使いはじめた時期がいつであるか定かではありませんが、五十万年以前に遡ることは確実だといわれます。したがって、最初に火を得た者が誰かは時の彼方に埋没してしまっているのですが、世界各地の伝承では鳥や英雄が天上あるいは地底から盗んできたという説と、地母神が体内に隠し持っていた話が見受けられます。それはたぶん、火の伝播が文化の象徴であったことを示唆しているのでしょう。

◎火とともに与えられた永劫の禍

天上の火を盗んで人間に与えた者として最も有名なのは、ギリシア神話の語るプロメーテウスでしょう。

原初、天神《ウーラノス》と地母神《ガイア》から生まれた十二柱のティーターン神族(1)は、そのうちの大地母神レアーと豊饒神クロノスの姉弟婚によって誕生したゼウスを頂点とするオリュムポスの神々と争い、敗れて最下層冥界《タルタロス》に落とされました。そのティーターン神族のイーアペトスが同胞《はらから》の大洋神《オーケアノス》と河川母神《テーテュース》の娘クリュメネーを娶って産ませたのが「天空を支えるアトラース」「前もって考えるプロメーテウス」「後からようやく学ぶエピメーテウス」「傲《おご》れるメノイティオス」の四人の子です。その頃、地上にはやはり大地《ガイア》の系譜から生じた秦皮《とねりこ》で出来た青銅の種族――人類が住んでいましたが、それは男ばかりで「秦皮《メリアイ》」と呼ばれた女精《ニンフ》たち(2)を妻としていたものの、まだ「人間の女性」は存在していませんでした。

或る時、神々と人間との分離を行なうために罌粟の野《メーコーネー》で落ち合った際、人類を滅ぼして新しい族を創ろうともくろむゼウスに対し、人間の生き方を憐れむプロメーテウスは(3)至高神を欺こうと企てました。彼は一頭の巨大な牡牛をばらすと、人々のために牛の胃袋に切り刻んだ肉と内臓をいっぱいに詰め、他方、神々のためには白く光る脂の中に骨をきれいにくるみこんで、ゼウスに向かい、「永遠なる神々の最高の方よ、お気に召したほうをお選びください」と申し出たのです。ゼウスはその奸計を見抜いていながら、人間を懲らしめる術策をひそかに思いつき、さりげなく脂肪で白く輝く部分を手にしました。以来、地上の人間は神々に捧物をするのに祭壇でただ白い骨を焼くだけでよくなったのですが、恨んだゼウスはその火を隠し、秦皮の後裔たる人類に与えなくなりました。火を失って困窮した人々を見かねたプロメーテウスは、オリュムポス山上の神々の竈《かまど》——前六世紀の悲劇作者アイスキュロスによればレームノス島にある火と鍛冶の神ヘーパイストスの仕事場、(4)また一説では太陽の縁《へり》の炎《コロナ》——から火を盗み、巨茴香草《おおういきょうぐさ》の中空になった茎のうちに隠して持ち出し、その火が消えぬように茎を振りつつ疾走して、人間に与えたのでした。

『火を運ぶプロメテウス』コシエ、17世紀

　この行為に怒ったゼウスは、火とともに人

間に未来永劫の禍《わざわい》を与えよう、と宣言しました。

そこで、ヘーパイストスに土と水を混ぜて女神に似た娘を造れと命じ、更にアテーナーには衣装を、アプロディーテーには輝く頭髪を、カリテスとペイトーには黄金の首飾りを、ホーライには春の花の冠を、ヘルメースには心のなかに無恥と偽りを吹き込むように命じて美女を完成し、これをパンドーラーと名づけました。

『箱を開けるパンドーラー』
ウォルター・クレイン、19世紀

そしてゼウスはこの贈物を、プロメーテウスの弟で「後からようやく学ぶ者のエピメーテウス」のもとへ送りました。彼は兄から、決してゼウスの贈物を受け取るな、といわれていたにもかかわらず、この「最初の女性」を喜んで貰い、妻にしてしまいました。パンドーラーは、あらゆる禍を閉じ籠めてある壺を天上から持参してきましたが、地上に着くと好奇心からそれを開けたところ、全ての禍が飛び出したので急いで蓋をしたため希望《エルピス》だけが壺の中に留まってしまったのです。

こうして、人間には悲しい憂いのみが充《み》ちあふれたのですが、最初の女性たるパンドーラーの名の意味は「贈物多き女」「全てを贈る女」であり、古名では大地の女神の別名「贈物を捧げる女《アネーシドーラー》」だったので、それは豊富な作物を産み出す大地母神を模倣する者だったといえます。つまり、それ以前の人類が穀物や野菜を生食していたのに、この「女性」が出現してからは食物を火で調理したので美味を満喫できた反面、病や死といった辛苦をもたらしたというのが、この挿話《エピソード》の真意ではないかと思われます。

しかし、太古には大地母神を模倣する女――すなわち、子孫を産み出す女――を槌で撃つ風習のあったことを伝えます。前六世紀の壺絵には、酔いどれた山野の精たるシーレーノスの槌に撃たれて大地から美しい首を浮かび上がらせてくるパンドーラーの描かれたものがありますが、おそらく、それは新月の夜の儀式で、稔りをもたらす満月になる時を早めんとする行事でした。既に「7月の神」で検証したように、最初の女は月と同一と見做されていたので、月と同様な豊饒を求めて傷つけられたのです。

地母神たる大地を槌で撃つ行事は東アジアにもありました。

エロースに囲まれて出現するパンドーラー

朔〔新月〕に当たる旧暦正月〔立春〕の前日の節分に、私たちは鬼――疫病、とくに賊風《はやりかぜ》〔インフルエンザ〕――を祓う節分を行ないます。その際に飾る柊《ひいらぎ》は、その葉の刺《とげ》で鬼を追い払うのではなく、本来は「柊楑《しゆうき》」という武器を軒下に吊しておいた慣習の名残りなのです。柊楑は、すなわち小椎《さいづち》〔槌〕で、清《しん》の顧炎武も『日知録』「終癸《しゆうき》」で「蓋《けだ》し古人が椎を以って鬼を逐《お》〔追〕いたるは、若《あ》〔或〕いは大儺《だいな》〔節分儀〕を為《な》すがごときか」と考証しています。ちなみに柊の小枝に添える鰯《いわし》は、同じく武器の「矢」の象徴で、古代には、鬼は弓矢で屋外へ追い出し、小椎で大地を撃って地下の黄泉《よみ》へ追い戻すべきものでした。

その行事は四季の節分ごとに行なわれ、なかでも悪日とされる旧暦五月五日〔端午〕に「鍾馗《しょうき》」像を飾るのは、この神が柊楑の巧手だったと伝えられる前十一世紀頃の終葵《しゅうき》〔鍾癸〕氏を表しているからなのです。

わが国では、日本武《やまとたける》の熊襲征討の途次、景行天皇十二年〔伝・八八〕十月に「海石榴《つばきの》〔椿〕樹《き》を採《と》りて、椎《つち》に作り兵《つはもの》にしたまふ。因《よ》りて猛《たけ》き卒《いくさ》を簡《えら》びて、兵の椎を授けて、山を穿《うが》ち草を排《はら》ひて、石室《いはむろ》の土蜘蛛《つちぐも》を襲ひて、稲葉の川上に破りて、悉《ふつく》に其《そ》の党《ともがら》を殺す」〔『日本書紀』〕というのが、本来の柊＝小《さい》槌《づち》の使い方です。「7月の神」で述べた「野槌者」という竹取の翁も、元来はそうした鬼を撃つ者だったのかもしれません。

また、『御伽草子《おとぎぞうし》』「一寸法師《いっすんぼうし》」で、一寸法師が鬼を追い払って、鬼の持ち物である「打出《うちで》の小槌《こづち》」を掠奪して背丈を伸ばしたというのは「説話の転倒」であり、更に、小槌で撃つべきなのは「三條の宰相殿の姫君の尻」でなければなりません。というのは、朔の節分の次の望〔満月〕に当たる小正月に、棒で若い女の尻を叩く風習が、つい数十年前まで各地で行なわれていました。これは、節分に大地を撃って地母神に祈願した作物の豊饒——同時に子孫の産出——が果たされているかどうか、の確認の儀式だったからです。

こうして、太古の大地母神を模倣する最初の女〔パンドーラー〕を槌で撃つのは、世界各地に共通した儀式だったと推察できます。

最初の女に対する惨酷な処罰は、ゼウスの姉にして正妻である最高女神のヘーラーとて例外ではありませんでした。ヘーラーは、ゼウスと人間の女王アルクメーネーの恋を嫉妬し、その間に生まれた英雄ヘーラクレースの生誕を遅れさせるなどの憎しみを抱きました。[5] これに怒ったゼウスは黄金の綱でヘーラーを天地の間に吊したので、彼女は両手を縛られ、両足に鉄砧《かなとこ》を付けて宙にぶらさがっていましたが、これも欠けていく月の復活を祈願するための処刑だったようです。

男神にして月とかかわるのは、ティーターン神族の巨人ティテュオスです。母エラレーの胎内でティテュオスが巨大になりすぎたので母は死んでしまい、父のゼウスは胎児を大地《ガイア》に隠しました。そうして、やっと生まれたティテュオスは、月の女神ポイベーの娘でアポローンとアルテミスの母であるレートーを襲って犯そうとしました。しかし、アポローンとアルテミスに矢で射倒され——異説ではゼウスの雷霆で撃たれ——て、冥界に倒れ伏しました。その体は九ヘクタールの地を覆い、二羽の禿鷹が肝《きも》を啄《ついば》み続けたといいます。しかし、喰われて小さくなった肝臓は、月が満ちるに従って再び大きく回復するのでした。

ゼウスの罰を受けるプロメーテウス

同じティーターン神族のプロメーテウスは、このティテュオスの神性を承《う》けていたがために、同じ罰を蒙《こうむ》らねばなりませんでした。

すなわち、ヘーパイストスが彼をカウカソス山の岩に釘づけして吊し、ゼウスが鎖で縛り、一本の柱で体の真ん中を突き刺したうえ、その肝臓を鷲に食べ続けさせたのです。けれども、肝臓は、日中に鷲が食べた分だけ、月の昇る夜になると再び生じました。ここに、火の神と月の神の特殊なかかわりが窺《うかが》い知れます。

太古の人々は、プロメーテウスの罰は未来永劫にわたると考えていたようです。ただ、アイスキュロスは消失した悲劇『火を運ぶプロメーテウス』の結末で、罰は、当時の最も長い世界周期の三千年だと書いたそうです。しかし、現存する『縛られたプロメーテウス』では、プロメーテウスとイーオーの会話で、(6)

……………………

プロメーテウス　絶対にない。私が枷《かせ》から解かれぬかぎりは。

イーオー　誰がそれでは解くのです。ゼウスさまの心にさからい。

プロメーテウス　お前の子孫の、誰かがそれをやる者と定まっている。

イーオー　なんとおっしゃいます、それでは私の子孫があなたを不幸から救い出そうと。

プロメーテウス　十とあまり三代目の裔《すえ》の者だ。(7)

というふうに予言させています。確かにその通り、イーオーの十三代後の子孫のヘーラクレースが、プロメーテウスを悩ませていた鷲を射殺したうえ、永遠の縛めの徴《しるし》として頭部を縛るオリーヴの冠――別説では鉄輪――を被らせて、カウカソス山から解き放ちました。こうして、ゼウスの息子によって、ティーターン神族とオリュムポス神族の争いは決着がついたのでした。

ところで、天上の火神であるヘーパイストスも実は地上の火山の神だったとする説もあります。既に

「5 山の神」でみたように、ゼウスの正妻ヘーラーの腿《もも》から生まれたとされるヘーパイストスが跛《びっこ》で醜い生まれつきであったことも先述しました。しかし、彼はレームノス島地下の火の泉モシュクロスにおいて、プリュギアの豊饒神で「蟹《カルキノイ》」と呼ばれたカベイロスたちを息子とした故に、その地では冥界の火神になりました。また、レームノスのほかリバラ、ヒェラーや西方の大火山エトナとヴェスヴィアスをも仕事場としたと伝えられるので、まさに全ての火の神であったのです。

◎火を盗んできたさまざまな鳥

古代インドのヴェーダ神話でも、ギリシアのプロメーテウスと同じく天の火を地上にもたらした半神半人のマータリシュヴァンの事蹟が語られています。

インドの火神はアグニで、その起源は遙かなる太古に人々が家屋の炉を崇拝したことに遡るらしいのですが、やがて大地母神プリティヴィーと天神ディアウスの争い――すなわち、女神の持つ地の火の棒と男神の持つ天の火の棒の摩擦――の結果、その息子として生まれましたが、忽《たちま》ち両親を食べてしまった、という説話になりました。更に前十三―前十世紀になると、火神《アグニ》は、やはり地母神と天神の子で父を殺した嵐の神インドラの弟に位置付けられ、最初に世界を創造した宇宙神ヴァルナに対抗する存在として定着したのです。そして、

天と大気と地を仲介する双頭の火神アグニ

インドラが人間に生命の気を与える者だとされるのに対し、アグニは永遠の若者と想定されて、男と女、獣と魚、木と虫の生命の素となる閃《ひらめ》きを与える者とされました。それ故、全てを焼き尽すその破壊のエネルギーも再創造のための前奏曲《プレリュード》だと賞讃されていました。

火神《アグニ》は三度生まれ変わります。まず太陽の炎として天上に生まれ、次いで空中に生まれて嵐《インドラ》の雲の中の電光となり、最後に地上に生まれて祭祀の聖火として燃えて魔物を焚殺し、その立ち昇る煙火がまた天に達するのですが、この再生を通じて彼は宇宙に遍在する全てを観察しているのだといい、『リグ・ヴェーダ讃歌』「アグニの歌」は、

力より生まれたる不死者《アグニ》は、かつて(他より)促《うなが》されたることとなし、彼がヴィヴァスヴァットのホートリ祭官・使者となりてより。もっとも直ぐなる道により、彼は空間を測量せり。彼は神事において(諸神を)祭祀に勧請《かんじよう》す。(8)

と詠います。ここにいうヴィヴァスヴァットは人間の最初の祭祀者であって、この歌では火神《アグニ》をその使者としていますが、別伝では、

いわばみずから走り去り、かくの如く隠れたるアグニを、マータリシュヴァンは遙かなるところより導き来たれり。神々のもとより奪いたる彼《アグニ》を。

と、マータリシュヴァンが祭り手の使徒として人々に火をもたらしたというのです。そして、その手段はといえば、

火神《アグニ》と神酒《ソーマ》は、互いに作用し合い、天に輝く光を起こした。

おんみたちの一人《アグニ》をマータリシュヴァンは天から連れてきて、大鷲《ファルコン》が山からもう一人《ソーマ》をもぎ取ってきた。(9)

というふうに天駈ける鳥と協力して、元来は祭儀のためにのみ用いられていた火を人間の暮らしに役立たせるために持ち来たったのです。

鳥が天から火を盗んできた話は他の地域にも広く分布しています。

シベリアのブリアート人の伝承では、火の無かった大昔に人間が空腹と寒さに苦しんでいるのを見て燕が天神《テングリ》から火を盗んできてくれました。このとき怒った天神が射た矢が尾に当たったので燕の尾は二つに裂けたのですが、人々はこの恩義を表わすために燕が住居に巣を造るのを歓迎するというのです。

オーストラリア・ヴィクトリアの原住民の説では、火はグランピア山脈に棲む鴉《からす》が独占していて他の動物は手にすることができませんでした。しかし、鶚《みさご》鶏《ざい》が突然、飛び出して鴉がくわえていた火の付いた枝を奪って逃げたのです。ところが、タラクックという鷹が更にそれを取り上げ、あちこちに火を付けてまわったので、以来、人間も燃える火を手にすることが可能になりました。同様にフランスのノルマンディー地方でも鶚鶏が神から火を貰ってきたといいますが、ブルターニュの一部ではこれが胸赤《むねあか》駒鳥《こまどり》に変わっています。また、ニューギニアのアドミラルティ諸島では一人の女が大鷲と椋鳥《むくどり》を空へ送って火を持ち来させたそうですし、インドネシアのアンダマン諸島では翡翠《かわせみ》が、北アメリカのハイダ族では渡鳥《わたりがらす》が天の火をもたらしたと伝えます。(10)

鷹に変身して火を逃げるマウイ

マオリ神話の主人公マウイも鳥に化して火を弄《もてあそ》びました。当初、火は祖先女神のマフイカだけが持っていたのをマウイは欺いて奪い人々に分けたのですが、或る時、いたずら心から家々の火を全て消したあげく、「火が無くなった」と大騒ぎしました。母親が祖先神から火を貰ってくるように命じたので、マウイはマフイカに会って火を乞うと、女神は小指の爪《コイチ》を抜いて火として与えてくれました。しかし、いたずらなマウイはすぐさま消してマフイカのもとへ戻り、再び火を乞うと、老女神は中指の爪《マナワ》を抜いて炎とし、マウイに与えました。マウイは手を濡らしてこの炎も消し、更に女神の薬指の爪《マペレ》、人差し指《コロア》の爪、親指《コロ・マツア》の爪という具合に次々とねだったので、遂に女神の爪は足指の一本だけになってしまい、これはマウイに渡さず大地に投げつけました。すると、辺り一面が火の海になり、マウイは鷹《カレアレア》に変身して逃げたものの羽を焦がされたので、祖神タフィリ・マテアと神々に雨を降らせてくれるよう頼みました。そのため雨はマフイカをも水没させるほど降って大火は鎮まったのですが、再び火は無くなり、わずかに女神の髷《チキチキ》に残った炎が樹々に燃え移って火種になったというのです。(11)

◎体内に火を隠す祖先女神たち

このように祖先女神たる大地母神が火を管理していたという事例も各地にあります。

オーストラリア・ヤラ川上流域では、昔はカラカルックという女だけが火の熾《おこ》し方を知っており、その業を土掘り用の山芋の杖の先端に秘め、誰にも火を分け与えなかったといいます。彼女は蟻の卵を好んで食べたので、火を盗もうと企んだ鴉《ワウング》という名の男が蟻塚の下に蛇を隠してカラカルックを呼んで卵を掘るように唆《そそのか》し、蛇が出てくると杖で殺せといいました。彼女がその通りにして火が飛び出したとき男はすばやく取って逃げました。火を失ったカラカルックを造物主《パンジエル》は憐れんで七つ星《プレアデス》にしたので夜空に輝いています。

パプアニューギニアのワガワガ族では、人々が火を知らなかった大昔にマイヴィラにゴガと呼ばれる老女がいました。彼女は十人の若者を養うために、いつも日干しのヤムイモやタロイモを与えていましたが、自分の食事だけは体の中から火を取り出して料理していました。しかし、或る日、若者たちの食物に煮たタロイモがまじってしまい、それを食べた全員が美味に驚き、翌日、森へ狩りに出掛ける折、いちばん歳下の者が残って物陰から様子をうかがっていました。すると、老女が足の間から火の棒を取り出して調理するのを見たので、次の日に皆で協力して火の棒を盗みました。しかし、火は草からタコの木へと燃え移り、更にはその木に棲むガルブイエという名の蛇の尾に燃え移ってしまいました。ゴガは火を消すために大雨を降らせましたが、ガルブイエは木の穴に潜《もぐ》り込みました。雨が止んだのち、若者たちが木の穴の蛇を見つけだし、その尾を切り取って火種としたので人々は火を得たのだ、と伝えています。

他にも、北オーストラリアのカカデュ族では異母兄弟の母親たちが、メラネシアのトロブリアンド諸

縄文中期の人面
付き釣手土器

島では姉妹の姉のほうが、また南米の北ブラジルのタウリパング族ではペレノサモという老婆が、ギアナのアラワク族でもデュイドという男の妻が、それぞれ火を隠して持っていたと語ります。これら太平洋を取り巻く説話に共通しているのは祖先女神たちが火を陰部に納め入れていたことで、これは妊娠と出産の儀式に結びついた神聖な観念として捉えられていたからだと思われます。

その意味では記紀神話の語る火神誕生も「……次に火之夜藝速男神《ひのやぎはやをのかみ》を生みき。亦の名は火之炫毘古神《ひのかがびこのかみ》と謂ひ、亦の名は火之迦具土神《ひのかぐつちのかみ》と謂ふ。此の子を生みしに因りて、美蕃登《みほと》炙《や》かえて病み臥《こや》せり。……遂に神避《かむさ》り坐しき」（『古事記』）と、祖先女神たる伊奘《いざ》冉は火の神の軻遇突智《かぐつち》を産んだために死んで黄《よ》泉国《みのくに》へ行かざるを得なかったわけです。そして、この挿話の原型は前三十世紀頃の縄文中期に本州中央部で語られていた可能性があります。それは、この地域で使われていた照明具の人面付き釣手土器が妊娠した母神像の形をしているので、当時の人々は貴重な火を「子」として産む神への崇拝を抱いており、これは「7月の神」で触れた大地母神信仰とも、また、この項の初めでみた太古のギリシアの女神たちとも共通する要素だと考えられましょう。

もちろん、火の神が男神だった場合も少なくありません。

中国の火神は、古代の五帝のひとり顓頊《せんぎょく》（伝・前二四九〇—前二四一三）の孫——一説には子——の祝《しゅく》融《ゆう》で、前五世紀初頭に孔子が著述したとされる『春秋左氏伝』「昭公二十九年伝」に「故《いにしえ》〔古〕には五行の官ありて、これを五官と謂《い》う。（この五官こそ）実《まこと》に列《なら》〔並〕びて氏や姓を受け、（諸侯に）封ぜられて上公となり、（没後は）貴神・社稷《しゃしょく》〔土地・五穀神〕として祀《まつ》る。これは（王者の）尊び、（王者の）奉《たてまつ》るところなり。木正を句芒《くぼう》と曰《い》い、火正を祝融と曰い、金正を蓐収《じゅくしゅう》と曰い、水正を玄冥と曰い、土正を后土と曰う。……顓頊氏に子ありて犂《れい》と曰い、（これを）祝融とす」とあるのがそれです。そして、唐の孔穎達《ぐようだつ》が「祝、融（の呼称）は二字とも明《あきら》かなる貌《さま》〔様相〕を（指す）なり」と疏《そ》しているごとく、その能力が四方を照り輝かせたところから次代の帝である嚳《こく》の火正の官に任ぜられたと伝えられていますが、実際には占術のための亀甲を灼《や》く火の扱いに闌《た》けていたのではないかと考えられます。それが火神とされたのは戦国期の五行思想に当てはめられたためで、同時に夏の神・南方の神ともされているのです。

火神祝融（『鉐索』所収）

もっと古く、原始の火の発明者は燧人氏《すいじんし》という皇王で、『太平御覧』の引く王子年の『拾遺録』によれば、「遂明国に大樹ありて燧と名づく。（その大きさは）屈盤《かがまりわだか》まること（一）万頃《せ》〔畝〕。後世に聖人ありて日月の外に遊び、その国に至りて此の樹下に（休）息す。鳥ありて樹を啄《つつ》けば粲然《さんぜん》として火が出《い》で、聖人これに感ず。因《よ》りて小枝を用いて火を鑽《き》り、燧人氏と号《な》〔名〕づく」と述べ、それまで生食していた人々に煮炊きの術をもたらしたというので、既述したギリシアの最初の女性であるパンドーラーに対応する男神だといえます。

先述したマオリ神話の地域的変型でも地下に住む火の神マウイケは男神であり、太陽神ラがこの神から火を貰い、妻のブアタランガに与えていました。これがマウイの母親なのですが、地上に住む息子には決して火を見せず、いつも独りでこっそり調理していました。

カナダのブリティッシュ・コロンビア北部に住んでいたインディアンの大アサパスカン族でも、太古には火は一人の男が独占していて誰にも与えなかったので、人々は渡烏《わたりがらす》に頼んで火を盗ませたそうですし、ブラジル中央部に住むアピナイエ族は心やさしい少年がジャガーに獲物を捕ってやり、そのお礼にこの獣が秘していた火を授けられたのが初まりだと語ります。更に、オーストラリアのヴィクトリアでは一人の男が綱を付けた槍を空に向かって投げると突きささったので、よじ登っていって太陽から火を獲得してきたと述べ、クイーンズランドでは西に沈もうとしている陽を追いかけていった勇士がその表面を撃って、燃えているかけらを持ち帰ったといいます。

このように火を取得する神に男女別があるのは各地の父性原理と母性原理に根差しているのかもしれません。ただ、注目しておくべきは、多くの神話が、最初の火を天から取ってきたと語っている点です。それを安易に、天のように高き火山の噴火口から得たと解するのも可能ですが、太古には、実際に火の滴《したた》りが雨のごとくに降る出来事があった、とも読み取れます。それは、たぶん、あの大洪水があったのと同じ時期に起こったのでしょう。

II

地の神

旧石器時代の大地母神像
「グリマルディのヴィーナス」

各地の神話が語る大地の神は、天の神と対《つい》になって世界を創った場合《ケース》が多いようです。中国西南部の少数民族阿昌《アチャン》族の伝説では混沌の中から天公チブマと地母チマミが誕生したとします。大地を織ろうと試みたチマミは自分の喉仏《のどぼとけ》を切り取って機織りの梭《ひ》とし、髭を抜き取って布糸としたので、以来、女には喉仏も髭も無くなったというのです。地母は髭の糸の何本かで地に起伏を作り、その高い所が山に、低い所が谷になって地形が完成しました。

◎国引きで土地を拡げた大国主の祖父

世界各地の起源神話の多くは、太初、天と地は混ざりあって一つだったと告げます。

前六世紀の春秋後期に原型の出来た中国の古典『尚書』「呂刑」は、長江中流域にいた苗族の暴虐に怒った皇《おお》〔大〕いなる（天）帝が臣の「重黎《ちょうれい》に命じて地天の通い（道）を絶たしめ」たので、それ以来、天神の地に降臨することがなくなったと記しています。この重黎とは『国語』「楚語下」によれば重と黎の二神で、帝の顓頊《せんぎょく》は「乃《すなわ》〔則〕ち南正の重に命じて天を司《つかさど》らせ以って神に属させ、火正の黎〔犂〕に命じて地を司らせ以って民に属させ」たとするので、「10 火の神」で述べた犂＝祝融こそ最初の土地神――地祇の黎と同一神なのだ、ということになります。そして『史記』「楚世家」が重黎は顓頊の曾孫で楚の祖神だと述べるのをみれば、天地の隔離とは、山岳民の羌人と平野民の苗人の確執に乗じた中間の楚人が両者の仲を引き裂いて自らの勢力を拡大した反映だとも推測できます。

重黎の開闢説話よりも古いのが江南に伝わる盤古説話で、三世紀に呉の徐整撰の『三五歴記』が「未だ天地の混沌として雞子《とりのこ》の如くにして有りし時」と書き出しているのを、わが国の『日本書紀』はそのまま引いて冒頭に「古《いにしへ》に天地《あめつち》未《いま》だ剖《わか》れず、陰陽《めを》分れざりしとき、渾沌《まろか》れたること鶏子《とりのこ》の如くして」と置いています。徐整は続けて、その混沌の中に生まれた盤古が一日に一丈ずつ成長したのにつれて天地も同じだけ離れ、一万八千歳の後に九万里へだてて止まった、と述べるのです。

国引きをする八束水臣津野命（国定国語教科書「よみかた三」昭和16年の挿絵）

　記紀神話では伊奘諾《いざなき》と伊奘冉《いざな》の生んだ素戔嗚《すさのを》が常に泣きわめくので、「汝《いまし》、甚だ無道《あづきな》し。以て宇宙《あめのした》に君臨《きみ》たるべからず。固《まこと》に当《まさ》に遠く根国《ねのくに》に適《い》ね」（『日本書紀』）と、妣《はは》〔亡母〕の国たる土地へ追放したのが大地神の嚆矢でしょう。この妣を火神を生んで黄泉国《よみのくに》へ降った伊奘冉だと捉えることもできますが、むしろ、それは遙か一万年くらい前から日本列島を支配してきた大地母神の系譜だとみるべきで、その信仰が縄文土器に残されていたことは「7月の神」「10 火の神」で触れました。

　素戔嗚の系統はいずれも地の神で、『出雲国風土記』意宇郡の条によれば、その四世の孫の八束水臣津野命《やつかみづおみつののみこと》〔淤美豆奴神《おみづぬのかみ》〕は出雲の国が小さな稚国《わかくに》——出来て間もない土地——だったので、他の土地をくっつけて大きくしようと考え、海辺に立って、新羅の三埼や日本海の島々、北陸の一部などに綱を挂《か》〔掛〕けて「国来々々《くにこくにこ》」と引き寄せて縫い合わせ、土地を整えた、と述べま

黄帝（漢代の画像石）

す。

しかし、何といっても素戔嗚の神格の正当な継承者は六世の孫の大国主神です。『古事記』の記述では大国主が根国を訪れた折、既にそこを支配していた素戔嗚から数々の試練を課せられますが、その娘の須勢理毘賣《すせりびめ》の協力を得てこれを乗り超え、遂に毘賣を連れて黄泉比良坂《よもつひらさか》まで立ち退いたとき、追ってきた素戔嗚から「……意礼《おれ》〔お前〕、大国主神と為《な》り、亦宇都志国玉神《うつしくにだまのかみ》と為り」て現世の国土神となれ、と独立を許されたのです。この挿話《エピソード》は既に「8 木の神」で述べました。

こののち大国主は少彦名命《すくなびこなのみこと》と共に国作りを行ない、後世の崇神朝で疫病が流行した際には大物主神《おおものぬしのかみ》として天皇の夢に顕現し、自分を祭らば災害は罷《や》むと告げるなど国土神の位置を確立します。

ただ、先述したように、わが国の本来の大地の神は妣たる女神であったはずなのに素戔嗚や大国主といった男神に変化したのは、中国・戦国期の前四世紀頃に成立した五行思想が伝わり、影響を受けたためだと思われます。

五行における地の神は、『淮南子《えなんじ》』「時則訓」が「中央の極は崑崙より東へ両恒山《りょうこうざん》を絶《す》〔過〕ぎ、日月の道たる所、〔長〕江と漢〔水〕の出ずる所……〔そこは、かつて禹が、無限に隆起する〕息壌《そくじょう》〔の丘の土〕にて洪水を堙《ふさ》〔塞〕ぎたる州《さと》〔郷〕にて、東〔の方《かた》は〕碣石《かっせき》〔の地〕に至る。黄帝と后土の司る所にて〔その広さ一〕万二千里」と記し、後漢の高誘が「后土は土神」と注しているように中央に位置付けられる黄帝と、それを補佐する后土の両神が大地神として配されています。その后土は『礼記』「檀弓上」の「国（が戦いに敗れて）大きなる県や邑《さと》〔里〕を亡《うしな》うときは……或いは曰く、君《きみ》挙げて后土に哭《こく》す、と」の条に後漢の鄭玄《じょうげん》が「后土は社《しゃ》なり」と注するごとく、前十一世紀の西周初期から土盛りした社《しゃ》の基底を支える神として崇められていました。

私たちは、何気なく「神社《じんじゃ》」という言葉を口にしますが、神は天《あま》つ神《かみ》の謂《いい》で、すなわち天の神を指します。それに対する社は国《くに》つ神《かみ》であり、大地の霊を崇めたもので、これを地主《じぬし》と呼び、天神と地神の双方の祭祀を一括《ひとくく》りにして神社と称します。

前十一世紀に成立した周王朝は、各地に散在する氏族国家が崇める祖先神の霊の扱いに心を砕いたので、各氏族の直系子孫に土地を分け、そこに社を造るように命じ、祖霊を祭らせました。社の形態《スタイル》は、土を封じ、氏族の標識《トーテム》である大樹を建てるのが普遍的だったので、それが「封建」の本義になりました。すなわち、封建主義とは祖先の崇拝を重んずる考え方なのです。

また、社には、大社、王社、国社、侯社、置社、里社、民社というような区別がありましたが、いずれも天と地の気を交流させるために、祖霊を祀《まつ》る宮には屋根を葺《ふ》かない決まりでした。唯一、屋根で覆うのは蒲社《ほしゃ》ないし亡国之社と呼ばれた殷王室の祖先霊を安置する宮だけで、その霊を天と交感《コレスポンダンス》させず、大地に封じ籠めて鬼神となさんとする意図によったのでしょう。[1]

したがって、社は氏族ごとの地域共同体の象徴だったのですが、後漢の許慎は二十家で一社をなしたといい、晋の杜預《どよ》もこれと同説です。しかし、後漢の鄭玄は百家以上で一社を建てたと述べ、唐の孔穎《ぐよう》達《だつ》は二千五百家にて一社をなすと論ずるので、社を構成する氏族集団の大きさは一概に決められないようです。

そして、森林の一画を拓《ひら》いて土盛りし、標識の大樹を建てた社は、同じ共同体に属する若き男女の出会いの場でもありました。『礼記』「月令」仲春の条に、「是の月や、玄鳥《つばめ》〔燕〕至る。至るの日、〔牛、羊、豕《ぶた》を牲《いけにえ》とした〕大牢《たいろう》を以って高禖《こうばい》を祠《まつ》る。天子が親《みずか》〔自〕ら往《ゆ》き、后妃は九嬪《きゅうひん》を帥《ひき》〔率〕いて御《はべ》〔侍〕る。乃《すなわ》ち天子の〔寵愛する婦の女《にょう》〕御《ご》を礼し、帯《おび》しむるに弓韣《ゆみぶくろ》〔袋〕を以ってし、授くるに弓矢を以ってし、〔男児の出産せんことを〕高禖の前〔に祈る〕」とあるのが、社の持つもう一つの神格――婚姻と嬰児の生育の保護――だったのです。

ここにいう玄鳥とは、殷の始祖である契は、その母で高辛《こうしん》〔帝嚳〕の次妃であった簡狄《かんてき》が玄鳥の堕《おと》した卵を呑んで生まれた故事を指し、この話は既に「3 鳥の神」で記しました。後に、この故事を媒官《なこうど》〔仲人〕の嘉祥とし、その祠を建てました。やがて、社と習合するに及び「媒」を神を表わす「禖」に変えて祀ったといいます。しかし、その起源は遙かなる太古に遡るようで、[2]そうすると、「6 木の神」で述べた、古代ヨーロッパの森林で樹木崇拝をしていたドルイド神官とも共通する信仰形態のあったことが窺《うかが》えます。

后土の生前の名称は句龍《こうりょう》ないし勾龍《こうりょう》で、炎帝十一世の孫とする説もありますが、太古の暴風雨神たる共工の子で「能《よ》く水土を平《ただ》〔直〕せしめたため帝顓頊の世に挙げて以って土正と為《な》す。天下がその功に頼れば〔三代後の帝〕堯《ぎょう》は以って社と為して祠《まつ》る」（『独断』）というので、先に記した重黎とは同時代ながら別系列の地祇だったのでしょう。そして、わが国でも素戔嗚を嵐の神、大国主を治土神だとするのをみれば、この共工・句龍父子との共通項のもとに大地神を創造したと推量できなくもありません。

更に社の原型を遡ると、前十五―前十二世紀の殷代では「東方が年《みのり》〔稔〕を受くるか北方が年を受くるか」（佚九五六）という卜辞と、「己巳の日に王が卜《うらな》いて貞《と》〔問〕う。今歳に商〔殷〕は年を受くるか。王、判じて曰く。吉ならん、と。東土は年を受くるか。南土は年を受くるか。吉ならん……」（粋九〇七）のような「方」と「土」の卜辞が併用されていたので、東西南北の四方神と土地神が同一視されていたとわかります。しかし、王室では「貞《ぼくしてと》〔卜して問〕う。Ω〔土神〕に一牛を寮《ひまつり》〔火祭〕し、羊《ひつじ》〔羊〕を宜《まつ》〔祭〕らんか」（続・一・一・五）のようにΩという中央の大地神が確立していました。このΩは殷の始祖たる契の孫の相土で、代々の王室が先王祭祀を行なった重要な神であって、これが五行の大地神の原義だと想定できます。

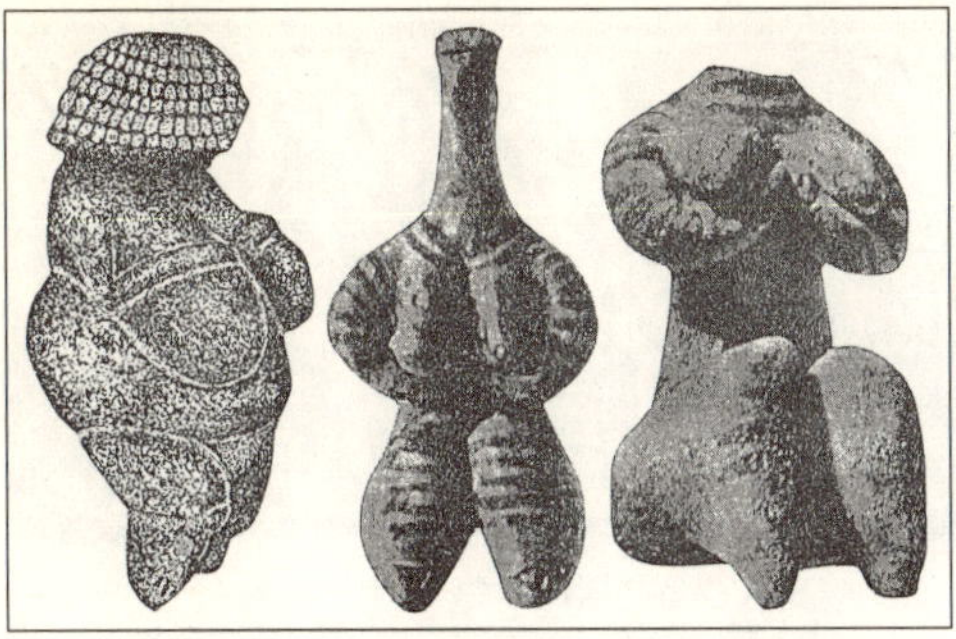

ヴィレンドルフ出土の「ヴィーナス像」（左）とオリエント出土の大地母神土偶

◎人類に栽培の術を教えた大地母神

四万―一万年前のヨーロッパ後期旧石器時代の遺跡から「〔先史時代の〕ヴィーナス像」と呼ばれる妊娠姿の女神像が数多く出土したことは「7月の神」で述べましたが、その代表例はオーストリアのヴィレンドルフで発見された彫像で、これが大地母神の最古の一つなのでしょう。ただ、興味深いのは、これらの母神に捧げた供物が穀類などの植物ではなく野牛や馴鹿《なれじか》、熊といった獣だった点です。

ところが、一万年程前からオリエントで農耕が開始されると、同様に妊娠した地母神も、ややスリムな体型に変化します。前三十世紀頃からシュメール人はその大地母神を冥界の女王エレシュキガルの名で呼びました。『イナンナの冥界下り』は、こう詠います。

お産した母親は、子供たちの故に、
エレシュキガルは床についている。病気なのだ。
彼女の浄らかな身体の上には衣《ころも》一枚かかっていない。
彼女の胸は、シャガン壺のごとく〈何も覆われて〉いない。(3)

ここで「お産した母親」とあるのが、妊娠した母神エレシュキガルのことです。

冥界に囚われているドゥムジ

この神話はエレシュキガルの妹で天上に住む豊饒神イナンナが冥界へ赴く筋立てですが、イナンナが姉に〈死の眼〉を浴びせられて死ぬくだりは「5石の神」で述べました。イナンナは水と知恵の神エンキの力によって生き返ったものの地上へ戻るには身代わりを求められ、夫の牧神ドゥムジを差し出します。ドゥムジの姉の葡萄樹神ゲシュティンアンナは冥界に連れ去られた弟を探しに来ますが、イナンナはドゥムジが地上で生きられる半年はその姉が、逆に姉が生命を持つ期間は弟が冥界で倒れ伏すよう運命づけるのです。すなわち、牧草の萌える春と葡萄の実る秋の収穫の交替を示唆しているのですが、こうした豊饒神の働きも全ては大地母神の恩恵の上に成り立っていることに他なりません。

イナンナの神格は前二十四世紀からのアッカドではイシュタルに、ドゥムジはタンムーズに名を変えますが、エレシュキガルの呼称はそのままなので、この大地母神の偉大さがわかります。その後、豊饒神イナンナ＝イシュタルはフェニキアでアスタルテー、ギリシアでアプロディーテー、ローマではウェヌス〔ヴィーナス〕と呼ばれ、多産加護の性質を加えつつ自らが地母神に変貌していきました。

ギリシアの地の神といえば混沌《カオス》から生じて天《ウラノス》を産んだ女神の大地《ガイア》であり、その娘のレアーなのですが、エレシュキガルの神性を承《う》けているのは冥界の女主人であるヘカテーです。全能のゼウスが敬崇して土地、荒海、星空の領域にまで分け前を与えたこの女神は、夜になると炬火《たいまつ》を手にし咆哮《ほうこう》する犬の群れを従えて三叉の道をさまよい歩いたそうです。

冥府の主としてヘカテーと共通するのが冥界神ハーデースの王妃ペルセポネーです。彼女がゼウスの企みで冥府へ攫《さら》われたいきさつは「5 石の神」および「9 花の神」に述べましたが、草花の種の神たるペルセポネーは一年の三分の一を地底で暮らさねばならぬ掟で、その意味では、先述したオリエントの神格ドゥムジ＝タンムーズの変型でしょう。だが、その母のデーメーテールこそガイアの孫でレアーの娘として大地を継承する女神で、古くは「地母《ダー・マーテル》」と呼ばれていたのです。ふだんの姿態は穀物に似ていたものの、海神にして地下神のポセイドーンと交わった際には牝馬に変ずるなど、動植物の全て

デーメーテールとトリプレモス

を産出できる地の神でした。彼女がペルセポネーを探して彷徨した折には人々にさまざまな恵みを与えました。エレウシースの森では国王ケレオスに穀物を授け、シキュオーンでは水車を発明し、ラーリッサの野では牛飼いのトリプトレモスに穀類の栽培を教えて全人類にその法を広めさせ、他の場所でも豆や無花果《いちじく》の育成を知らせたので、多くの土地の神殿がこれらの縁起を諒《りょう》としてデーメーテールを祀っています。

オルペウス秘教では、ゼウスがデーメーテールないしペルセポネーと交わって、葡萄の精で狂乱の山野神のディオニューソスが生まれたとします。彼は豊饒を司る者ながら必ずしも大地神ではないのですが、プリュギアの粗暴な両性具有《アンドロギュノス》の大地神アグディスティスにかかわります。この神の狂暴性はその両性にあると見做した神々の頼みでディオニューソスはアグディスティスの男根を切断し、大地女神に再生させる役割を担ったからです。

アグディスティスはプリュギアを含むアナトリア全域で、やはり大地母神のキュベレーとの同一視のもとに信仰されましたが、ディオニューソスはそのキュベレーの許へ赴いて秘儀を学んだといいます。更にキュベレーは前二〇四年にローマに勧請され、エトルリア期以来のローマの大地母神ケレースと習合しました。しかし、ローマには既に前四九六年にデーメーテールとディオニューソスへの崇拝が移入されていたので、キュベレー=ケレース信仰も次第にギリシア風に変化していったのです。

◎男なのに太陽の卵を産んだ大地神

インドでも大地は母なる神でした。前三十—前十五世紀にこの地に侵入したアーリア人の聖典『リグ・ヴェーダ讃歌』「天地両神の歌」では、

両親（天地）の子、車に駕《が》し・浄化の力ありて賢明なるもの（太陽）は、その奇《く》しき力もて万物を清む。
彼は、斑《まだら》ある牝牛（地）と善き種子ある牡牛（天）とより、つねにその澄み輝く液（雨）をしぼる。(4)

と、太陽神スーリヤを産んだ父母の天神ディアウスと地神プリティヴィーを豊かさの象徴である牡牛・牝牛に擬して讃えています。

その後も暁女神ウシャスと火神アグニを産んで豊饒を司る大地母神として崇められていたプリティヴィーですが、脇腹から嵐の神たる黄金の息子インドラが生まれ出るに及んで事態は急変しました。天地と山が震え、全ての神々が怖れを抱いた誕生にプリティヴィーは息子を隠し、無視しようとしたもの、インドラは時を移さず行動に出たのです。その頃、全人類が旱魃による飢えをもたらす悪魔ヴリトラの退治を神々に嘆願していました。というのは、恵みの雨を降らせる雲の牛をヴリトラが幽閉していたからです。人々の助けを求める叫びを聞いたインドラはそれに応えて、百頭の牝牛の力に匹敵する量のソーマ酒を飲み、天たる父神ディアウスの武器である稲妻ヴァジュラを持ち、二頭の馬に曳かせた戦車に乗って悪魔と対決するや、ヴリトラの九十九の城砦に嵐を叩きつけて打ち負かし、恵みの雨を降らせました。これによりインドラは豊饒の源と見做されて母神の地位を奪い、遂には宇宙を再編成する創

ディーヴィ大女神がカーリに変化したときの姿態

造神にまで高められていったのでした。

前十―前六世紀に興ったヒンドゥー教においてプリティヴィーの地位は更に低下して、単に至高神ヴィシュヌに結びつくだけの存在になってしまいました。ヴィシュヌが野猪に化身して蓮華の根を海底の大地に見つけた話も「9 花の神」に記しましたが、別伝ではこの大地は女神プーミの名を持つプリティヴィーで、悪魔ヒラニャクシャに水底に連れ去られたのをヴィシュヌが人々の豊かな暮らしのために取り戻してきたのだと語ります。

他の伝承の述べるところでは、ヴィシュヌの顕現の一つであるプリトゥは生まれると直《ただ》ちに大地プリティヴィーと結婚しました。そして、プリトゥが地の稔りを求めたのにプリティヴィーは拒んで牝牛に化して逃げ、創造神ブラフマーに保護を求めました。しかし、創造神は夫の許《もと》へ戻るように勧め、プリティヴィーがそれに従うと、プリトゥは彼女をきびしく打ち叩いたのでした。これが先例となって農夫は今でも絶え間なく鋤で大地を傷つけ、稔りを得るのだというのです。

こうした民俗儀礼はベンガル地方のオラオーン族も少なくとも十九世紀末まで行なっており、毎年の娑羅双樹《さらそうじゅ》の花の時期に太陽神ダハルメーと大地女神の擬似婚礼を挙げました。森で太陽に犠牲を捧げてから村へ戻って地上で宴《うたげ》し、踊り狂って母なる大地の稔りを促した、とフレイザーは報告しています。これら、大地母神を撃つ儀礼が月の満ち欠けにかかわることは既に「10 火の神」で述べました。

ヒンドゥー教ではプリティヴィー以外にも黒い大地の母神と呼ばれる恐ろしい女神が信仰されています。それは宇宙の根源神シヴァの妃たる大女神ディーヴィがカーリ女神に変化《へんげ》したときの様相で、血の滴る長い舌に首から掛けた骸骨、左手に巨人の頭を携えるという凄まじい姿で描かれています。アーリア人進出よりも古いといわれる大女神のこのような猛々しい性格は、「8獣の神」で紹介したデーヴィの他の異称である処女虎神ドゥルガーに根差すのでしょうが、これが中国に入って虎歯豹尾の豊饒女神・西王母の姿態になったのかもしれません。もっとも、『史記』や『後漢書』は西王母の故地を條枝《ゲオルギア》〔條支〕とするので、先述したエレシュキガルやイナンナの東進した女神像だとするほうが適切だともいえましょう。

ここまでみてきたようにヨーロッパからインドに至る地域の地の神の大部分が母神なのに対し、古代エジプト人は天空を女神、大地を男神と、逆の構造で想像していました。まず、原初の水であるヌンから創造神アトゥムが立ち上がり、唾を吐いて息子の大気神シュウを生み、嘔吐によって双生の娘の湿気神テフヌトを生みました。この双生児が結婚して生まれたのが大地神ゲブと天空神ヌトですが、この兄妹もまた結婚して地表にぴったりと重なり合いました。ゲブは片肘をつき膝を曲げた格好で横たわりますが、その起伏が山や谷であり、体の斑点は植物だとされます。彼は鵞鳥としても捉えられていて、この鵞鳥から生まれた卵から太陽が孵《かえ》ったともいわれます。

ゲブとヌトの抱擁を不快だと考えたのが太陽神ラーで、大気神シュウに引き離せと命じ、シュウがヌトを持ち上げたので空間と光が創り出されたのでした。そして、ラーはヌトの体に沿って太陽船を航行させました。しかし、夜になるとヌトはゲブの許へ降りてきて穀物神オシーリスなど五柱を産んだのです。この宇宙生成神話も、既に「3鳥の神」や「7月の神」でみてきたところです。

では、エジプトに大地母神は存在しなかったのかといえば、必ずしもそうではありません。オシーリスの妹にして妻たるイシスは、毎年のナイル河の氾濫によって肥沃になる土壌を司る神であり、その妹のネフテュスは砂漠の周辺部の、やはりナイルの増水によって潤う地の象徴でした。ちなみにイシスの弟でネフテュスの夫たるセトが砂漠神だというのも穀物神オシーリスの兄弟として象徴的です。

ホルスに乳を与えるイシス
（デンデラ神殿の彫刻）

12

水の神

ノアの箱舟想像図
(『ニュールンベルク聖書』1483年より)

世界各地で語り継がれている神々の性格や行跡を辿ってみると、それらの多くが、あの伝説の大洪水を契機に変革したり誕生して、後に水にかかわる神とされたようです。『旧約聖書』「創世記」によれば、その大洪水はノアの六百歳の二月十七日から四十日四十夜にわたって降りそそいだ雨で起こりました。ノア一家の入った方《はこ》〔箱〕舟《ぶね》は七月十七日にアララテ山にとどまり、地上の水が涸《か》れたのはノア六百一歳の一月一日だったという凄まじい災害だったのです。

◎大洪水を予告し救済する水の神

「創世記」のノアの洪水神話は二つの話――前八世紀の物語〔ヤハウェ資料〕と前六世紀の物語〔祭司資料〕――をうまく綴り合わせて創作されたことが解明されています。前者では、ヤハウェ〔エホヴァ〕が自分の創った人間を滅ぼすことを決めて、家族の他に潔《きよ》い動物七対と潔くない動物一対、鳥七対を方舟に入れよとノアに告げ、大雨が四十日四十夜降ったとします。しかし後者では、神が地上の全てを滅ぼす決意をノアに話して方舟の造り方を詳細に教え、全ての生きものを一対ずつ乗せさせたとき海から盛り上がった水と大雨で百五十日も水上に浮かんでいた、と微妙な差異を示しています。(1)

けれども、大洪水の伝承はもっと古く前二十三世紀頃のアッカドで創られた『ギルガメシュ叙事詩』において既に詠われています。体の三分の二が神、三分の一は人間であるギルガメシュは完全な不死を求めて旅立ち、大洪水から助かって不死を得たウトナピシュティムに会ったところ、彼は、かつて大いなる神々が起こした洪水について語りはじめます。

「ギルガメシュよ、お前に秘事を明かしてあげよう
そして神々の秘密をお前に話してあげよう
シュルッパクの町は、おまえも知っている町だが
エウフラテス〔の河岸〕に位置している
それは古い町で、なかに神々が住んでいた
彼らは、大いなる神々に洪水を起こさせたのだ
〔そこにいたのは〕彼らの父たるアヌ
彼らの助言者たる勇ましきエンリル
彼らの代表者ニヌルタ
彼らの水路監督エンヌギ
ニニギク、すなわちエアも彼らとともにいた

ここに列挙されたアヌとは天の神、エンリルは地の神にして至高神、ニヌルタは戦いの神、エンヌギは水路の神、そしてニニギク＝エアは水の神で、彼らは叫ぶのでした。

『葦屋よ、葦屋よ、壁よ、壁よ

ギルガメシュとされる人物像

葦屋よ、聞け。壁よ、考えよ
シュルッパクの人、ウバラ・トゥトゥの息子よ
家を打ちこわし、船をつくれ(2)
持物をあきらめ、おまえの命を求めよ
品物のことを忘れ、おまえの命を救え
すべての生きものの種子を船へ運びこめ
お前が造るべきその船は
その寸法を定められた通りにせねばならぬ
その間口とその奥行は等しくせねばならぬ
アプスーを覆いかぶせる(3)〔ようにせよ〕

そこでウトナピシュティムは神々の言いつけ通りにするべく約しますが、この秘密をいかに人々に隠すかを水の神エアに問います。エアは、地の神エンリルが敵意に充《み》ちているため街には住めず、船に乗って海に漕ぎ出さねばならないのだと告げよ、と教え、ウトナピシュティムはその忠告通りに船を造り、

〔私の持物のすべてを〕そこへ置いた
私の持てる銀のすべてをそこへ置いた
私の〔持て〕る金のすべてをそこへ置いた

私の持てる生命あるもののすべてをそこへ〔置い〕た
私は家族や身寄の者のすべてを船に乗せた
野の獣、野の生きもの、すべての職人たちを（船に）乗せた(4)

と、あらゆるものを搭載すると太陽神《シャマシュ》の定めた大洪水が起こり、七日後に嵐がやんだとき船はニシル山上にとどまっていました。これを知った大地神《エンリル》は「誰も破滅を逃れられなかったはずだぞ」と怒ったもののエアがうまく宥《なだ》めたので、エンリルもウトナピシュティムとその妻に神性を与えてしまったのでした。

水の神エアは別称を「人《ヌ》・創《ディン》・生《ムド》」というので人々の保護者であるのは当然ですが、その四代前の未《いま》だ天地の分かれぬ時期には、男神の淡水《アプスー》、生命《ムンム》力、女神の塩水《ティアマト》だけがおり、アプスーとティアマトが混ざり合ったとき初めて神々が誕生しはじめたのですから、水の神こそが始源の存在だったことになります。

地の神にして至高神のエンリル

『ギルガメシュ叙事詩』のウトナピシュティムの物語と同時代に大賢者《アトラハシス》を主人公とする大洪水伝説もあって、やはりエンリルの人間への懲罰と水の神エンキ〔エア〕の擁護が語られているようですが、残存する粘土板の断片が少ないので全貌はつかめません。

更に遡ると、前二十七―前二十六世紀頃のシュメールで早くも『洪水物語』が記録されていました。そこでは天から王権を与えられたジウスドゥラが主人公で、ノア、ウトナピシュティム、アトラハシスに相当します。彼は謙虚に従順に治世に携わっていたのですが、天神アン、大気神にして主神たるエンリル、地母神ニンフルサグが王権を覆す大洪水を決めたのを、「11地の神」で記述した豊饒女神イナンナと、地と水と知恵の神エンキが憐れんでジウスドゥラの夢に顕現し、巨船を造らせて救う筋立てで、

洪水が〈首都〉の上を暴れすぎた。

七日七晩、

洪水が国中で暴れすぎてから、

（そして）巨船が洪水の上を大風によって（あちらこちらと）吹き漂わせられてから、(5)

太陽神ウトゥが光を放ったので、ジウスドゥラはその前にひれ伏した、といい、これが「創世記」のノアの方舟伝承の原型だとされています。

ウトナピシュティムの乗ったエア神の船

救済神が主人公の夢に現われる例は、前二七五年頃にバビロンの祭司ベロソスの書いた『大洪水物語』でも「アルダテースが死んだので、その子のクシストロスが十八サロイのあいだ統治した。……クロノスが夢に現われて、ダイシオスの月の第十五日に人間は大洪水によって亡ぼされるであろう、と告げた」と述べており、やはり舟を造って大洪水を免《まぬが》れたとします。ただ、ベロソスの書は完全に消失し、前一世紀にギリシアのポリュイストールが収集した抜粋が残存するに過ぎず、そのため人名や神名もギ

リシア化しています。主人公クシストロスはシュメールのジウスドゥラであり、クロノスは「2海の神」で触れたギリシア先住民の豊饒神ですが、シュメールやバビロニアのエンリル、ヒッタイトのクマルビと習合して信仰されていたと考えられるので、主人公に忠告する神性が逆転しているわけです。

◎羊駝《ラマ》に教えられて生き残った男

ギリシアの洪水伝説はオリエントから伝播したのですが、この地においては種族交替の理由として語られました。太古のギリシアでは、オリュムポスの神々によって黄金の種族たる人類が創造されたのを手始めに銀、青銅、英雄、鉄と五つの種族が創り替えられたとされますが、秦皮《とねりこ》で出来た青銅の種族のことは「10火の神」でも触れました。そして、そこで言及した人間に火を与えた神のプロメーテウスが、ここでは水からの救済者として登場します。

大洪水後デウカリオーンに新人類を与えたゼウス

プロメーテウスにはデウカリオーンという息子があって、パンドーラーの娘の赤毛の女《ピュラー》を妻に娶り、テッサリア地方のプティーアを支配していました。やがて、ゼウスが青銅の種族を滅ぼそうと企んだ折、プロメーテウスはその手段である大洪水を予知してデウカリオーンに教え、方舟を造るよう命じました。その指示に従ったデウカリオーンが必需品を納めた方舟にピュラーと共に乗るや、ゼウスは激しい雨を降らせて地上を水没させ、人々のほと

至高神の使者とされる双頭の羊駝
（アタカマ砂漠出土の岩壁彫刻）

んどは死に絶えました。方舟が水上を九日九晩のあいだ漂い流れてパルナッソス山麓に着いたので、デウカリオーンは生贄《いけにえ》をゼウスに捧げて感謝しました。至高神はこれに応えてヘルメースを遣わし、何でも欲しいものを乞うことを許しました。彼は人間を望み、ゼウスの命ずるままに石《ラーオス》を頭越しに後ろへ投げるとそれは男になり、ピュラーの投げた石は女になって民衆《ラーオイ》が生まれ出た、といいます。古代ギリシアの洪水伝説は、デウカリオーンの説話の前に海神ポセイドーンの子の英雄オーギュゴスの、後にはプレアデス星団の七人の娘のひとりエーレクトラーの子のダルダノスの洪水伝承があるので、大洪水は繰り返し起こっていたと推察されます。

　このような洪水神話は全世界に分布していますが、ペルーのワロチリ高地に住むインディオの伝承では、遙かなる昔、一人の男がみごとな牧草の生えた所に羊駝《ラマ》を連れていったと語りはじめます。だが、羊駝は悲しげにユー、ユーと啼《な》くばかりで草を食べず、「五日後に海の水が盛り上がって全てのものを呑みつくすのだ」と予言し、男を連れて最高峰ビルカコトの頂上に登りました。そこには既に多くの獣や鳥がひしめき集まっており、やがて五日後に海の水位が上昇して、この山以外のあらゆる地を覆い尽すと、いちばん端にいた狐の尾が海水に浸ったほどでした。更に五日後に水が引きはじめ、人間ではただ一人生き残ったこの男こそ、世界の全ての先祖になったのです。つまり、ここでは羊駝が告知する者なのですが、この地域では農耕を司る至高神の使者は双頭の羊駝だとしています。

インドの場合、予知者は大魚でした。インドの壮大な宇宙創造説は「9 花の神」で記しましたが、そこで述べた宇宙神ブラフマーの異型で原初の水に漂った創造神ナーラーヤナは、本来、マヌという名の人間――賢者だったのです。二世紀に編纂された『マヌの法典』によれば、

八　彼は自己の体より種々の生類を造り出さんと欲し、熟考したる後、まず最初に、水を造り、その中に種子を置けり。
九　そ（の種子）は、太陽の如くに輝ける黄金の卵（宇宙生成の原理たるヒラヌヤガルバと呼ばれたる黄金の胎子）となれり。その（卵の）中に、彼は全世界の祖たる梵天《ブラフマン》として、自ら生れたり。
一〇　水はナーラー nārāh と呼ばる。（何となれば）水は実に、ナラの子なればなり。それら（の水）は、嘗て彼の依処《アヤナ》 ayana なりしが故に、彼はナーラーヤナ nārāyana（梵天の異名）と名づけらる。[6]

という行動をとったマヌは自らが水の神といえる存在ですが、四百三十二万年の期間の大時代《マハユガ》の終末である大洪水の破滅から生き残った者とされています。

一万年にわたって苦行を実践していたマヌが或る日、小川のほとりで瞑想していると水の中の一尾の魚が、別の魚に追われているので護ってほしいと頼みました。マヌはその魚を壺に移しましたが次第に大きく成長したのでガンジス河へ連れていき、次にはそこでも間に合わぬほどになったので海まで連れていったのです。そこで初めて満足した魚は、自分はブラフマーだと身元を明らかにしたうえ、大洪水による世界破滅を告げ、一隻の方舟《はこぶね》を造って七人の聖仙《リシ》とあらゆる物の種子を乗せよと指示し、マヌが

それに従うと大洪水が起こって万物が沈みました。しかし、魚はその角《つの》に綱でつないだ方舟を曳いてヒマラヤの山に行き洪水の退くのを待ちました。マヌが乳、凝乳、乳清などを供えて犠牲祭を行なうと、一年後にこれらの供物が一人の女性に化したので、彼はこの女を妻として子孫をもうけたのでした。この伝承についても既に「9花の神」で触れたところです。

この説話を承《う》けているのがインド北西部のカシミール地方の伝説です。太古、この地域は魔物「水《ヤ》から《ロ》生じ《ド》た《ヴ》もの《ア》」の棲むサティサラスという大湖でした。水魔の乱暴に困った賢者カシャパの要請でブラフマーは大洪水の時にマヌの方舟を留めたナウバンダ山頂に神々を集め、弟のバラバルダに山に穴を開けて水を流させ、湖を干上げました。水中では恐れを知らぬヤロドヴァもこうなれば無力でブラフマーに殺され、その干拓地に人々が住みついてカシミールの地が出来たのです。

◎石像の眼が赤くなれば洪水が起こる

中国の古典では『尚書』「堯典」や『史記』「夏本紀」などに堯の時代（伝・前二三五九—前二二五九年）に大洪水のあったことを記すものの、禹の成した治水を中心に書いているのは有名なことです。しかし、戦国末期の前三世紀に呂不韋の撰した『呂氏春秋』「孝行覧・本味篇」では、前十七世紀に夏を滅ぼして殷王朝を建てた大乙（湯）の宰相であった伊尹《いいん》の出生が洪水とかかわっていたと述べます。

或るとき殷の有侁氏《ゆうしんし》の娘が桑を採《つ》んでいて空桑《くわのうつろ》の中に嬰児を見つけました。この児が後の伊尹ですが、実はその母が伊水の上《ほとり》で孕んだ折、夢に神が現われて、もし臼から水が出ることあらば東へ走り逃げて決して振り返るな、と告げました。翌日、臼を見ると水が出ていたので、お告げ通りに東へ十里走ったところで〔思わず〕振り返ると村が水没しており、その身も〔孕んだまま〕たちまち空桑と化した、というのです。

ところが、「空桑《くうそう》」とは地名でもあり、伊尹の生誕したのは現在の河南省陳留県南ですが、もうひとつ魯の国にも空桑〔現・山東省阜県南〕があって、『淮南子』「本経訓」では「舜の時〔伝・前二二五九—前二二〇九年〕に共工が洪水を振《うごかし》滔《はびこ》〔動延〕らせば以って空桑に薄《せま》〔迫〕り、〔河南の〕龍門〔山〕いまだ開かれず、呂梁〔山〕いまだ発《ひら》〔拓〕かれざれば〔水は長〕江、淮〔河〕にまで通じて流れ四海の溟涬《さかいな》〔無境〕く、民はみな丘陵に上《のぼ》り樹木に赴きたり」というような、黄河の中・下流域を覆い尽した大洪水が起こったというのです。

「空桑」の中で生まれた伊尹（『三才図会』より）

共工とは西北方の蛮族である羌《きよう》の洪水神で、この神が暴れたため中国全土が大水に襲われた言い伝えは太古から各地にあったのでしょう。そして「空桑」を、桑の幹の刳《くりぬ》貫き型と捉えれば、それは方舟に他ならず、伊尹は母親に方舟に乗せられて生き残った者だということになり、山東の地名も同類のはずです。

ここで考えておくべきは、この「空桑」と「6 木の神」で検証した「扶桑」とのかかわりです。扶桑は東海の神仙の住む島に生えている幹の真ん中が空洞になっている

泰山の聳える山東の地（『三才図会』より）

大樹でした。

そして、山東は古来、東海の彼方の民——韓人や倭人が上陸する場であり、太古より各代の帝王が天地を祭る封禅《ほうぜん》の儀を行なった泰山の聳える地です。秦始皇帝が泰山より琅邪《ろうや》に至って臨海したとき、「斉人、徐市《じよふつ》らが上書し、言うに海中に三神山有り、名づけて曰く蓬萊《ほうらい》、方丈《ほうじよう》、瀛洲《えいしゆう》、僊（仙）人、ここに居り、と。請《こ》う、斎戒（沐浴）し、童男（童）女と与《とも》に（この僊人を）求めたし」（『史記』「秦始皇本紀」）と願ったので、始皇が徐市に童男童女数千人を付けて海上の僊人を捜させたのも、この山東の海辺でした。

したがって、山東の空桑と東海の扶桑は、遙かなる太古に共通の神性を有していた樹木だと考えられます。実際、木質が柔らかく生長の早い桑の樹が地中の水分を吸収して枝を伸ばしていくさまは、まさしく「水の神」にふさわしいでしょう。

その山東には、こんな伝説もあります。

一人の少年が、ひどく汚い老婆の虱《しらみ》を取るなど親切に世話したところ、老婆は「この虱は壺に入れて庭に埋め、大洪水になったら掘り出しなさい」といい、少年が「洪水はいつ来るのか」と尋ねると、「牢屋の前の石獅子の眼が赤くなる時」と答えて、木で小舟を造って小箱にしまうよう命じました。毎日、石獅子を見に行く少年を怪しんだ或る男が真相を訊《き》き出し、眼に血を塗ったので、それとは知らぬ少年が母と老婆に告げると、老婆は壺を掘り出し、舟を箱から出すよう命じました。掘り起こした壺には真珠がいっぱい詰まっており、たちまち大きくなった舟に少年と母が乗ると、「動物は救ってもいいが人間は駄目だよ」というや否や、老婆は姿を消してしまいました。すると、雨が降り出して大洪水になったのです。二人は動物ばかりか例の男も舟に乗せましたが、水が引いた後で男が真珠を奪おうとしたものの、恩を感じた動物に遮《さえぎ》られて果たせなかった、という話です。

実は、この物語は三世紀に晋の干宝が撰した百子全書本『捜神記』が収録する説話を下敷《ベース》きにしています。それは、こんな話です。

古巣の城市で或る日、(長)江の水があふれてすぐに引くという異変があり、港に重さ(一)万斤もの巨魚が打ち上げられ、三日後に死にました。居合わせた者はみな、その肉を食べましたが、ひとりの老姥《ろうば》のみが食しなかったところ、たちまち老叟《ろうじん》が現われて「これは吾子なり。不幸にもこの禍《わざわい》に羅《かか》るも汝ひとり食せざれば厚報せん。もし、東門の石亀の眼の赤くなれば、この城はまさに(洪水に)陥《おちい》らん」といいました。姥が毎日、石亀を見ているのを訝《いぶか》った少年に真相を告げると、少年は欺いて亀の眼に朱を差したので、これを見た姥は急いで城を出ました。すると、青衣の童子が現われて「吾は龍の子なり」と名乗り、姥を連れて山へ登ったとき城市は水没して湖になった、というのです。このように、先の山東の民話は、「空桑」の古代伝承と『捜神記』の説話が合体して出来たとも考えられます。

中国南部から東南アジアにかけての地域では大洪水を逃れた兄妹が後代の始祖になる神話が分布して

塩盈珠で兄を溺れさす山幸彦（『彦火々出見尊絵巻』より）

いますが、中国・雲南の彝族《いぞく》では、三兄弟と妹が畑の耕作をしていると神が現われて洪水を予告したので、長兄は鉄の舟を、次兄は銅の舟を、末弟と妹は木の舟を造った、とします。いざ洪水に襲われると二人の兄の舟は沈んでしまいましたが、木の舟は水とともに上昇して山の中腹に止まり、竹を伝わって地に降りた弟と妹が結婚して種族の先祖になったので、以来、彝族はこの竹を神として崇拝するのだ、と語ります。この伝承は「9月の神」でみた古代の太平洋沿岸域における竹=月信仰に合致しており、ここでも竹の持つ水分吸収力が表わされているようです。

わが国の記紀神話には顕著な洪水伝説は認められず、わずかに「4山の神」で記したように、山幸彦〔彦火火出見尊《ひこほほでみのみこと》〕が海神にもらった塩盈瓊《しほみちのたま》を用いて兄の海幸彦〔火闌降命《ほのすそりのみこと》〕を溺れさす挿話がある程度ですが、伊奘諾《いざなき》と伊奘冉《いざなみ》が海原に天之瓊矛《あめのぬぼこ》を下《おろ》して出来た磤《おの》馭盧島《ごろしま》で国生み、神生みするくだりは、大洪水で生き残った兄妹神が人類と国家の再興を試みる記述だといえなくもありません。また、先に「7月の神」でちょっと触れた「稲葉の素兎《しろうさぎ》」挿話は、大洪水で崩壊した竹原の竹の根に乗って流れた兎が隠岐の島に渡り、帰る術《すべ》に鰐《わに》を騙して並べ、その背中を跳んで戻る説話なので明らかに洪水伝説であり、それにかかわる大国主は治水神に他なりません。

13

日の神

ギリシアの日神ヘーリオス
（トロイ出土、前3世紀頃）

地上の生きとし生けるものは、活力の大部分を陽光から得て暮らしています。それ故、人々は太古から太陽を日の神として讃え、さまざまな挿話《エピソード》を交じえて語り継いできました。むろん、日の神を最高神として崇拝する民族も多く、「日《ひ》の本《もと》」を国名とするわが国もそのひとつだといえましょう。しかし、主神である天照大神《あまてらすおほみかみ》の神格は独自に創出されたものではなく、わが国の故地の日の神の事跡の影響をも受けつつ完成していったようです。

◎一度に複数の太陽が出現した時代

記紀神話における天照の誕生は、南方中国の盤古神話を承《う》けるかたちで伊奘諾《いざなき》が左眼を洗った際に成り出たこと、また別の説話では中央アジア・アルタイ地方のタタール人の伝承の影響下に、伊奘諾が左手に白銅鏡《ますのかがみ》を持った折に化成したこと、更に、天上《あめ》に君臨した天照が弟の月夜見〔月読〕を、葦原中国《あしはらのなかつくに》にいる保食神《うけもちのかみ》の様子を見に行かせたところ、月夜見が保食を殺したので怒って姉弟は隔て離れて住むようになったという挿話は、いずれも既に「7月の神」で述べました。

姉たる日と弟の月の神の分離について中央アフリカのトーゴのエウェ族はこう語ります。

最初、二神はたいへん仲が良く、共に大勢の子供を有していました。日の子は魚、月の子は星で、まだ魚も天空に漂《ただよ》っていたので地上は眩《まばゆ》いばかりに明るく灼熱の暑さでした。或る時、月は姉を訪ねて、お互いのうるさい子らを水に捨てようと提案し、日も賛成しました。日は子である多くの魚を袋に詰めましたが、月は子の星々の代わりに小石を袋詰めにして共に川へ行って捨てたのです。翌朝、月は出て来ないので日だけが天空を渡ると昨日までのように暑くないので、地上の人々は大喜びしました。ところが、夜になると突然、月が大勢の星を連れて現われ出たので姉は弟の裏切りをなじって怒りの声を上げました。月は、魚は水に棲むのが幸せだ、などと言いわけしましたが日の神は許さず、以来、仲違いした日と月は決して同時に姿を現わさなくなったので昼夜が区別された、というのです。

同じアフリカでも赤道直下のコンゴのボミタバ族は、大昔は日が二つあったと言い伝えます。常に双方に照らされて人々は暑さに閉口していましたが、それを知った一つの日輪が仲間を川岸へ誘い出して飛び込む真似をし、それを真に受けた他の太陽が水中に入って炎が消えたため、川から上がると冷えて青白くなり、月に変身したのでした。

複数の日の出現のために地上が枯渇し果てた伝承は中国にもあります。

前二世紀の漢の武帝の代に劉安が編纂した『淮南子《えなんじ》』「本経訓」は「堯〔帝〕の時（伝・前二三三三―前二二三四年）に至るや、十日竝《なら》〔並〕び出《い》でて禾稼《こくもつ》〔穀物〕を焦がし草木を殺せば、民は食するところ無し」の状態になり、猰貐《あつゆ》、鑿歯《そうし》、九嬰《きゆうえい》、大風《たいふう》、封豨《ほうき》、修蛇《しゆだ》という六種の悪獣神が出現して害をなした、と述べます。そこで堯は弓の名手の羿《げい》に命じてこれらの邪神を誅させ、上に向かっては十日をも射落とさせました(1)。

この伝承には裏話があります。羿が射殺した悪獣神のひとつ封豨《ほうき》というのは豕《いのしし》〔猪〕の化け物ですが、実は、これが、「4 山の神」で述べた、舜の宮廷で〔音〕楽を典《つかさど》〔司〕った一本足の夔《き》の息子でした。すなわち、『春秋左伝』「昭公二十八年伝」に、晋の叔向の母の言葉として、「昔、有仍氏《ゆうじようし》ありて女《むすめ》〔娘〕の生まれるに黰《びんぱつ》〔鬒髪〕黒く甚だ美にて鑑《かがみ》〔鏡〕のごとく光〔り照〕れば、名づけて玄《げん》〔髪〕黒き〕妻《さい》と曰《い》う。〔舜の〕楽正の后《きみ》〔君〕たる夔がこれを取《めと》〔娶〕りて、伯封を生ましめるに、〔この子は〕まことに豕心《よくぶかくむち》〔貪欲無恥〕にて貪惏《むさぼ》るに饜《あ》〔倦〕きることなく、念類《いかりさから》〔憤戻〕うこと期《かぎ》〔限〕りなければ、これを封《おお》〔大〕いなる豕《いのしし》と謂《い》う。有窮の后の羿がこれを滅ぼせども、夔は以って是を祀《まつ》れず」と語っているのがそれです。

羿は、単に伯封を射殺したのみでなく、夔の国を滅ぼしたうえ、夔から玄妻を奪って自分の妻にしました。そして、夏王朝第三代の太康〔伝・前二一六六―前二一三八〕の丞相〔首相〕に任命されますが、帝位を簒奪《さんだつ》してしまいます。しかし、民を治めなかったので、臣の寒浞《かんさく》が玄妻と密通して謀《はか》り、遂に羿を暗殺するに至ったことは諸書が記しています。(2)

ところで、羿の古字は「羿《げい》」で『説文』が「羽で風を羿《たいらにう》〔平搏〕つなり」と説き、『説文段注』が「羽で幵《たいら》〔平〕にし、扶揺《つむじかぜ》〔旋風〕を〔つくりて〕搏《う》ち、上〔昇〕するの状《さま》」と解するので、「2 海の神」で述べたところの「羽搏《はばた》く呪法」に他なりません。おそらく、幵《けん》の術は西北方の羌族が創始した山の呪法で、倭人の海の呪法とは異なっていたのでしょう。とはいえ、羿はその法を駆使して天に昇り、月の女神の嫦娥《じようが》を妻にし得たのです。

堯を後継したと伝えられる〔帝〕舜〔伝・前二二三三―前二一八四年〕が実は太陽神で、その妻が十日を生んだとする伝説もあります。前四世紀以前の春秋・戦国期に成立した『山海経《せんがいきよう》』「大荒南経」に

「東南海の外、甘水の閒〔間〕に羲和《ぎか》の国あり。女子ありて名を羲和と曰い、方《まさ》に日を甘淵に浴《ゆあみ》させおり。羲和は帝俊〔舜〕の妻にして、十の日を生めり」とあるのがそれで、この記事は「4 山の神」でも触れました。羲和はまた、夫である日の神の舜の車の御者でもあったらしく、前四―前三世紀に楚の屈原は『楚辞』「離騒」において、

日が忽忽《あわただし》く将《まさ》に暮れんとすれば
吾は羲和をして〔運行の〕節《さだめ》〔制〕を弭《とど》〔止〕め
〔日の沈む山の〕崦嵫《えんじ》を望みても迫らせぬ

というふうに詠っています。

『山海経』の「大荒東経」と「海外東経」には、山上に扶木《ふぼく》ないし扶桑《ふそう》と呼ばれる桑の大樹があって、

帝舜（『三才図会』より）

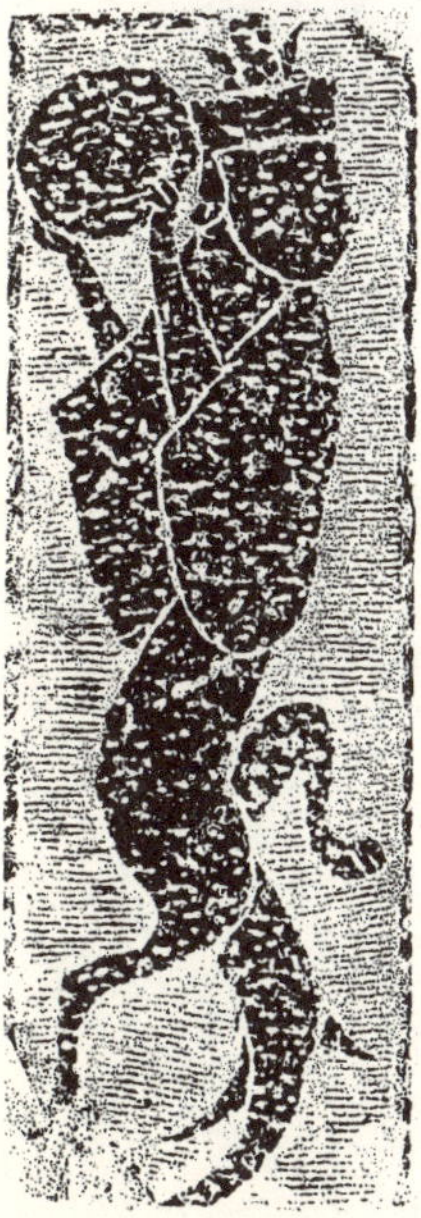
太陽を持つ羲和（漢代の画像石）

日輪の中に烏（右上）を描いた漢代の布（長沙・馬王堆より出土）

ここが十日の浴する所で、日はいずれも烏《からす》を載せているとする記事があり、この双方のくだりは先に「6木の神」で紹介しました。日輪の中に烏が棲んでいるというのは原始以来の言い伝えで後代の書画にも多くみられますが、太陽の黒点が烏の形に見えたのでしょう。ちなみに月には蟾蜍《ひきがえる》が棲むと中国人はいいます。

中国西南地区の少数民族である苗《ミャオ》族も十日が併せ出た説話を持っています。そのとき賢者たちが合議して弓の名手に射ち落とさせましたが、一つの太陽だけはそれを逃れて西山に入ったまま再び昇るのをやめたので、暗黒の時が長く続きました。そこで日を呼び返そうと、獅子や黄牛が相次いで叫んだものの声が凶悪なので成功せず、最後に雄鶏の美しい声に誘われて太陽は姿を現わしたのです。

布朗《プーラン》族にも類似の伝承があり、大昔、日は九姉妹、月は十兄弟でいつもこれが一度に出現するため空も地もひどく暑く、全ての生きものが滅びかねない状況でした。そこで、巨人グメイヤは高山の頂上に登り、強弓を引いて八姉妹と九兄弟を次々に射殺したので、最後に残った日と月は怖れて逃げ出しました。なおもグメイヤがそれを射るや、矢がかすった月は怯《おび》えのあまりに色を失い、冷えて熱を出さなくなりました。いっぽう、日は洞穴に隠れたため世の中は真っ暗になりましたが、そのとき鶏が鳴いて太陽を招き出し、これが暁の始まりだといいます。

天照の天石窟隠れ（明治42年『尋常小学校読本・巻五』「第一・あまのいはと」挿絵）

◎七柱もの神に分かれていた日輪

わが国の日の神の天照は月夜見ではなく、末弟で嵐の神の素戔嗚《すさのを》とかかわります。彼が天上に参上《まいのぼ》ってきた折、高天原《たかまのはら》を奪われると思った天照は天安河《あめのやすのかは》を隔てて弟と対し、お互いに相手の持ち物で子生みをする誓約《うけひ》という呪儀を行なったことは「4 山の神」でも触れました。この誓約に勝った素戔嗚が慢心して手のつけられぬ乱暴を繰り返したため、天照は遂に怒って天石窟《あまのいはや》に隠れ、それ故、「爾《ここ》に高天《たかま》の原皆暗《くら》く、葦原中国《あしはらのなかつくに》悉《ことごとく》に闇《くら》し。此れに因《よ》りて常夜《とこよ》往《ゆ》きき。是に万《よろづ》の神の声は、挟蠅《さばへ》那須《なす》満ち、万《よろづ》の妖《わざはひ》悉に発《おこ》りき」（『古事記』）といった様相を呈しました。そこで八百万《やほよろづ》の神が集まってさまざまな祈禱の術をほどこしたうえ、天宇受賣命《あめのうずめのみこと》に女陰を見せる滑稽な踊りをさせ、その仕種に大笑いして騒ぐと、天照は何事が起こったのかと石窟の戸を開けて覗き見、そこをすかさず力自慢の天手力雄神《あめのたぢからをのかみ》が手を取って引き出したので天も地もたちまち照り輝いたのは周知の物語です。注目すべきは、この場面でも日の神を呼び出す祈法の一つに「常世《とこよ》の長鳴鳥《ながなきどり》を集めて鳴かしめて」とある点で、同じ照葉樹林文化――稲作地域圏の苗族や布朗族の雄鶏による召還と共通しています。

天照が自ら身を隠したのに対し、北方日本のアイヌ神話では、恐怖の悪神が大口を開けて太陽女神を呑み込み、六重の木の筐《はこ》・金の筐・巌の筐の中に閉じ籠め六重の巌の柵・金の柵・木の柵をめぐらしたので世は暗黒になったと語ります。日の神を救おうとした神々もみな悪神に捕えられ赤児に変えられてしまう始末だったので、諸神は英雄神アイヌラックルに使者を送りましたが、英雄があまりに身支度に時間をかけたので遂に大神が出向いて共に悪神に向かい、微風に変じて柵と筐を通り抜け、日の女神を救出して雲の小舟に乗せて陽光の輝きを取り戻しておいてから、悪神と六年に及ぶ死闘を展開した末に地獄の底へ蹴落とした、というのです。

フィンランドの伝統叙事詩『カレワラ』では、太古の英雄にして吟誦詩人たるワイナモイネンの奏《かな》でる竪琴の音に聴き惚れた月と日が天上より樺と樅の樹まで降りてきたところを魔女ロウヒが捕えて山中に隠したので、

ワイノラの暗き住居《すまい》には、
カレワラの広き荒れ野には、

穀類の上に霜は降《へ》り、
家畜はいと苦しみぬ、
空の鳥らは怪しみぬ、
人々はみな悲しみぬ、
陽《ひ》の光明《ひかり》ももはや照らさず、
月の光も照らさざるゆえ。

といった状態になりました。人々は鍛冶の名手イルマリネンに頼んで贋《にせ》の日月を鋳てもらい樅と松の樹の頂に揚《あ》げますが、それらは輝きません。そこでワイナモイネンは原始の籤によってポホヨラの石山に隠されていることを知り、さまざまな苦しい旅の果てにその地に到って魔女に日月を放たせれば、

彼女は石より月を釈《と》き、
また巌《いわお》より陽《ひ》を放《はな》ち、
またも彼女は変形《へんぎょう》し、
自《みずか》ら鳩《はと》に変形《へんぎょう》し、
イルマリネンの鍛冶場《かじば》まで、
鳥の姿《すがた》で門口《かどぐち》へ、
鳩《はと》の姿で入口へ、
再《ふたた》び飛んで行きにけり。

……………
されば鍛冶《かじ》イルマリネンは
見まわすために急ぎいで、
彼は鍛冶場《かじば》の戸口に立って、
怪《あや》しみつつも空を見たるに、
月はあまねく照り渡り、
日は煌々《こうこう》と輝きいたり。(3)
……………

と、元の姿に戻したのでした。

これらの日の神隠れを単なる日蝕の表現だとみる向きもありますが、太古の或る時期に実際に太陽が幾日も沈まなかったり、逆に何日も出なかった大異変があり、その災害を永く語り継いだものと捉えるべきでしょう。

前三十―前十五世紀にインド亜大陸へ侵入し前十世紀までに『リグ・ヴェーダ讃歌』を成立させたアーリア人も、太陽神の一つであるスーリアは、舜の妻の羲和のごとく車で天空を駆ける者だとしていました。彼らは日輪は群れだと考え、無限神アディティの子として、当初はヴァルナ、ミトラ、アリヤマンの三神が天空を統《の》べる太陽としました。しかし、やがてヴァルナは夜の護衛者〔月神〕に変化し、豊饒神も兼ねたミトラ〔mitra〕は前十世紀頃にペルシアへ入ったアーリア人が、その地でも光明神ミトラ〔mithra〕として祭祀《さいし》しました。けれども、前一世紀頃にペルシアのミトラはインドへ勧請されて仏教で再生します。すなわち、西方十万億土に坐《ま》すという無量光仏《アミターバ》〔阿弥陀如来〕になったとされるのです。そして、インドでは「天の光《アーディトヤ》〔アディティの子〕」たる七柱の日の神が創出されました。すなわち、ヴァルナ、ミトラ、アリヤマン、インドラ、サーヴィトリー、ドガ、アンサで、更にマルトダントという形のない塊が生まれ、母なるアディティはこれを嫌って捨てたところ神聖職人が拾ってヴィヴァスヴァトに形成したのです。当初、日輪が七柱だったのは一週間を表わしていたようですが、後に毎月を示す十二柱に修正されたとします。しかし、これも単に日数や月数の表現ではなく、実際に複数の太陽が出現した記憶に拠るのかもしれません。

しかし結局、太陽神として確立したのは昇天するヴィヴァスヴァト、朝日・夕日の化身であるサーヴィトリー、天空を駆《か》るスーリヤの三柱です。輝く日の神であるスーリヤは

> 三　幸福をもたらすスールヤの金色の駒は、多彩に輝き、駿足にして、歓呼をもって迎えられ、恭しく天の背に登れり。彼らは一日の中に天地を馳せめぐる。(4)

と、いうふうに黄金の頭髪と腕を有し、七つの頭を持つ馬の曳く黄金の戦車に乗っているとされました。

更に、後のヒンドゥー教の時代になると、他の二神の特性をも吸収して唯一の日輪となり、そこでは三つ

七頭の馬が曳く戦車に乗る日神スーリヤ

の眼と四本の腕の暗赤色の男として描かれ、七頭の蛇の上に坐し、七頭の馬を御すヴィヴァスヴァトの操る戦車に乗っています。スーリヤは悪魔を殺す者、人類に恩恵を授ける者で、そのシンボルの卍《スワスティカ》は「喜捨」の印です。後にこの印は仏教に取り入れられますが、それはスーリヤの息子のひとりが太陽種族の祖となり、この種族が仏教信奉の有力集団になったからだといわれます。

太陽の様相それぞれに名称を付す例は古代エジプトにもありました。第十八王朝の前十五世紀に即位したトトメス四世は王子時代にメンフィスの砂漠で狩りをし、巨大な神像の前で微睡《まどろ》んだ折、夢にシェセプ・アンク〔スフィンクス〕が顕現して「見よ、我は汝が父なるホル・エム・アケト・ケペリ・ラー・アトゥムなり」と語りかけ、砂に埋もれた体を掘り起こせば天下を治められよう、と宣言しました。王子はこの神意を直ちに実行して王位に即いたのですが、神像の名乗りは「暁《ケペリ》の日・中天《ラー》の日・没す《アト》る日《ウム》たる地平線上《ホル・エム・アケト》の太陽」の意で、スフィンクスとはレウェティとも呼ばれ、太古のヘリオポリスの宇宙創造神＝太陽神アトゥムの様態の一つの表現なのでした。(5)

◎日の神が飼っていた牡牛

ギリシアの日の神ヘーリオスも天駆ける者ですが当初は牡牛の車を御し、後に「火焔を散らす馬」の御者になりました。なぜ、初めの乗物が牡牛だったかといえば、これも「7月の神」に記述したように、彼と妹の月神セレーネー、曙女神エーオースを産んだ母ティアーは「牡牛の眼をもてる広々と輝く《エウリパエッ》女《サ》」と呼ばれた月の女神だったからでしょう。そして、その夫でヘーリオスたちの父ヒュペリーオーンは「上に在る者」、すなわち既に太陽であり、しかも、しばしばヒュペリーオーン・ヘーリオスと、夫妻の合体した名で呼ばれていたことをみれば、やはり牡牛にかかわる存在なので、その子が牡牛の精を受けていたのは当然です。

ヘーリオスの戦車（前5世紀の壺絵）

しかし、次第に擬人化されてヘーリオスの乗物は「火《ピュロエイス》の」「曙《エーオース》の」「燃えさかる《アイトーン》」「燃える《プレゴーン》」の四頭の駿馬に曳かれる戦車だと考えられるに至りました。その彼は毎朝、曙女神《エーオース》の戦車に先導されて東より昇り、荒馬を巧みに御しつつ天空を快速で横切って西の大洋《オーケアノス》にある黄金の宮に入り、夜には黄金の杯に乗って大洋を西から東へ戻る、というのです。

ヘーリオスと大洋神《オーケアノス》の娘のクリュメネー——一説では「9 花の神」「11 地の神」で述べたペルセポネーの別名とも——との間に生まれた息子が「輝く者《パエトーン》」で、後には木星あるいは土星を示唆する「小さな太陽」とも呼ばれました。

愛と美の女神アプロディーテーに恋された別伝もあるこの青年は、朝日の出る極東の地に父を訪ねた際、ヘーリオスに何でも叶えようといわれたので太陽神の戦車を御すことを乞い、父は危惧しつつもそれを許しました。しかし、パエトーンには荒馬を制する力はなく、天の道を外れて狂い回った車の強烈な陽火は地をも焼いたので、至高神ゼウスは雷霆で彼を撃ってエーリダ河に墜《お》としました。この出来事にパエトーンの姉妹《ヘーリアデス》たちは泣きくれてポプラの樹と化し、その涙は琥珀《こはく》になりました。異伝では、これは彼女たちが父に内緒でパエトーンに戦車を供した罰だとされます。

ヘーリオスと水精《ニンフ》ネアイラの娘「明るくする女《ラムペティエー》」と「輝く女《パエトウーサー》」は、トリーナキエー島でヘーリオスの所有する三百五十頭の牛を護り飼っている、と伝えられていました。その情景をホメーロスは『オデュッセイア』で、「それからトリーナキエーの島に着く。そこには太陽神《ヘーリオス》のたくさんの牝牛とよく肥えた羊が草を食《は》んでいる。牛の群れが七つ、同じ数の立派な羊の群れで、おのおの群れは五十頭から成っている。それには子供は生まれず、自分たちも死ぬこともない、女神が見張りにあたっています[6]」と描写しています。そして、オデュッセウスの部下たちが六日にわたって、その牛を食べ続けると、それを知った太陽神ヒュペリーオーンは至高神ゼウスに、この者らが食べた牛の数だけ、帰国の日数を遅らせてほしい、と訴え出ました。これを了承したゼウスは、海原を走る船に雷霆を投じて、男たちを海に放り出し、その帰国の日々を奪い去ってしまったのです。

ここにいう牛の数——三百五十とは、古代人が用いていた太陰暦から太陽暦に変わるときの十二か月の日数に相当しています。したがって、日の神は牛一頭ずつを一日と勘定しつつ天空を横切っていたわけです。

では、なぜ、牛と羊なのか、という疑問が生じますが、それは農耕を始める目安である春分点に依拠しています。前一五〇年頃にギリシアの天文学者ピッパルコスが定めた基点は、春分点の牡羊座《アリエス》でした。

しかし、地球の歳差運動のため基点は一年間に五〇・一六秒ずつ西へ動くので、約二千百六十―二千二百年経つと次の星座へ移ってしまいます。それ故、現在の春分点は魚座にあります。

これを逆に太古へと遡ってみると、前二十三世紀頃は牡牛座《タウルス》が春分点だったとわかります。つまり、前十九世紀頃に古バビロニア王国を築いたカルデア人が「黄道十二星座」を創ったとき、太陽神シャマシュが真東から昇る春分の夜の星座は「牡牛」でした。だからこそ、『ギルガメシュ叙事詩』の英雄神ギルガメシュとその対抗神エンキドゥは太陽を擬して牡牛の形で詠われており、現実の歴史でも、前二十三世紀に建てられたアッカド王戦勝碑でナラム・シン王は牛冠を被った姿で彫られています。

ホメーロスは前十二世紀の詩人なので、既に春分点は牡羊座に移っていました。彼は、神々の時代を描きながらも、この現象を熟知していたので、敢《あ》えて、『オデュッセイア』のなかで、ラムペティエーとパエトゥーサーの飼う牛に同数の羊を付け加え、太陽神のもたらす豊饒を表わしたのだと思われます。

太陽神シャマシュに礼拝するハンムラビ王（ハンムラビ法典碑、前18世紀）

ちなみに、プリュギアの大地母神キュベレーをはじめ、アプロディーテー、ギリシアのガイア〔ローマのテルース〕、アテーナー〔ミネルヴァ〕、ローマのケレースといった豊饒神は全て春分後の三月半ばから四月初めにかけて祭られます。それは、カエサルが前四六年にユリウス暦を定めるまでは地中海世界の新年が春分だった故ですが、この点から、元来は月齢によって豊饒を司っていた大地母神たちも、前二十世紀頃より太陽を基準とする農法に組み込まれていったことが推定できます(7)。

◎キリストの根源は太陽神

オリエントの太陽神はシュメールではウトゥ、アッカドではシャマシュ、ヒッタイトではシメギ、ウガリットではシャブシュと呼ばれていましたが、前七世紀にザラスシュトラ〔ツァラトゥストラ＝ゾロアスター〕が、善と悪の対立する二元論を立て、善の「創造主」にて光明神のアフラ・マズダーを主神に据えました。

前五三九年にバビロンを滅ぼしたキュロス大王がペルシア帝国を建て、オリエント全土を席捲するに及び、アフラ・マズダーは「無量光」とされ、先に述べたインドの太陽神ミトラと同一の神格の太陽光明神にして「主《しゅ》の御子《みこ》」たるミトラ〔ミスラ〕として崇拝されるようになったのです。

これに強い影響を受けたのが、バビロンに捕われていたユダヤとイスラエルの民で、民族神として崇拝するヤハウェ〔エホヴァ〕を「生命　創造主たる神」に格上げしました。そして更に、本来はヤハウェの代理者として民の前に立つ王の意であった「救世主《メシア》」信仰も——これまた、ザラスシュトラに倣って——、処女神の息子がやがて天から降りてくる、というふうに改造しました。これは、アフラ・マズダーの「再来の神の子」たるミトラに対応するもので、その理想世界の確立は、アッカド〔バビロニア」の処女創造神ティアマトの息子たる太陽神シャマシュを下敷きするかたちで描かれたのでした。こうして、祖神ヤハウェを「膏肉《あぶらにく》〔Κρεωστός《クリストス》〕で表現する者」の謂《いい》である救世主《メシア》の来訪が約束されます。そして、その者は「ヤハウェの手助け」の意味を籠めて Joshua《ヨシュア》〔Jesus《イエス》〕と呼ばれました。しかし、この名称もバビロニアの魔術に使われた呼び名で、「10 火の神」に記した東アジアの鬼祓《おにはらい》と同様の儀礼の際に唱える呪文の名だったのです。母なる処女神には、後に、ケルトの地母神マトレス〔マリア〕が当てられます。

このようにして、ユダヤ教とキリスト教の救世主であるイエス・キリストの神格が確立されますが、

祭壇に聖なる火を捧げるザラスシュトラ（18世紀の版画）

太陽神の姿に描かれたイエス・キリスト（ローマ、サン・ピエトロ寺院地下墓室のモザイク、4世紀）

それは、これまでみてきたように太陽神信仰の延長線上に据えられたものでした。現在はキリスト教の象徴とされている「十字（架）」も、元来は天体観測の指標《メルクマール》として捉えられていた形なのです。すなわち、太古の新年であった春分の日に、太陽の軌道が天の黄道を横切るとき、星座の下方〔冬の部分〕から光が上方〔夏の部分〕へ昇ってくることによって十字が描かれます。

　この現象について、前四世紀にプラトンは『ティマイオス』において「そこで神は、この組織全体を縦に二つに裂いて、それぞれの截片の真ん中と真ん中を、ちょうど文字X（ケイ）のように相互にあてがい、各自が閉じた一つの円を作るように曲げ、各〻が先の接合点の真向いで、自分自身とも、互いに相手とも結びつくようにしました[8]」と述べています。黄道帯の傾斜は前五世紀にオイノピデスが発見したとされており、ヨシュア〔イエス〕の成立と軌を同じくします。そして、「太陽神を継ぐ者」たるヨシュアは春祭りである過越節《すぎこしのいわい》〔祝〕の神ですから、人々は春分点の牡羊座にちなんで小羊の犠《にえ》を供え、これを食べるのです。

　ヨシュアというのは、ユダヤ人のありふれた名前でした。『旧約聖書』「ヨシュア記」に記録されるヨシュアは、モーセの死後、民を率いて「約束の地《カナン》」へ向かう途中、ギベオンの町を攻めたときに、

「日よ、ギベオンの上にとどまれ、
月よ、アヤロンの谷にやすらえ」。
民がその敵を撃《う》ち破《やぶ》るまで、
日はとどまり、

月は動かなかった。[9]

というふうに、太陽が天の中空にとどまって、およそ一日没《ぼつ》しなかった奇跡を起こした、といいます。この伝説を承《う》けて、信仰改革の後《のち》も、「私が救世主のヨシュアだ」と宣言する者が次々と登場しました。待ち望んでいた人々は、そのたびに「救世主の到来を告げる」はずのエリアの顕現を祈りますが、エリアは降臨せず、五百年が過ぎました。

そして遂に、私たちにもなじみぶかいナザレ生まれのヨシュア・クリストス——イエス・キリストが出現しました。彼は蹇《あしなえ》〔跛〕や手棒《てんぼう》、盲《めくら》、唖《おし》などの不治の病に悩む多くの民を癒し、紀元三〇年四月七日正午にゴルゴダの丘で十字架に懸《か》けられて、午後三時に「神《エリ》よ、神《エリ》よ、なぜ私を見棄るのか《レマサバクタニ》」と叫んで絶息した、ということになっています。

このようにみてくると、ヨシュアの本性は太陽神であり、それにアッカドの豊饒神イシュタルの弟で恋人たる植物神タンムーズを習合した神格だと考えられます。したがって、ヨシュアの「復活」とは、晩秋に枯れて地中に潜《ひそ》み、春に再生してくる植物の生育に他なりません。

イエス・キリストの時代、ローマ市民の多くは太陽光明神ミトラを崇拝していました。前一世紀にペルシアからローマに入ったミトラ信仰は、アフラ・マズダーから独立して「ミトラ教」となり、紀元二七四年に皇帝アウレリアヌスは「太陽教の唯一神《ミトラ》のみが皇帝の至高の権利を付与《ふよ》する」と宣言し、国教に定めて、冬至の日である十二月二十五日を「不敗太陽神の誕生日《ナタリス・ソリス・インビクティ》」の祭日としたのです。

キリスト教が認められるのは、コンスタンティヌス帝が死の直前の三三七年復活祭の日に洗礼を受け

「天の牡牛」を屠るミトラ神。周囲には黄道十二宮が描かれている（シドン出土、4世紀頃）

たからですが、その契機は二十五年前の三一七年十二月二十七日に遡ります。

当時、六人の貴族が皇帝の座を争っており、コンスタンティヌスが最有力候補のマクセンティウスとテーヴェレ河畔で対決すると、敵陣には「太陽神《ミトラ》」の軍旗が数多く、はためいていました。コンスタンティヌスが思わず天を仰ぐと、燃える十字架の影と、「この標により汝は勝つ《イン・ホック・シグノ・ウインケス》」の四語が空中に浮かび出ました。更に、その夜、眠っている彼の耳に、「全軍の楯に十字架を描け」という声が聞こえました。お告げに従ったコンスタンティヌスは軍団旗に変えて「十字架」旗を押し立てて攻め込み、この宗教戦争がキリスト教の勝利に結びついたのです。

そして、キリスト教は冬至に当たるミトラの誕生日をそのまま奪い取ってイエス・キリストの降誕祭としました。すなわち、夏至以来、日ごとに衰弱してきた太陽がその極に達し、翌日からは勢いを盛り返す現象を、「死して甦る者」の象徴としたからです。そして、その生誕祭に立てる木《ツリー》には、かつてバビロニアで鬼祓の呼び名であった「ヨシュア」にちなんで、「10 火の神」で検証した、鬼追いの槌を意味する柊の葉が飾られるのです。なお、イエスの磔《はりつけ》にされた十字架は杉材だとされていますが、それは太古よりレバノンに生えていた杉の大枝から造ったもので、その木とは、「6 木の神」で述べた各地の世界樹のひとつだった、という伝承も語られています。

◎新羅の日の神が日本で王となる

さて、わが国の記紀神話と密接にかかわるのは何といっても古代朝鮮の伝承でしょう。十三世紀に一然の撰した『三国遺事』「紀異第一・延烏郎・細烏女」は、新羅の阿達羅王四年（伝・一五七）に日と月の光が失せたと記します。東海（日本海）の浜に延烏郎と細烏女の夫婦が住んでいました。或る日、延烏郎が藻を取っていて一つの巌《いわ》――一説では魚――に乗ると突然に巌が動き出し、日本に至って王に推戴されました。細烏女は夫が帰り来ぬので浜へ出て夫の鞋《くつ》を見つけ、また、巌に乗ると、巌は日本へ運び、王妃に立てられました。ところが、それと共に新羅は暗黒となり、この地の月日の精が日本へ去ったとの日（の観測）官の報告に阿達羅王が遣使して帰国を促すと、延烏郎は妃の細烏女の織った細綃《こまやかなあやぎぬ》〔綾衣〕を持ち帰りて天を祭るべし、と宣しました。そこで、その通りにすると日月が戻ったそうです。

逆に二つの日輪が並び現われたのは、同じ書の「神咒第六・月明師兜率歌」が載せています。それは景徳王十九年（七六〇）四月一日のことで、十日以上経《た》っても消えません。日官が、高僧を請じて散花《さんげ》の功徳をなせば災異は去ると奏言したので、王が通りがかりの月明師という僧を召すと、兜率歌《とそつか》なる郷歌を詠じて忽ち日の怪を滅したのです。他にも古い巫歌や郷歌に、二つの太陽の片方を英雄が射落とす伝があります。

古代朝鮮各国の始祖はいずれも日の神の子でした。

高句麗初代王の朱蒙《しゆもう》〔東明聖王〕は、北方の扶余にいた河神の河伯《かはく》の娘が日光に照らされて孕み、卵として産んだ者で、その奇異な出生ゆえ一族に害されて南へ逃《のが》れ、高句麗を建てました。百済の始祖である温祚王はその朱蒙の子なので、これも太陽神の孫に当たります。わが国の光仁天皇の皇后天高知日《あめたかちひ》之子姫《のこのひめ》は百済王家の出ですが、『続日本紀《しよくにほんぎ》』「桓武天皇紀」延暦八年十二月条は、皇太后の崩御を記した後に「其ノ百済ノ遠祖都慕《トヲツラヤ》〔朱蒙〕王ハ河伯ノ女〔娘〕ノ日ノ精ニ感ジテ生メル所ナリ。皇太后ハ即チソノ後《ノチ》ナリ」と特記しているほどです。

新羅の初期王朝朴氏の始祖の赫居世《かつきよせい》は「弗矩内《プルカン》〔光明理世〕」の謂《いい》で、やはり天降った瓠《ふくべ》のごとき大卵から生まれ出ました。いっぽう、同じ新羅の金氏王族は別の伝承に発祥します。後漢の明帝の永平三年〔六〇＝新羅第四代脱解王四年〕八月四日夜、瓠公なる者が月城〔現・慶州〕西里の林中に大光明を見ました。近づくと、天より地に垂れた紫雲中に光輝く黄金の櫃《ひつ》があり、樹の枝に掛かり、樹下では白鶏が鳴いていました。瓠公がその様子を王に告げ、脱解王がその林に駕幸して櫃を開けると童男がいたので閼智《あるち》〔小児〕と名付けて育てたのが、金氏の初まりだといいます。しかし、閼智は後に譲りて王位に即《つ》かず、子孫を残しました。それが熱漢・阿都・首留・郁部・俱道〔仇刀〕、そして新羅第十三代の未《み》鄒王《すうおう》〔味鄒尼師今（伝・二六二―二八三）〕の系譜だ、と『三国遺事』「紀異第一・金閼智　脱解王代」は述べています。

これに対応するのが伽耶連合六か国の始祖生誕のいきさつです。そこでも、後漢の光武帝の建武十八年〔四二〕三月禊洛日《みそぎのひ》〔三月三日〕に北亀旨の峯の頂に、天より垂れた紫の縄の先に金合子《きんごうす》が括り付けられており、その中に日のように円《まる》い黄金の卵六個が安置されていました。太古より駕洛〔伽耶〕の地で七万五千の人々を治めてきた九人の干〔酋長〕たちは、この「日の卵」に歓び、屋内に迎えて百拝しました。すると、翌朝、六卵からは童子が生まれ出ていました。そのうちの最も大きく偉容ある子を首《しゅ》露《ろ》と名づけて大駕洛〔大伽耶＝任那〕国王とし、伽耶国を建てました。他の五卵から孵《ふ》化《か》した童子たちも、それぞれ五伽耶の王になったと伝えます。

このように、古代朝鮮の各国は、その基礎に日輪崇拝を据えていますが、特に卑弥呼の時代から往来の盛んだった伽耶連合の太陽信仰は、わが国の神々の形成に大きな影響を及ぼしました。しかも、それは仏教の流伝《るでん》という文化変容を伴っていたのです。

仏教の日本公伝は欽明天皇七年〔五三八〕もしくは同十三年〔五五二〕とされており、新羅の初伝である法興王十五年〔五二八〕と大差ありませんが、高句麗では小獣王二年〔三七二〕に、百済では枕流王元年〔三八四〕に王室が仏教を認めたのに比べれば、大幅な相違といわざるを得ません。新羅と日本への仏教伝播がこのように遅れた理由については、さまざまな解釈が可能ですが、私はそれを伽耶による流伝の阻止《そし》、と考えます。

伽耶連合国家群には、現在の高霊に当たる弁辰弥烏邪馬国すなわち大伽耶〔任那〕と、洛東江河口の釜山付近にあった弁辰狗邪国すなわち南加羅の金海〔金官〕の二つの中心地がありました。

後者の南加羅は、新羅の仏教公認から四年後の法興王十九年（五三二）に、「金官国主の金仇亥と妃および三子、（すなわち）長（男）を奴宗と曰い、中（男）を武徳と曰《い》い、季〔末〕（男）を武力と曰う、以って国帑《こくこ》〔庫〕、宝物を以って（新羅に）降り来たる。（法興）王、これを礼待し、位《くらい》上等を授け、以って本国を食邑〔所領地〕とさせる。（季）子の武力は（新羅王室に）仕え、角干《かくかん》（の位）に至る」（『三国史記』）というふうに新羅に併合されました。もっとも、講和融合ですから、ほとんど対等合併で、金官加羅の祖先の地を安堵《あんど》されたうえ、一族は貴族に列せられ、末子の武力は新羅十七等位の最高である伊伐飡にまで登りました。この位は、新羅国内においても、都の慶州に本貫《ほんがん》を持つ太古からの斯盧国人《しろこくじん》のみに与えられる伝統の特権「京位」であったのです。それにもかかわらず、武力が破格の待遇を得たのは、加羅の軍事力と外交力が背景にあったためでしょう。

加羅は、斉の高帝が建元元年（四七九）に建国すると、第八代銍知〔荷知〕王は、すぐさま遣使して輔国将軍の位を授けられるほど周辺諸国の事情に通じていました。それに対し新羅の中国王朝との接触は、法興王八年（五二一）の時点でも、まだ「王の姓の募、名の秦〔法興王〕（という者）、始めて（遣）使するに百済の（遣）使に随《したが》い（来たり）て方物を奉献する」（『梁書』）という状態でしたので、軍の整備や律令制の導入などを進めていた法興王にとって、この先進性は非常な魅力だったに違いありません。

こうして新羅貴族の中枢を占めた武力の孫が、六代後の太宗武烈王（六五四―六六〇）の大将軍として活躍した金庾信《きんゆしん》です。そして、この武烈王と金庾信の時代に、新羅は大きく変貌します。

太宗武烈王は法興王の甥の曾孫に当たりますが、金氏王家の正統ではなく、四代前に新羅王家にふさわしくないとして弑逆《しいぎゃく》されたらしい真智王の孫として生まれました。太宗の前は王統に男系が絶え、善徳・真徳の両女王で継いでいましたが、いずれも子が無く、いったん、王家は途切れました。新王の選出に当たって、慶州貴族の多くの反対のなかで太宗を擁立したのが金庾信でした。この二人は、太宗が庾信の妹文姫を文明皇后として迎え、庾信は太宗が後宮の女に産ませた娘を娶ることで二重に結合され、ここに新羅中代王朝が設立されました。やがて、国力を充実させた新羅は、武烈王の嫡子の文武王三年（六六三）に百済を降し、八年（六六八）に高句麗を滅ぼして三国統一を成し、朝鮮半島全土に覇を唱《とな》えるに至ります。

この過程で創り出されたのが、味鄒と奈勿の古い王を祖先神にして護国神として崇拝する信仰でした。ここで、先に書いた高句麗・百済・新羅金氏・伽耶の始祖伝説を思い返してください。いずれも、すべて「日の御子《ひのみこ》」伝承に基づいています。

伽耶王家というのは、北アジアの扶余に発した民族が、高句麗、百済を経て朝鮮半島最南端に定着した種族で、日本列島西部にも至りました。したがって、伝説の始祖首露は高句麗を建てた朱蒙の投影に他ならず、新羅金氏の祖先である閼智もまた、同根の説話に拠っているのです。そうすると、三世紀の味鄒尼師今は閼智の六代の孫ですから、伽耶王家と同じ祖先から分かれた新羅王ということになり、大将軍金庾信も血を同じくする末裔に他なりません。その味〔未〕鄒の原義は「本」の意でした。そして、奈勿王というのは味鄒の甥で、特に高句麗と友好を結んだ第十七代王であり、四世紀頃の慶州貴族は、

元暁（右端）と義湘（左端）（『華厳宋祖師絵伝』より）

この王を「太陽を表わす始祖＝日」として崇拝していました。それ故、高句麗―百済―伽耶の始祖たる「太陽王」が新羅をも包含していたのだ、という「祖先神信仰」がこうして確立されていきます。

太古の金城〔慶州〕付近を領域《テリトリー》とした斯盧は、おそらく前三世紀の秦の分派で、「天の思想」を信奉していたと推測できます。それに対して伽耶の理念は「光の思想」であり、これが金庾信の時代に、慶州貴族に覆《おお》い被《かぶ》せられていったのです。そして、神文王〔六八一―六九一〕代になると、新羅王統史の上古の部分に伽耶――少なくとも金官加羅――の王系を繰り入れる改竄《かいざん》まで行なわれました。

更に、既に触れたように、それは仏教の変質をも含んでいました。法興王十五年〔五二八〕以来、新羅王室仏教は慶州・皇龍寺を中心に興隆し、善徳女王十二年〔六四三〕に、唐で律を学んでいた王族の高僧である慈蔵が帰国して大国統に就《つ》くと、頂点を極めました。しかし、真徳女王五年〔六五一〕に国家が官制大改革を行なった際、慈蔵は自ら謝辞して地位を退き、隠遁してしまいます。この時点で、新羅王室仏教は事実上、終焉します。

それに代わって、ゾロアスター教的な教義にのめり込んでいた円光とか、天体運行に凝っていたらしい安弘、仏の存在を陽光と捉えた元暁などの伽耶系の僧が、「世尊〔仏陀〕は此の座に処《いま》して……菩薩衆の中に威光赫奕《いこうかくやく》たること日輪の出でて世界を照明するが如し」と説く『華厳経』を選択していきます。その指導を受けた新羅王族につらなる義湘が入唐して修得し、文武王十六年（六七六）に新羅独自の「海東華厳」を創始して、これが後に日本の聖武天皇代の大仏開眼にも大きな影響を与えたのです。

実は、伽耶連合は世祖首露の妃黄玉を、後漢の建武二十四年（四八）に、西域の阿踰陁国《あゆだこく》より迎えたとする伝承があり、既に初期仏教はその時期に海上から導入された、ともいわれます。また、最初の寺の築造は第八代銍知王二年（四五二）で、この頃には古来の陽光信仰に結合させた伽耶独自の仏教——すなわち、海東華厳の原理念——が、かたちづくられていたはずです。そして、伽耶はその仏教の流出を阻止し続けていました。それが、新羅の仏教受容の遅れた理由です。

同時に、それは伽耶の倭に対する姿勢でもありました。それ故、欽明天皇二十三年（五六二＝真興王二十三年）に、大伽耶＝任那日本府が新羅によって滅ぼされると、仏教は堰《せき》を切ったように倭へ流出したのです。しかも、それは奈勿〔日〕・味鄒〔本〕という祖神信仰すら伴っていました。したがって、聖徳太子（五九三―六二二）が仏教立国を構想する頃から倭は「日本」の称号を用いはじめ、やがて、天照大神という「日《ひ》の御子《みこ》」伝承も創られていきました。

それ故なのかどうか、『三国史記』は海東華厳の基礎がほぼ固まった文武王十年（六七〇）条で殊更《ことさら》に、こう記します。

「倭国、（名を）更《あらた》〔改〕め日本と号《なづ》く。自ら言うに、日出づる所に近し、以って名と為《な》す、と」。

つまり、新羅王室のこの記述の底流にあるのは、「日・本とは、わが祖先神の名ではないか」という

咎《とが》めではないでしょうか。(10)

もっとも、倭の故地が伽耶にあったと推定すれば、この問題は解消します。たとえ、伊奘諾と伊奘冉が、この地へ渡来した神であったとしても、天照は故地の高天原《たかまのはら》へ戻って「日神《ひのかみ》」になり、素戔嗚は新羅へ追放されたのち、海を渡って出雲へ着き、母神の伊奘冉の葬られた地〔紀伊?〕を治めた、ということも納得できそうです。また、「3 鳥の神」に記した死せる大穴牟遅《おほあなむじ》〔大国主〕を母の刺国若比賣《さしくにわかひめ》が高天原の神産巣日《かみむすひ》に頼んで再生させた插話《エピソード》や、同項に述べた神功皇后の新羅征討の理由も容易に理解できます。

そして、第十代崇神天皇〔伝・前九七—前三〇〕の国風諡号《こくふうしごう》が「御間城入彦五十瓊殖《みまきいりびこいにゑ》」であるので、任那《みまな》から再渡来した「日嗣《ひつぎ》」だった可能性が高く、その即位六十五年〔前三三〕に任那との交渉を始めています。これが、まさに伽耶連合の始祖生誕伝説と時を同じくしているので、倭の「故地」が分離・独立していくさまだといえましょう。

しかも、なお、わが国は大伽耶を「任那日本府」と称することに固執しますが、新羅が真興王二十三年〔五六二〕にこれを併合したため、「日本」の名をこの地へ移植したのだと考えるのが妥当なようです。

14

河の神

中国の河神、河伯

大きな河川の無いわが国においても利根川を坂東太郎、筑後川を筑紫次郎、吉野川を四国三郎というふうに擬人化して呼んでいます。時として洪水を起こし川筋を変えるのを、いわば暴れ神として恐れ、崇めてきたからでしょう。日本とは比べものにならぬくらい大きく長く水量も豊かな諸大陸の河川と倶《とも》に暮らしてきた人々は、古来、その流れに、この世のものならぬ美女とか、奇妙な様相をしたさまざまな姿の多くの神をみてきました。

◎筑後川の支流にいた、荒ぶる女神

『古事記』は、伊邪那岐《いざなき》〔伊奘諾〕と伊邪那美《いざなみ》〔伊奘冉〕が神生みした折に速秋津日子神《はやあきづひこのかみ》と妹速秋津比《いもはやあきづひ》賣神《めのかみ》という秋津島〔日本列島〕を速走る神を生み、この二神が河と海に拠《よ》って、沫那芸《あわなぎ》と沫那美《あわなみ》の泡の神、頬那芸《つらなぎ》と頬那美《つらなみ》の水面の神、天之水分《あめのみくまり》と国之水分《くにのみくまり》の分水の神、天之久比奢母智《あめのくひざもち》と国之久比奢母智《くにのくひざもち》の水汲みの神の八柱を生んだとします。まさに、山から海へとほとばしるように流れ落ちるさまを彷彿《ほうふつ》させるわが国の清冽で微細な河神たちです。

ところが『日本書紀』一書《あるふみ》では、この河水の泡の神たる沫那芸を「沫蕩《あわなぎ》」と表記し、「沫蕩尊、伊奘諾尊を生む。沫蕩、此をば阿和那伎《あわなぎ》と云ふ」と書いているので、創造神の伊奘諾が実は水泡の神の息子だというのです。このことは中国の正史『宋史』「外国伝」日本国条においても、雍熙元年〔九八四〕に日本僧の奝然がもたらした『王年代紀』に拠って「初主を天御中主《あめのみなかぬし》と号《な》づく。次を天村雲尊《あめのむらくものみこと》と曰い、その後はみな以って尊を号《な》とす。……次は天万尊《あめのよろづのみこと》、次は沫名杵尊《あわなぎのみこと》、次は伊奘諾尊、次は素戔嗚尊、次は天照大神尊……」と、現存する史書とは異なる神系譜を明記しています。

祖神が河波の泡から生ずる伝承は中央アジア起源で、その断片が太古のわが国にも伝播していたと考えられます。

アルタイ族の創世神話によれば、原初にはゆるやかに流れる水界のみがあって、そこに聖白母《アク・エネ》がおり、その上を後に至高神となるウリゲンが漂っていると、突然、アク・エネが姿を現わし、大地と天《テングリ》を創る方法を教えたそうです。したがって、この聖白母が水泡であり、主神ウリゲンはその息子に当たります。ウリゲンは大地を創り、そこに付着した粘土の一部を分けたところ、それが冥府王エルリクになり、同じく粘土と葦から七人の人間と七本の樹を作って世界を形成しました。その後、人間をめぐる諍《いさかい》からエルリクは地下界に追放されましたが、その地には人間の涙でできた九つの川がトイボディム河に注いでいるというので、この冥府神もまた河の主の神格を併せ持っているといえましょう。

後にイスラムの影響を受けた内陸アジアのモンゴルからトルコに及ぶ広い地域では、河に棲む悪霊アルバスタがいます。長髪で長い乳房を肩にかけたこの醜い女は、いつも川辺にいて人々に質《たち》の悪いいたずらを仕掛けているのです。またタジク族が、人を捕えては喰らうと恐れている毛むくじゃらで手足の爪が長く怖い顔の巨女デワは、谷川や湖底を住処《すみか》としています。しかし、貴金属を採っては巧みに細工する技も持っているので、布織り女の守護女神として崇拝される一面もあります。

機織女《はたおりめ》にまつわる川の女神は古代日本にもいました。『肥前国風土記』基肄《き》の郡《こほり》・姫社《ひめこそ》の郷《さと》条が記すところでは、御井《みゐ》の大川《おほかわ》〔筑後川〕の上流の一つである山道川《やまぢがは》の西に「荒ぶる神ありて、路行く人、多《さは》に殺害《ころ》され、半《なかば》は凌《しの》ぎ、半は殺《し》にき」というありさまでした。そこで、祟りの由《ゆえ》〔因縁〕を占うと、筑前国宗像郡《むなかたのこほり》の珂是古《かぜこ》なる者をして社《やしろ》に祭らしめればよい、と兆《しるし》が出たので珂是古を探し出して意を告げました。珂是古が神の祭ってほしい場所を求めるため幡《はた》を飛ばすと、幡は風に乗って姫社の社《もり》〔杜〕に落ち、再び舞い上がって今度は山道川の畔《ほとり》に落ちたので、彼は神の在《いま》す所を知ったのでした。そして、その夜の夢に朝鮮風の織機の一つである臥機《くつびき》と糸繰り具の絡垜《たたり》が顕われ出て体を圧《お》すように感じたので、珂是古は機織りにかかわる女神だとわかり、やがて姫社の社を建てて祭り、これが後に地名になったという話です。

◎黄河の神はおしゃれで遊び好き

中国には太古より多数の河神がいました。

その最も古いと思われるのは、汾水の河畔に生まれ九元真母の異称を持つ巨霊で、黄河の中に横たわっていた華山を「河神巨霊は手で盪《おしうご》〔推動〕かし脚で蹋《ふ》〔踏〕みて開けば両《ふたつ》となる。今も〔その〕掌《て》足《あし》の跡の仍《さま》〔様〕は存す。華厳開山図曰く、巨霊胡なる者ありて坤元《だいち》〔大地〕の道を徧《あまね》く〔会〕得し、能《よ》く山川を造り江河を出《いだ》す、と」（『水経注』「河水」）の怪物でした。

『山海経《せんがいきょう》』には夥《おびただ》しい数の奇っ怪な神が記されていますが、朝陽の谷の神の天呉《てんご》は水伯《みずのかみ》とも呼ばれ、人面をした八つの首、八つの足を持ち尾は十本、虎の身で青黄の毛に覆われています。(1) 驕山の神の鼉圍《だい》

天呉

蟲圍

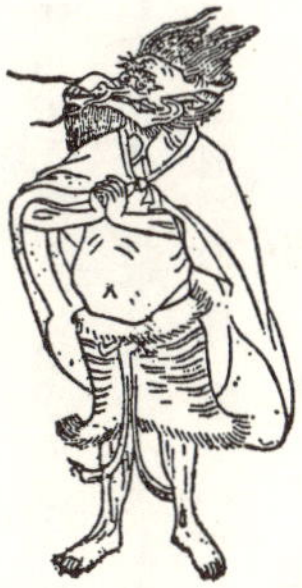

計蒙

（『山海経』より）

耕父神

も人面で羊の角に虎の爪があり、いつも雎水《しょすい》と漳水《しょうすい》の淵で遊び、水に出入りするたびに光を発します。近くの光山にいる計蒙は人身に龍首、常に漳水の淵に遊んで暴風雨を起こしています。また、豊山の清冷の淵で遊び戯れている耕父神もやはり出入りの際に光を発し、この河神が顕われた国はやがて滅亡してしまうのです。[2] 更に、清らかな淫水《ようすい》にも河神がいるものの名は不明です。その姿は牛のごとく

二つの首に八足で馬の尾、「勃皇《ぼっこう》」と声を出し、これが顕われた所は必ず戦火に見舞われるといいます。(3)

むろん、このように異様な神ばかりでなく美女の河神もいました。

長江と嘉陵江の合する地に都があった春秋時代の巴《は》(現・四川省巴県)は伝説の帝王伏羲《ふっき》の後裔とされる民の巴族の建てた国で、それは天に昇る梯《はしご》とも伝えられた建木《けんぼく》の近くにありました。建木とは、「9木の神」「13日の神」で記した極東の扶桑と同じく、梢に十(個)の日(輪)が並《なら》び出たといわれる若木《じゃくぼく》の一つで、同様な若木は西方の崑崙にもあった、といわれています。太古、この巴族に廩君《りんくん》あるいは務相《むしょう》と呼ばれた英雄がいました。当初は南方の鐘離山に巴族をはじめ五部族が岩穴で暮らしつつ争っていたのを廩君がまとめ、貧しい山岳での生活を捨て安住を求める旅に出ました。滔々《とうとう》と流れる夷水を下って塩水のほとりの塩陽に着き、数日の休養のために舟を降りて天幕を張りました。

この地には聡明で美女の河神がいて廩君を一目見るなり惚れこみ、「私の所は土地も広く、魚も塩もたくさんあるので、よそへは行かないでください」と頼みました。女神の心を知った廩君も愛の心は抱いたものの、塩陽がたいして広くなく、魚も塩もそれほどではないので、いずれは他へ移りたく思いましたが、女神は毎夜、廩君のもとへ忍んできて朝になると小虫に変じて天空を飛び回りました。山や水の精霊も全て河神の恋に加勢し、いっせいに虫に変じて飛んだので日差しが遮《さえぎ》られ、廩君が皆を率いて出発しようとしても無数の虫のため方角の見当もつきません。身勝手な河神の恋に決着をつけようと、廩君は毛髪を一本抜いて女神に渡し、「あなたと生死を共にする証《あかし》にこの青い髪の毛を体から離さないでほしい」と頼み、女神は喜んでそれを身に帯びました。翌朝、女神が虫に変身して大空を飛ぶとその青い毛は風になびいて翻《ひるがえ》ったので、廩君が「陽石」(4)に足を踏んばりそれをめがけて矢を射ると、女神の美しい姿が宙に顕われ出たとみるや、ふらふらと塩水に落下し、濁流に沈んでしまったのです。それとともに無数の虫も姿を消し、四方はさわやかに晴れわたりました。そこで廩君は皆を連れて再び舟に乗り、やがて絶壁上に広い肥沃な原野を見つけ夷城の都を建てたのでした。(5)

『史記』「五帝本紀」や『尚書』「堯典」によれば、古代帝王の堯（伝・前二三三三―前二二三四）は不肖の嗣子である丹朱を位に即《つ》かせず、庶民ながら正しく暮らしに励んでいた舜（伝・前二二三三―前二一八四）を登用し、娘の娥皇と女英を二人とも嫁がせました。舜は父親の瞽叟《こそう》とその後妻、義弟の象《しょう》からさまざまないじめを受けますが、二人の妻の機知で切り抜け、堯の与えた試練にも耐えて天子の地位を得たのです。しかし、南方を巡歴中に不幸にも蒼梧の野で薨《こう》じました。これを知った娥皇と女英は断腸の悲嘆にくれ、すぐに車や船を乗り継いで駈けつけましたが湘水に至ったところで恨みをのんで投身し、その霊は河神になりました。

娥皇と女英

屈原は『楚辞』「九歌」で「湘君」と「湘夫人」を詠っていますが、この双方の河神のうち

沅湘に波無くさせ
江水をも安らかに流れしめる

の湘君は娥皇であり、

荒忽《こうこつ》〔恍惚〕として遠くを望めば

流れる水の潺湲《さらさら》（の音）する観《さま》〔状景〕のみの湘夫人は女英だとする解釈があり、朱子もこの立場を採っています。だが、このようになごやかな時ばかりでなく、悲しみと恨みで気分が高ぶっている折は猛烈な暴風雨を起こし、蛇を手にした多数の怪神と鳴き叫ぶ怪鳥を従えている、という伝説（『山海経』「中山経」）もあります。

河の神といえば河伯《かはく》を忘れるわけにはいきません。河伯は冰夷《ひょうい》とも馮夷《ひょうい》とも呼ばれ、前四世紀頃の荘周は『荘子』「大宗師篇」で、「それ道《みち》は情あり信あれども、為《な》すなく形なし。伝うべくして受くべからず。得《う》べくして見るべからず。……馮夷はこれを得《え》て、以って大川《たいせん》に遊《およ》〔潜＝渉水〕ぎ、……」と、古神の一柱に挙げています。

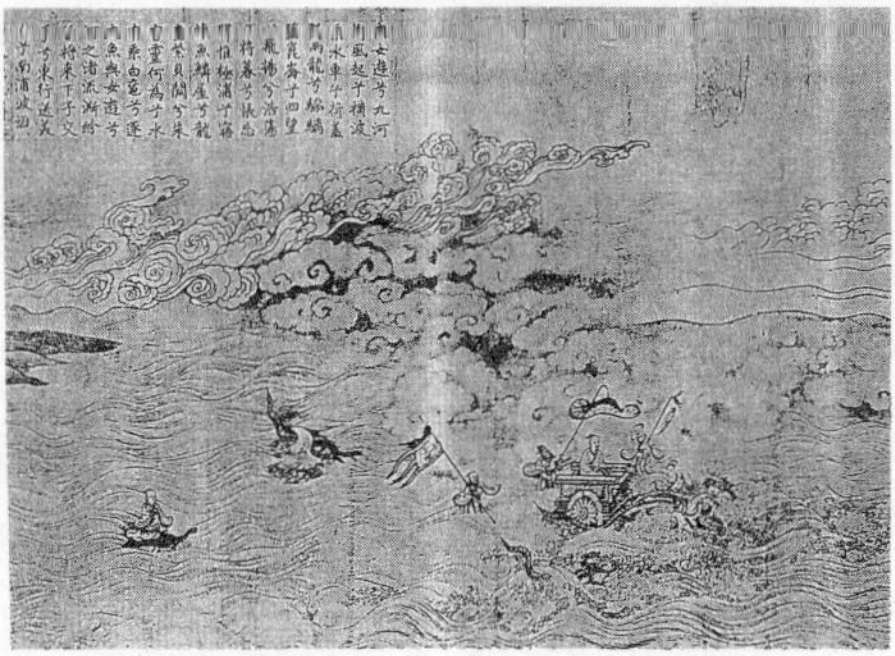
九河を巡る河伯（『楚辞』挿画）

『山海経』「海内北経」は「従極の淵は深さ三百仞にて、ここに冰夷が都す。冰夷は人面にて両《に》〔二〕龍《りゅう》に乗る」とし、前二世紀に淮南《わいなん》国王の劉安を中心に編まれた『淮南子《えなんじ》』「原道訓」では、「昔、馮夷と大《たい》丙《へい》〔伯〕の〔陰陽を〕御《ぎょ》〔馭〕するや、雲車に乗りて雲蜺《にじ》〔虹〕に入り、微《かすか》なる霧に游《あそ》びて怳《こう》〔恍〕惚《こつ》として驚《うご》〔動〕き、〔遍〕歴して遠きも高きも往き極めぬ。霜雪を経て迹無く、日光に照らされるに景《かげ》〔影〕なく、扶揺《つむじかぜ》〔旋風〕に抮抱《ひきもど》〔引戻〕されつつ上《のぼ》〔昇〕り、山川を経《ゆ》〔行〕き紀《とお》〔通〕りて崑崙〔山頂〕に踏み騰《あが》り、〔西方の天空たる〕閶闔《りょこう》〔門〕を排《お》〔推〕し〔開き、遂には天帝の居す〕天門に鑰《い》〔入〕

る」と描写しています。そして、漢代には仙化して黄河の神になったとされましたが、四世紀の晋の葛《かつ》洪《こう》は『抱朴子《ほうぼくし》』外篇に、「河伯は華陰〔現・陝西省潼関県西〕の人なり。以って八月上〔旬の〕庚《かのえ》の日に〔黄〕河を渡らんとして溺死す。天帝、〔これを〕河伯の署《くらい》〔位〕となす[6]」と述べますが、これは戦国期の魏王の墓から出土したといわれる『竹書紀年』帝芬十六年条に「洛〔水の神の〕伯用、河伯馮夷と闘う」とあり、殷代には河川の氾濫を鎮めるのに牛を沈めたという祭儀を意識して記したと思われます。

河伯は見目麗《みめうるわ》しい男子《おのこ》で、真っ白な顔に魚尾のある細長い体をしており、『楚辞』「九歌」「河伯」が、

　白き黿《あおうみがめ》〔青海亀〕に乗りて文魚《あやのうお》を逐《したが》〔従〕え
　女〔神〕とともに河の渚《なぎさ》に遊べば
　流澌《りゅうひょう》〔氷〕紛《みだ》〔乱〕れて下り来る

と詠うように、龍が曳く蓮の葉で覆った水車《みずぐるま》に乗って、常に女神や仙女と戯れつつ九つの河川を巡り遊ぶ瀟洒《しょうしゃ》で放蕩好きの風流な貴公子で、毎年、新しい妻を娶《めと》っては楽しむのだと人々は噂していたのです。

　この河伯の正妻が雒嬪《らくひん》で別名を宓妃《ふっぴ》といい、伏羲の娘でしたが洛水を渡っていて溺死し洛水の女神になったのです。美女として名高く、各代の詩人がこぞって賞めそやしましたが、魏の武帝〔曹操〕の三男で陳王の曹植〔子建〕も『洛神賦』において、

　遠くより之を望めば、皎《あきらか》〔明〕なること太陽の朝霧に升《のぼ》〔昇〕るが若《ごと》く
　迫《せま》りて之を察《み》〔見〕れば、灼《あきらか》〔明〕なること芙渠《はす》〔蓮〕の緑波より出《いず》るが若し

雒嬪（清代の木刻画）

と讃えています。

このような宓妃と、「7月の神」で記した月の女神嫦娥の夫で弓の名手の羿《げい》が恋をしたといいます。妻の愚痴に耐えかねて家出し放浪中だった羿は洛水の川辺で、一群の仙女と楽しげに遊び戯れながらも、時折、ひっそりと岩の上に立ち、淋しそうな頬笑みを浮かべて風景を眺める宓妃の表情にたちまち心奪われました。いっぽう、放蕩な河伯としっくりいってなかった洛水の女神も英雄の羿に本当の男気を感じて、二神の愛は成就したのでした。

一門の精霊たちの報告でこの恋を知った河伯は怒り心頭に達したものの、羿の武勇を恐れて白龍に化して大洪水を起こしました。多数の人々に被害を与えたこの卑劣な行為を許せぬ羿は白龍の左眼を射たので、河伯は元の姿に戻って天帝に訴えたところ逆にたしなめられ、ただ妻に当たり散らすほかありませんでした。宓妃は夫との不和を避けようとし、羿もまた嫦娥の嫉妬をおそれたので、二神の恋は、これで終わりました。河伯＝冰夷＝馮夷は黄河の神と伝えられていますが、白川静氏は、冰夷＝馮夷は本来は（長）江の神であり、もっと古くは南方苗系の水神だった、という説に立っています。[7] それは、漢の司馬相如が武帝の神仙を好むを諫《いさ》めて創った『大人賦《たいじんふ》』で太古の洪水を詠うなかに、

霊媧《れいくわ》をして琴《きん》を鼓《う》〔打〕たせ、馮夷をして舞わしむ

のくだりがありますが、霊媧は伏羲の妃の女媧のことで、西南方の氾濫を指しているからです。同様に、先に掲げた曹植の『洛神賦』でも、

馮夷、鼓を鳴らし、女媧、清歌す

と並称し、更に、晋の郭璞《かくはく》の『江賦』においては、長江中流の描写に、

氷夷、浪に倚《よ》〔寄〕って以って傲睨《へいげい》し

江妃、嚬《ひそみ》を含みて矊眇《めんびょう》〔遠視〕す

と詠うので、馮夷＝氷夷とは、伏羲の分身なのではないか、というのです。

そうすると、その南方系の水神が黄河に移ったのは、前二十四―前二十三世紀の堯の時代だと推定できます。『尚書』「堯典」に「三苗《さんびょう》を三危に竄《うつ》〔遷〕し」とあるように、邪凶な苗族を黄河上流の三危山〔現・甘粛省渭源郊外〕へ押し込め、北方よりの侵寇に当たらせたので、馮夷＝氷夷も黄河へ勧請されて河伯になったわけです。

河伯の神格は、殷を建てた東北夷によって遠く遼東や東北アジアへもたらされました。それ故に、「13日の神」でもみたように、天帝の子が扶余に降って、青河〔現、鴨緑江〕の畔《ほとり》で河伯の娘と婚し、朱蒙が生まれました。扶余で迫害された朱蒙は南へ逃げ、淹滯〔盖斯水〕で追手に捕えられかけたところ、河伯が魚や鼈《すっぽん》で橋を造り、渡らせてくれた、というので、ここでは河伯が鴨緑江流域の神になっています。

◎大地を豊かにするナイルの神々

後代には創造神ヴィシュヌの足指から流れ出ているとされたインドの大河ガンジスは、しかし、原初には天国にあったと語られていました。天の都はヒマラヤ山系の聖山メルの頂上にあり、山神ヴィンディヤとその妻メナは、「9花の神」でも述べたガンジス河の女神ガンガーと大地母神パールヴァティーを産みました。ガンガーは都を三回りして流れる聖河でしたが、彼女は神々と結婚し、天上にとどまっていました。そこで、かたくなな彼女を地上へ降ろそうとアヨーディヤー王のサガラが努めたのですが実らず、その試みは息子のディリパ、孫で賢者にして苦行者のバギーラタへと受け継がれました。バギーラタは創造神ブラフマーの助言で破壊神シヴァの力を借りて、厭がるガンガーの水をシヴァのもつれた頭髪に入れることに成功し、七つの分流として地上へ導き、その一つが聖なるガンジス河になったのでした。

ガンガーはまた、「9花の神」でふれたように、戦いの神カルティケーヤの母胎でもありました。悪神の阿修羅《アスラ》によって絶望に追い込まれた神々を救おうと嵐の神インドラは、聖仙《リシ》に火神アグニの精子六滴を採取してもらい、黄金の器に入れたガンジスの水に収めてプレアデス星団《クリッティカ》に育てさせ、遂に生まれたのが六つの首と十二の眼・腕・脚を備えたカルティケーヤで、長ずるに及んで阿修羅を駆逐したのです。

インドのもう一つの大河インダスの河神は太古から男神のシヴァでした。いっぽう、ジュムナー河は女神ヤムナが治めていましたが、後には、「13日の神」で記した太陽神スーリヤの娘のヤミー――死者の王ヤマの双生の妹――と同一視されるに至りました。

前三十世紀頃にインドへ入ったアーリア人が最初に居住したサラスヴァティー河を、同名の女神が治めていることも「9花の神」でみました。サラスヴァティーはサンスクリットの創始者とされ、それ故に言葉の女神のヴァーチェと同一視されています。そして、更には、ペルシアへ入ったアーリア人が祭祀した河川女神のアナーヒター――湿潤にして強力かつ汚れ無き者《アルドウィー・スーラー・アナーヒター》――とも同一視されます。それは、言葉・戦い・豊饒を司ることに由来するのですが、その神格は共にシュメールのイナンナ、アッカドのイシュタルを根源として伝播したものでしょう。

しかし、このアナーヒターが、「13日の神」で述べたミトラと同様に東遷してインドへ至り、紀元前後に仏教に取り入れられて三世紀頃に、「3鳥の神」でも述べた観世音菩薩《アヴァローキテーシュヴァラ》の神格が創り出されま

ガンジス河の女神
ガンガー像

アナーヒター女神
（5-6世紀の銀製水差し）

した。したがって、観音の多くは、水の女神にふさわしい豊満な姿態に水瓶を持つ様相で表わされています。

エジプトのナイル河は、原初、宇宙を取り巻く大洋であって、日中は太陽の軌道である天のナイルと地下の冥界を流れる地獄のナイルの双方があると考えられていました。このナイルが冥界から、或いは原生の水たるヌンから二つの洞穴を通って現われ出る場が上流の第一急流で、ここを治めるのが冷水の主とも呼ばれた「創造する《クヌム》」神です。クヌムはまず自己を創造し、次いで天、大地、冥界、水そして全てを創った河神で、水平に波打つ角を持つ牡羊、もしくは後ろ脚で立つ牡羊の姿で表わされました。クヌムの正妻は蛙の頭部をした水神ヘケトでしたが、より有名なのが羽毛の冠を被った内妻の「抱擁す《アヌケ》る《ト》」女神で、元来はスーダン出自でしたが氾濫するナイルの土地はアヌケトの抱擁によって豊饒な畑に変じたのです。同じく豊饒と愛を司る「種を蒔く《サティス》」女神はクヌムとアヌケトの娘で、ナイル氾濫時に万

ナイルの河神クヌム

天のナイルの神ハピ像

物に生命を与えました。しかし、異説では太陽神ラーの娘であり、ヘケトの地位を奪ってクヌムの妻になったといい、常に冥界の入口に立っていて、王《ファラオ》が死者の国に入る際に浄《きよ》めの水を注ぐ役でした。

天のナイルの河神はハピです。彼はヌンと同一視され、ナイル上流の洞穴の渦巻きから出現したのち冥界、天、エジプトを通って流れる神で、第一急流のビゲ島に住み、クヌムが入口を護る洞穴で長椅子にもたれています。ナイルの氾濫時に豊饒をもたらすハピはまた豊饒神オシーリスの化身でもあって、顎髭《あごひげ》のある青色の男神ですが、その豊饒性は垂れ下がった女神の乳房で表わされているので、両性具有の河神なのです。

ヨーロッパでは、ライン河中流の巨岩ローレライに凭《よ》って歌声で舟人を惑わす妖精が有名ですが、中欧のドナウ河にも美しい声で若者を誘って溺れさせるルサルカがいます。この鬼女は冬を水中で過ごし、夏は岸辺の樹上に棲むとされ、ロシア北部ではその姿は緑色に光る眼の青白い死体のようだといわれています。ルサルカの夫が人や獣を溺れさせては肉を食べるヴァジャノイで、やはり氷の下で冬を越し、春に目覚めたときに豚や馬の供物がないと洪水を起こす悪神です。逆に、ふだんは馬の姿をしているのがドイツ北部やスカンディナヴィア、スコットランドにいるケルピーで、旅人や子供が慣れた馬だと思って乗ると、たちまち水に跳び込ん

樹上のルサルカ（エ・ピリピン画）

で溺死させます。

フランスのローヌ河の妖怪ドラックは金の指輪や杯の形で川面を漂い、水浴している女や子供が摑《つか》もうとすると川底の洞窟に引き込んでしまいます。なかには、ドラックたちと水中の洞穴で楽しく暮らしたのち、七年も経って戻ってきた女性もいたそうです。

15

嵐の神

古代インドの嵐神インドラ

これまで、太古から中世にかけての多彩な神々の様相と事跡をみてきました。それは各世代の人々が心に抱いた強い印象と記憶から創出され、崇められ、讃えられ、あるいは歪曲させられたものでしたが、できる限り始源《アルケー》へと収斂する作業を試みたつもりです。したがって、これらの神々の系譜の原点を探ると、遥かなる太古に全地球的な大災害があり、それを惹き起こした原因と、収拾すべき要訣の双方が、世界各地で或る強烈な神として人々に畏怖されました。その後、幾多の変容を経ながらも、それは嵐の神格として今なお語り継がれています。

◎炎帝と黄帝の一族争いが語る大暴風雨

わが国の記紀神話は、母なる根国《ねのくに》に赴くことを姉の天照《あまてらす》に告げようと素戔嗚《すさのを》が天に登ったときの様子を「山川悉《ことごと》くに動《とよ》み、国土《くにつち》皆震《ゆ》りき」(『古事記』)、「溟渤《おほきうみ》以《も》て鼓《とどろ》き盪《ただよ》ひ、山岳《やまをか》為に鳴り呴《ほ》えき。此《これ》則ち、神性雄健《かむさがたけ》きが然らしむるなり」(『日本書紀』)と伝えます。したがって、古代の人々は素戔嗚を恐ろしい暴風雨神として写象《イメージ》していたのです。もっとも、その素戔嗚を創成した伊奘諾《いざなき》も国生みを行なった後に、先に「3 鳥の神」で述べたごとく(1)、自らの気を四方に発散させる「息長《おきなが》」の呪法をもって根の国・底の国にまで気吹《いぶ》き放って版図を確立したので、この父神が既に嵐の神の要素を持っていたことになります。

そして、素戔嗚の子——異説では六世の孫——である大国主神には幾つかの別称がありますが、その

黄帝（左）と炎帝（『三才図会』より）

女媧（漢代の画像石）

ひとつ佐太大神《さだのおほかみ》が誕生したとする加賀《かが》の神埼《かむざき》の窟《いはや》は「今の人、是の窟の辺《ほとり》を行く時は、必ず声磅礚《とどろ》かして行く。若《も》し、密かに行かば、神現れて、飄風《つむじ》起り、行く船は必ず覆《くつが》へる」（『出雲国風土記』）というので、やはり強風神であり、それ故、この三神は嵐の支配を継ぐ直系の神格だったといえます。

中国では原初に名の知れぬ黒龍が四極を破裂させたので天に穴が生じ、地も万物を載せられなくなったと『淮南《えなん》子《じ》』「覧冥訓《らんめいくん》」は説きます。そこで始神の伏羲《ふっき》の妹にして妻たる女媧《じょか》は五色の石を錬《ね》りあげて蒼天をふさぎ、鼇《おおがめ》〔大亀〕の足を断《き》って四極に立てて修理しました。このとき黄河中流域の冀州《きしゅう》に顕われた黒龍の素性は定かではありませんが、その後も大地を震がす大嵐はしばしば生じ、史書はそれを二つの勢力の大規模な対立として記録しました。

それは異父兄弟ともされる伝説の炎帝（伝・前二八三七―前二六九七）と黄帝（伝・前二六七四―前二五七五）の戦いに始まり、双方の子孫の代まで続いた闘争でした。太陽神にして農耕神・医神の炎帝は天上天下を治める大神でしたが、四つの顔を持つという黄帝が天帝の地位を脅《おびや》かしたので、阪泉之野〔現・河北省涿鹿県〕において戦いを挑みました。炎帝は「9火の神」でみた玄孫の火神・祝融に命じて火攻めを仕掛けました。しかし、雷雨神の黄帝は熊羆《ゆうひ》、貔貅《ひきゅう》、貙虎《ちょこ》といった猛獣を表徴《トーテム》とする諸部族を先鋒に起用して水攻めをもって撃破し、三戦して勝利しました。かくして黄帝は中央を支配する天帝となって君臨し、敗れた炎帝は南方と夏季のみを司る帝に貶《おとし》められ、歳老いて戦意を失いました。

炎帝の生まれは厲山《れいざん》〔現・湖北省随県北〕とする説（『括地志』）と、華陽〔現・陝西省商県〕とする説（『帝王世紀』）がありますが、育ったのは姜水《きょうすい》〔陝西省岐山付近〕で「姜」を姓としますから、西方の羌戎の出自でしょう。王として陳〔現・河南省淮陽県〕に都し、後に山東の曲阜《きょくふ》に移りました。

いっぽう、黄帝は「母の附宝が祁《き》〔現・山西省祁県〕の野で、大いなる電《いなづま》〔稲妻〕が北斗（七星の第一星である）樞星《すうせい》を繞《めぐ》〔巡〕るを見て感じて懐孕」（『輿地志』）し、二十四か月後に寿丘〔現・山東省曲阜県北〕で生まれました。しかし、有熊国〔現・河南省新鄭県〕君主少典の次子だという伝承が古くからあり、姫水《きすい》に育ったので「姫」を姓としたといいますが、これは後に周王室が踏襲します。たぶん、北狄の一種で、西北方から東夷の領域に入り込んだ族の血を引く者だったと考えられ、初めは彭城《ほうじょう》〔涿鹿〕

に都しましたが、後に軒轅《けんえん》〔有熊〕の丘に遷《うつ》ったと伝えられます。

この二柱の嵐の神の戦いは、炎帝の「火」に対して黄帝の「水」の争いでした。炎帝は、古代オリエントのギルガメシュやエンキドゥ、実在のアッカド王ナラム・シン、インド亜大陸のヤマ〔閻魔《えんま》〕やイマと似た人身牛首でした。それは四季ごとに黄金四眼の鬼面を被って疫病を逐《お》う「難《な》」の祀《まつ》りを行ない、冬至には疫の根源である尸鬼を祓《はら》う「蜡《さ》」の祀《まつ》りをなして、万神に供物を捧げる任務に当たる神官の様相でした。また、「神農」の号を持つように、春分には野に火を付けて焼畑を起こし、農作物の熟成を祈る者でもあり、その技法が戦略に用いられたのです。

黄金の林檎を護るラードーン（前5世紀の壺絵）

では、黄帝がなぜ水に拠るのかといえば、「軒轅」というのは古代中国の星座名で、北斗七星の北に位置して雷雨を司るとされた星である「黄龍」座の別称なのです。それは私たちが天頂近くに見上げている「龍座」に他なりません。そして、その龍とは、ギリシアのヘスペリスの園の黄金の林檎を護っていた龍ラードーンで、英雄ヘーラクレースに退治されたため、ゼウス妃のヘーラーが天に上げて星座のうちに加えた、と伝承されているものです。ところが、同じ名称のラードーンというのは、大洋神《オーケアノス》と河川母神《アーテウス》の子でアルカディアの河神のことですから、しばしば龍と同一視されており、龍が水と関係が深いのは言うまでもないことです。

また、黄帝には「帝鴻」の異号がありますが、この鴻とは、『荀子《じゅんし》』「成相篇」の「禹に功あり、鴻を抑《ふさ》〔塞〕ぎ下す」に楊倞《ようりょう》が「鴻、即ち洪水なり」と注したごとく、大水の謂で、同時にそれは白鳥《はくちょう》をも指します。したがって、「3鳥の神」で触れた、世界各地に分布する白鳥処女伝説の一つを担っていたわけです。

このような視点で炎帝と黄帝を捉えてみると、炎帝とは、「12水の神」で検証したように、春分点が牡牛座にあった前三十二世紀頃の「古い摂理」を奉ずる者であったのに対し、黄帝は春分点が牡羊座に移りはじめた前二十五世紀頃の「新しい原理」に立とうとした改革者であった、とわかります。このことはギリシア神話でも読みとれます。ラードーン龍に黄金の林檎を護らせていた「夕べの娘たち《ヘスペリス》」は七人であり、それは古き春分点の牡牛座のなかに散開するプレアデス星団〔昴《すばる》〕を意味し、同時に、やはり白鳥処女伝説を示します。それ故、当初、彼女たちは、主女神《ヘーラー》が至高雷神《ゼウス》と結婚するときに大地母神《ガイア》からもらった林檎——生命の根源——の担い手にふさわしかったのです。しかし、春分点が牡羊座に移るにしたがい、意味付けができなくなっていきます。そのため、後代になると七人娘《ヘスペリス》は蒼穹支神《アトラース》の姪とされ、アトラースが羊飼いで、娘たちの園の林檎は羊——林檎〔μῆλα《メーラー》〕と羊〔μῆλα〕は同意義——だというように言葉の意味そのものが変わっていってしまいます。そして、もはや、林檎を守護する必要を失った龍《ラードーン》はヘーラーによって星座にされました。つまり、英雄ヘーラクレースの十二の武勇伝は、この春分点の移動にかかわる「神話の整理」だったようです。

しかし、炎帝の孫のひとりに勇猛な巨人の蚩尤《しゆう》がいて、黄帝に従いません。彼は鋭い角が生えた銅頭と耳脇の鬢《びん》が剣のごとく直立した鉄額の牛頭人身、四つ目と六手を有する奇っ怪な姿態で砂、石、鉄を常食し、戟《ほこ》、刀、斧、盾、大弩《おおゆみ》などの兵器を巧みに作り、その八十一人の兄弟も全て同様の姿と技を持つ怖るべき神々でした。黄帝の玉座を覆さんとする蚩尤は南方の苗族や山精の魑魅魍魎《ちみもうりょう》をも動員し、「炎帝」の旗幟を掲げて阪泉より数里離れた涿鹿に殺到しました。

雲霧や風雨を思いのままに操る術を駆使できる蚩尤は天地に広がる濃霧を生じさせ、鬼神さながらに変幻自在の戦法で攻め込んだので黄帝の軍は大混乱に陥り、その場を動くこともできずに撃ち破られました。そのとき、臣下の風后が指南車を発明したので濃霧の中から脱出でき、黄帝は大雨を降らせる能力を持つ応龍(2)〔黄龍〕を呼び寄せて蚩尤の陣に向かわせました。しかし、蚩尤は風神の風伯と雨神の雨師を招いて猛烈な暴風雨を起こさせたので応龍は手も足も出ず、黄帝軍は四散するのみでした。

蚩尤（『石索』より）

そのため黄帝は青衣を纏《まと》った娘の魃《はつ》〔妭〕に支援を求めました。容姿が醜く頭が禿げているこの娘の体内には大量の炎熱が満ち溢れていたので戦場に到着すると、たちまち暴風雨は止み、太陽が輝いて炎暑になったのです。この機に乗じて応龍は冀州《きしゅう》の野に攻め入り、蚩尤の兄弟数人とかなりの苗族を殺して成果を挙げましたが、いっぽう、魃のいる場は千里四方にわたって旱魃《かんばつ》が生じ人々を悩ませたため、陝西《せんせい》の赤水の北へ追放せざるを得ませんでした。膠着状態になった戦乱を打開すべく黄帝は大音響を発して味方を奪い起こす法を思いつきました。「4山の神」で記したように、一足の怪獣の夔《き》の皮を剝いで鼓とし、雷神の雷獣の骨を撥《ばち》として九回叩くと、天地の色が変わるほど轟いたので、蚩尤はすっかり胆をつぶして怯え、遂に敗れ去ったのでした。その後、蚩尤はやはり炎帝の後裔である巨人族の夸父《こほ》の応援を得て再び黄帝を攻めましたが、人頭鳥身の玄女に兵法を伝授され、昆吾《こんご》の宝剣を手に入れた黄帝に殺されました。

更に黄帝に戦いを挑んだのは、「1天の神」で述べた炎帝臣下の形天ですが、頭部を斬り落とされた後も彼はいつまでも干《たて》と戚《まさかり》を操って舞わせ、戦いをやめなかったといいます。

これらを継いだ争いは、黄帝の孫である顓頊《せんぎょく》（伝・前二四九〇—前二四一三）と、「12水の神」でも触れた炎帝の子孫たる共工との間でなされました。それは顓頊が宇宙の全てを支配せんと、太陽、月、星々を北方に縛り付けて動かさなかったのに怒った水神の共工が、同様に抑圧されていた天神を結集して反乱したもので、共工臣下の九頭蛇身の相柳や浮游、顓頊の属神の禺彊《ぐうきょう》らも参戦し、西北の天を支える不周之山の麓で大激戦を繰り広げたのです。このとき怒り狂った共工が不周之山をへし折ったために大地が傾き、東南に大穴があいて水が流れ込み、海洋が形成されました。同時に、北天に縛られていた太陽や月、星々が自由になったので現在のような天体の運行が始まったというのです。

◎主神エンリルが嵐で滅ぼしたウル王朝

前三十—前十五世紀にインド亜大陸に侵入したアーリア人も強力な嵐の神を信奉していました。インドラです。「11 地の神」で記したように牝牛たる大地神プリティヴィーの脇腹からインドラが生まれ出るや、天と地と山は震え、全ての神々は宇宙神ヴァルナを超える者の出現を懼《おそ》れましたが、やがて、それは現実のものとなりました。

ヴァジュラを持ち象に乗るインドラ
（バージャー石窟、前１世紀）

それ以前、世界は旱魃と飢えをもたらす悪魔ヴリトラ〔アヒ〕が跋扈《ばっこ》して雲の牛を幽閉していたために危機にさらされており、牡豚に乗った「吼える者《ルドラ》」が小さな嵐と風を起こして対抗していたものの、まるで歯が立たぬ有様でした。そのような状況のもとに生まれ出たインドラは、「11 地の神」でも述べたように、兄のトヴァシュトリの造り出した力の源泉であるソーマ酒を百頭の牝牛が出す力の量も飲み干し、父たる天神ディアウスの稲妻ヴァジュラを取りあげてヴリトラの九十九の城砦に嵐を叩きつけ、遂に悪魔と対決したのです。自らを不死身と考えていたヴリトラですが、インドラはその弱点を見つけだし稲妻によって倒し、雲の牛を解放したので大雨が地上に降り注ぎました。その戦いのさまを『リグ・ヴェーダ讃歌』「インドラの歌 その一」は、

五　インドラは、肩はる（怪物）・最大の障碍・ヴリトラを殺せり、偉大なる武器ヴァジュラによって。斧《おの》もて伐《き》り倒されたる木株のごとく、アヒは大地にひれ伏す。

……………………

八　切られし葦《あし》のごとく、あわれに横たわるもの（ヴリトラ）の上越えて、水はマヌ（人間の祖先）のために流れゆく。かつてその威力により占め囲みたる（水）、その（水）の足下に、アヒは（今）横たわる。[3]

と詠いあげています。

このインドラに常に随伴しているのが、ルドラの息子たちであるマルト神群で、見目好《みめよ》く勇敢な若者の数は二十七とも百八十ともいわれます。彼らは黄金の兜と胸当てを着けた姿で弓矢、斧、槍で重装備し、三頭の鹿の曳く黄金の戦車で旋風に乗じて駆けぬけ、嵐と雷を起こしてはインドラを援《たす》けました。

かくも高貴なインドラもペルシアでは至高神アフラ・マズダーによって悪魔の地位に堕されました。とはいえ、水を堰止める黒龍アジ〔アヒ〕を降した「障碍《ヴリトラ》を打破る者《ハン》」として、その形容語のみは戦勝《ウルスラ》神《グナ》と讃えられ、国土の守護神として特にササン朝の諸王が尊崇しました。このウルスラグナは宗教改革を成したザラスシュトラ〔ゾロアスター〕の前に風・牡牛・馬・駱駝・野猪・若者・大鴉・牡羊・山羊・人間の十種の姿で顕現したといい、その大鴉のさまを『アヴェスタ』「ワルフラーン・ヤシュト」は、

皆、羽持てる者を怖れる。

それ故、総ての敵は、私自身を怖れよ、
それ故、総ての邪悪なる者は、我が身体に宿りし力とウルスラグナ（＝勝利）を怖れよ。(4)

というふうに、嵐の神の存在を讃えるのです。

古代オリエントのシュメールでは、前二十二―前二十世紀に栄えたウル第三王朝が恐るべき大嵐で壊滅した、と粘土板『ウルの滅亡哀歌』が記録しています。それは主神で大気神のエンリルが、

良い風をシュメールから奪い去ってしまった――人々は嘆き悲しむ。
悪い風に彼は命じた――人々は嘆き悲しむ。
嵐の支配人キンガルウッダの手中に彼は（悪い嵐を）与えた。

ので天から雄哮《おたけび》をあげ、大地で吼《ほ》え立てて国を滅ぼし尽す大暴風が起こり、そのためウルの守護神たる月神ナンナルと、その妻にしてイナンナの母神たるニンガルの神殿が崩落したと語ります。更にエンリルは、火と光の神ギビルを呼び寄せて、

彼は暴風の目の前で火を放った――人々は嘆き悲しむ。
荒々しい暴風とともに荒野の灼熱の熱さを放った。(5)

ので太陽の光も失せたといいますが、そのくだりは「13日の神」でも述べた記紀神話の素戔嗚の横暴に

ウル滅亡を嘆く哀歌を刻んだ粘土板（ルーヴル美術館蔵）

怒った天照が天石窟《あまのいはや》に隠れた挿話を彷彿《ほうふつ》させる表現だといえるようです。

実は、この暴風雨の情景は、ウル第三王朝の最後の王イッピーシン（前二〇二七―前二〇〇三）が、部下にして宿敵のイシュピエルラの猛攻の前に敢えなく滅ぼされていく史実と重ね合わされており、自然の猛威のなかで現実の戦闘も繰り広げられていたのでした。

◎始源の至高神は、みな嵐と稲妻の神

ギリシアの嵐の神は大きく三つの系統に分かれています。最も古いのは「2海の神」で記した女神大地《ガイア》が天空《ウーラノス》を夫として産んだ雷鳴《ブロンテース》、電光《ステロペース》、閃光《アルゲース》の一眼巨人族《キュクロープス》三神で、彼らはウーラノスに縛られて冥界タルタロスに投げ落とされたのですが後に至高神ゼウスに救い出されました。それ故、ゼウスに雷霆を、その兄弟の地下神ハーデースに隠れ帽を、海神ポセイドーンに三叉の戟を贈り、主神たちはこれらを片時も離さぬ武器として愛用したのです。キュクロープスたちはシシリア島の洞窟に拠っていて、前十二世紀のトロイア攻めに参加したオデュッセウス一行が帰還の途中に立ち寄ったところを捕えたうえ嵐を起こし、青銅の城壁に囲まれた浮島アイオリアまで吹き飛ばしてしまいました。

この浮島は、ポセイドーンの子である風神アイオロスが六人の息子と六人の娘を互いに婚姻させて共に住む地で、その洞窟はあらゆる風を閉じ籠めておく場でした。アイオロスはオデュッセウスを歓待し、帰国に必要なもろもろの風を牛皮の袋に入れて与え、帆には順風の西風《ゼピュロス》を吹かせました。しかし、船が無事に故郷イタケーに近づいたとき、部下の一人が袋には金が入っていると思って開けたために強烈

オレイテュイアーを攫うボレアース（前５世紀の壺絵）

な逆風が起こり、アイオリアに吹き戻されました。更に風を請うオデュッセウスに対し、アイオロスは神々の意思に反してまでは救えぬ、と拒絶したので一行は再び漂流の旅を続けざるを得ませんでした。

ヘーシオドスは『神統記』で曙《エーオース》女神が星《アストライオス》男と共寝して西風《ゼピュロス》、北風《ボレアース》、南風《ノトス》を産んだと詠っていますが、温和なゼピュロスやノトスに反し、北トラーキアのハイモス山の洞穴に住むボレアースはいつも荒々しい嵐を吹かせていました。彼は双面で有翼、蛇脚の姿で、太古のアテーナイ王エリクトニオスの牝馬と交わって十二頭の仔馬を産ませ、また、エレクテウス王の娘の山中を彷徨する女《オレイテュイアー》が魔女《パルマケイアー》と一緒にアテーナイ近郊のイーリッソス河畔で遊んでいた場に吹き寄せて攫《さら》い、有翼の双生児カライスとゼーテースを産ませたのでした。

これらの神々を超えて、実は至高神ゼウスそのものが偉大なる嵐の神だったと考えられます。それは「雲を集める《ネフェレジェレテス》」「雨を降らせる《ヒュエティオス》」「降下する者《カタイパテス》」「落ちる者《カッポータス》」「電光《ケラウノス》」といった異称が全て雷を伴う暴風雨を示しているからで、その力はしばしば牡牛に譬《たと》えられました。同様に古代エジプトの至高神にして豊饒神で冥界神たるオシーリスも牡牛に擬せられています。また、先述したように中国の炎帝と蚩尤も牛頭人身であり、更にアッシリアやバビロニアの英雄神ギルガメシュとその対抗者たる荒ぶる神エンキドゥも共に人頭牛身だとされていたのです。

北欧神話の『エッダ』が語る太古の嵐の神も牡牛だったようです。それは牡牛アウズフラムに養われた始源の巨人族の祖神「荒れ狂う者《ユミル》」で、この牡牛が塩辛い霜で覆われた石を舐めると最初の人間ブーリが顕われ出、その孫がオーディン、ヴィーリ、ヴェーのアース三神なのですから主神たちも牡牛の精だったことになります。

これら牡牛の形象《シャープ》は、繰り返し述べてきたように、太古に世界各地の新年であった春分を示す牡牛座《タウルス》の表現に他なりません。その星座は、古代中国では天の二十八宿のうち西方に当たる白虎七宿の第四宿たる昴《ぼう》で、同時に白鳥処女伝説の基であるプレアデス星団七星でもあるのです。むろん、この星の和名は「昴《すばる》」で、私たちの祖先神にも春を告げるものでした。「1天の神」で「天神様のなで牛」に言及しましたが、それも、この「天の牛」崇拝が起源でしょう。

また、太古の中国では牡牛座《タウルス》α星〔アルデバラン〕を「牽牛《けんぎゅう》」と呼んで信仰し、それを地に移して「土牛《どぎゅう》」となし、豊作祈願したことも「1天の神」で述べました。しかし、前二十二世紀頃からは春分点が牡羊座《アリエス》に移ってしまいます。ところが、この時代に新年を春分から冬至に変更した黄河流域の人々は、冬至点である山羊座《カプリコルヌス》β星を同じ「牽牛」の名称で呼び続け、混乱が生じました。

そして、西方の古・北極星信仰が伝播しました。すなわち、初秋の収穫祭に祖先神として祭祀する白鳥座α星・白鳥座δ星・琴座α星〔ヴェガ〕——それぞれ前百六十世紀・前百四十世紀・前百二十世紀の北極星——崇拝です。それには、天の河を挟んで相対するヴェガ〔「墜《お》ちる鷲」〕と鷲座α星〔アルタイル＝「翔《と》ぶ鷲」〕のオルペウス信仰も付随していましたが、古代中国では、そのアルタイルもまた、豊作感謝の意味を籠めて「牽牛」の名称にしてしまったのです。

こうして私たちは、一万四千年前の至高女神〔ヴェガ＝織女〕と豊饒神〔アルタイル＝牽牛〕に今なお、毎夏、願いを託して祈り続けています。この七夕の行事を「たなばた」と呼ぶのは『万葉集』が、

2027 わがためと織女《たなばたつめ》のその屋戸《やど》に織る白栲《しらたへ》は織りてけむかも

2040 彦星《ひこぼし》と織女《たなばたつめ》と今夜《こよひ》逢ふ天《あま》の河門《かはと》に波立つなゆめ

2041 秋風の吹きただよはす白雲は織女《たなばたつめ》の天《あま》つ領巾《ひれ》かも

と載せているように、棚機津女《たなばたつめ》崇拝があったからです。棚機津女は夏と秋に、水辺の服織屋《はたおりや》に籠って、天の神の衣を織る乙女で、天神の降臨に際しては清流で禊《みそぎ》して、神に身を委《まか》せたといい、白鳥処女伝説を承《う》けています。記紀神話では、天照自身、もしくはその直属の巫子が当てられており、「13日の神」で記した、高天原《たかまのはら》での素戔嗚の乱暴の際も「天照大御神、忌服屋《いみはたや》に坐して、神御衣《かむみそ》織《お》らしめたまひし時、其の服屋の頂《むね》を穿《うが》ち、天《あめ》の斑馬《ぶちこま》を逆剝《さかは》ぎに剝《は》ぎて堕《おと》し入るる時に、天の服織女《はたおりめ》見驚きて、梭《ひ》に陰上《ほと》を衝《つ》きて死にき」（『古事記』）というふうに強調しています。『日本書紀』一書《あるふみ》によれば、実は、梭《かび》で傷つい

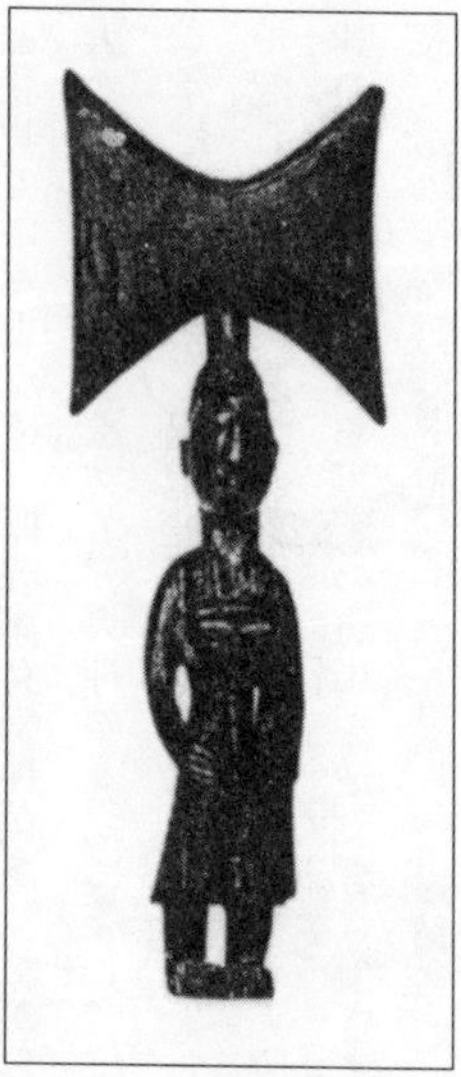

嵐神シャンゴの従者像

たのは天照だった、とします。

　その乱暴の原因になった誓約《うけひ》という呪儀は、天安河《あめのやすのかは》を隔てた姉弟神が相見ての術競べですから、ここでの天照はヴェガに、素戔嗚はアルタイルに擬せられており、おそらく、これがわが国の最も古いかたちの北極星＝祖先神信仰を伝えるものなのでしょう。そして、その天照が太陽女神に転ずるのは、ここで述べる天体の軌道の乱れが鎮まってから、だと考えられます。

　天が乱れたのは、春分点が牡牛座《タウルス》から牡羊座《アリエス》へ移行しはじめる時期に何度か生じたようです。それ故、嵐の神を牡羊である始祖神に譬《たと》える民もありました。

　アフリカ・ナイジェリアのヨルバ族が尊崇する嵐の神シャンゴは元来、部族の四代目の王で名医でしたが、口から火を吐いて人を殺す暴君だったので家来たちの反乱に遭い、森をさまよったあげく天へ昇って神になりました。嵐のときに必ず大地に落ちるとされる雷電の音をヨルバ族は牡羊の啼《な》き声《ごえ》と同じだと捉え、これがシャンゴ神の聖獣になっています。トーゴのダコンバ族は太陽の飼う牡羊が足踏みをすると雷が鳴り、尻尾を振ると稲妻が光り、その毛が抜けると大雨となり、牡羊が走ると嵐になるといいます。ガーナのアシャンティ族の嵐の神は天の最高神ニャメであって雷電を神の斧と呼び、それを模した石斧を壺と共に村の入口に置いており、同様にニジュール河上流域のソンガイ族も天空神ドンゴを嵐の神とし、彼が投げる斧が雷電となって人々を殺すと信じています。スーダンのディンカ族は天と地の息子にして始祖神のデングが嵐の神で、その棍棒が稲妻だといいます。

ペルーのワリチロ高地の伝説では、大洪水後の混乱のさなかにコンドルコト山頂の五つの卵から五羽の隼が飛び出した、とします。嵐の神パリアカカとその弟たちで、彼らは敵対する火の神カルインチョと村、断崖、森で闘《たたか》い、嵐と稲妻の矢を用いて蛇に変ずる相手に勝ち、世の中を清めたのでした。しかし、中米ではメキシコでケツァルコアルト、マヤでククルカンと呼ばれた「翼ある蛇」が至高神でした。東の海から顕現して人々の法を定めたこの神は、やがて自らが金星となって太陽に向かって姿を消したといい、そのとき世は大暴風雨に見舞われたのです。

メキシコのケツァルコアルト神

こうして、世界各地で祖神の多くが嵐の神でした。それらの神々が出現したのは、現在の金星が木星から分裂して大彗星となり、太陽の引力のもとに系内を放浪していた宇宙的規模の暴風雨の時期です。

既に、「5 山の神」で述べたように、ギリシアで最も有名な女神パラス・アテーナーは、母のメーティスからではなく、父のゼウスの頭部から誕生しました。前八世紀の詩人ヘーシオドスは『神統記』で、こう詠います。

そして　ゼウスみずから　輝く眼のアテナを生まれたの

だ　御自分の頭から。
この方は　畏《かしこ》い方で　鬨《とき》の声を惹き起し軍勢を導き　疲れを知らず　また女王である。
彼女は　喚声　戦い　闘争を楽しみたもうたのだ。(6)

これが木星〔ゼウス＝ユーピテル＝ジュピター〕から生まれた当初の金星〔アテーナー〕の姿です。むろん、五十億―四十五億年以前に出来た太陽系の惑星のなかで、金星だけが数千年前まで無かった星だとは、とうてい考えられません。しかし、或る時期の金星が、何らかの天体的理由で軌道を外れて彷《さ》徨《まよ》っていた、という想定は可能でしょう。実際、バビロニアや古代ヒンドゥーの天文表に金星は惑星として記されていなかったといわれ、ギリシアのレウキッポスやデモクリトスなどは前五世紀に至っても、これを惑星として認めたがらなかったそうです。

おそらく、それは、まず木星が軌道を乱したためで、この「太陽になりそこねた」巨大な惑星が天空を荒れ狂いました。その様相をヘーシオドスは、オリュムポス神族とティーターン神族の争いとして、

ゼウスは　もはや御力を抑えてはおかず
すなわち　御心が激怒に満ちるや　すべての力を示された。彼は
天空から　またオリュンポスから　いちどきに飛び出して行かれたのだ
小休みもなしに　雷光を　浴びせながら。その雷電は
雷鳴と電光をともなって　しきりに飛んだ
彼の力強い手から　聖い炎を巻きあげながら。

生命《いのち》の糧《かて》をもたらす大地は　炎上して　あたりにすさまじく響動《とよも》し
涯しない森林は　あたりに　物凄い悲鳴をあげた。
大地は　すべて煮え立ち　大洋の流れや
不毛の海も　沸きかえった。熱い蒸気が
地の上のティタンどもを　おし包み　名状し難い火炎は　輝く上天《アイテル》へと立ち昇った。
…………………
ちょうど　大地と広い天が　上空で　衝突したかのようであった。
というのも　それほどの激しい物音が　起りもするだろうから　もし
大地が投げ倒され　天が上空から（大地の上に）落ち被《かぶ》さるなら。
それほどの凄まじい物音が　神々の激闘する　戦さの庭に起ったのだ。
また　風たちも　地揺れ　砂嵐
大いなるゼウスの矢弾《やだま》なる　雷鳴　電光
燃えさかる雷電をもたらし　両軍の真っただなかに雄誥《おたけ》びと喚声を運んだ。

と、描くのです。

ここで注目しておくべきは、ティーターン神族のうちには、火神プロメーテウス、冥界女神ヘカテー、夜光女神レートーなどのほかに太陽神ヘーリオスト・ヒュペリオーンと月女神セレーネー・ポイペーが含まれていたことです。すなわち、木星の暴虐は太陽や月の光を失わせ、もしくは、それと同等の輝きで天空に眩然《げんぜん》したというわけです。私たちのよく知る天照の石窟隠れも、中国の古典が語る十個の太陽の出現も、たぶん、同じ現象を異なる角度から見た記録なのでしょう。

木星の惑乱は地軸をも傾かせました。極の位置がずれ、あたかも天の東南が崩れ落ちたかのように思えました。金星が、白熱した木星の陰に呑み込まれ、再び姿を現わしたときは、まるで木星の上部から分かれて跳び出たかのごとくだったのでしょう。

この天体の乱れが、地球上に、全世界的規模の暴風雨と洪水を惹き起こし、人々は壊滅的な打撃を蒙《こうむ》りました。もっとも、それは単に地軸のわずかな傾きや地球の自転の狂いといった、地上だけの異常だったのかもしれません。しかし、それは一度だけだったのではありません。少なくとも四度、太陽は別の場所から昇り、[7]「12 水の神」で記したように、四度の大洪水が襲いました。

木星は、火星との間の小惑星群に衝突して粉砕し、龍座の方向へ蹌踉《よろ》めき出ました。

そのさまを、ヘーシオドスは、ゼウスと怪物テューポン〔テュポーエウス〕の闘いとして語ります。

だが、ゼウスが激しく苛烈に雷を打ち鳴らせば　大地は　あたりに
物凄く　響動《とよも》し　また　上空の広い天も
海も　大洋の流れも　大地の深淵《タルタラ》さえも鳴り響動した。
彼の不死の脚もとで　大いなるオリュンポスは　打ち揺られた
この神（ゼウス）が奮起されると。大地も呻《うめ》きの声をあげた。
そして　菫《すみれ》色の海を摑《つか》んだのだ　両者からの炎熱すなわち

雷鳴と電光　かの怪物から吹き上る火炎
稲妻伴う烈風と　燃えさかる雷電の炎熱が。
大地はすべて　そして天も海も　煮え立った。

それは牡牛座《タウルス》が春分点であった前四十四―前二十二世紀だと推定できます。

実は、龍座ι星とは前四十世紀頃の北極星だったのです。それ故、木星〔ゼウス〕なる者は、私たちの遙かなる祖先が天の指針として崇めていた至高の神性をも侵したのだ、といえます。

やがて、木星が鎮まると、今度は金星が太陽系内を放浪して、火星の軌道を乱したので、地球上の人々はまたも大災害に見舞われました。[8]

混乱が終焉したのは、金星が元の位置に戻り、豊饒の女神アプロディーテー〔ウェヌス＝ヴィーナス〕の名が冠せられた時でしょう。その折、アテーナーは「乱れる金星」の神格を喪失し、抽象的な戦闘女神になりました。

完全に平穏に復した時期は、古代中国で帝堯（伝・前二三三三―前二二三四）が秩序を整えたという前二十三世紀までかかったのでしょうか。ともかく、私たちの知る神々の多くはこの大異変の時代に生み出され、神話が語り始められたようです。そして、時代を遡れば遡るほど世界の神々が共通項で括《くく》られていたことに気づきます。それは、私たちの想像が及ばぬ或る時期に、各地の神々が密接に交感《コレスポンダンス》していたことを示すものかもしれません。

全世界が滅亡の危機にさらされてから約六千年が過ぎました。わずかに生き残った人々とその子孫が営々《えいえい》と励み続けたので、私たちはいま、一つの文明の頂点に立ち得ました。そして、それは既に「下り坂」にさしかかっており、多くの人は神々の名称と神格にも興味を示そうとしません。しかし、文明は約一万二千―一万五千年周期で興亡するという説(9)が古くから数多く示されています。ここでみてきた神々の始源《アルケー》も、ほぼ、それくらいの遠古まで遡れることでしょう。

現代から一万二千年後、私たちの子孫の北極星は再び琴座α星〔ヴェガ=織女〕になっています。そして、春分点は天秤座にあるはずです。とはいえ、天に散らばるそれらの星々が、また地にあって吹く風や流れる河が、どのような神々の名で呼ばれているのか、私には知る由《よし》もありません。

注

序

（1）江戸時代の荻生徂徠や山片蟠桃が男神説を述べ、津田左右吉もこれを支持しています。

（2）『旧約聖書』「創世記」第二章（日本聖書協会、一九五五年改訳版）

一　天の神

（1）これは後世の竄入《ざんにゅう》とするのが通例の解釈で、『日本紀略』に同様の記事はありません。

（2）唐の張守節は『史記正義』において、『帝王世紀』を引いて「神農氏は姜《きょう》姓なり。母を任姒《じんし》と曰《い》い、有蟜《ゆうきょう》氏の女《むすめ》〔娘〕にて〔年を〕登《くわ》〔加〕えて少典〔有熊国主〕の妃となり、華陽に遊びしとき龍首の神ありて（それに）感じて炎帝を生む。人身牛首にて姜水において（成）長す」と記しています。

（3）『山海経』「海外西経」形天の「天」は既にみたように人の頭部を表わす口ですから、これも元は天神だったのでしょう。ただし、『淮南子《えなんじ》』「墜形篇」注、『酉陽《ゆうよう》雑俎《ざつそ》』「諸皐記」、唐の等慈寺碑などは天ではなく「夭」と記しています。

（4）『春秋左伝』襄公十四年伝に、晋の范宣子《はんせんし》が戎子駒支《じゅうしくし》を「羌《きょう》（族）の戎《えびす》の氏《こうし》〔公子〕よ」と蔑《さげす》んで呼び、昔、おまえの先祖は秦に瓜州《かしゅう》〔現・甘粛省敦煌県〕から追い払われ、身ひとつで私の祖先の世話になったのを忘れたのか、となじった個所があります。駒支はこれに応《こた》えて、秦人が私ども（羌）戎を追い払ったとき、あなたの祖先の恵公は、これは四嶽《しがく》の遠孫だから大切にしようと田地を賜ってくれたのです、といったので范宣子も詫びたといいます。このくだりに疏《そ》した唐の孔穎達《くようだつ》は、姜は炎帝の姓だったが後裔が改姓したので絶えていたのを、（炎帝の一族の共工の兄弟孫の）四嶽《しがく》が禹《う》の治水に助力したので帝尭が元に戻して姜の姓を四嶽に与え、チベット系族の尊厳を保たしめた、と解説しています。

（5）『リグ・ヴェーダ讃歌』辻直四郎訳（筑摩世界文学大系9所収。筑摩書房、昭和四十九年）

（6）『ギルガメシュ叙事詩』「第六の書板」矢島文夫訳

（山本書店、一九六五年）

（7）カール・ケレーニイは、『ギリシアの神話』でアラートゥスを引いて、このようにいっています。

（8）ヘロドトス『歴史』青木巌訳（新潮社、昭和四十三年）

2 海の神

（1）このときは珍彦《うづひこ》——記では単に国つ神——の名称ですが、おそらく同一の神格でしょう。

（2）ヘシオドス『神統記』廣川洋一訳（岩波文庫、一九八四年）

（3）カール・ケレーニイ『ギリシアの神話』「神々の時代」高橋英夫訳（中央公論社、昭和四十九年）参照。

（4）至高神ゼウスが、ある時、夢精して一滴の精液をアグドスという大岩に落としたところ、その岩は両性具有《アンドロギュノス》のアグディスティス（プリュギアの大地女神）を産みました。ディオニューソスの計略で、この女神の男根が去勢され、その血からサンガリオス河神の娘にして大母神のナナが生じた、という話があります。拙著『幻想説話学』「Ⅲ・剣」（平河出版社、一九九一年）参照。

（5）『イナンナ女神の歌』五味亨訳（筑摩世界文学大系1所収。筑摩書房、昭和五十三年）

（6）『四つのギリシャ神話』逸身喜一郎・片山英男訳（岩波文庫、一九八五年）

（7）知育《ムーサイ》は、ゼウスと記憶《ムネーモシュネー》の女神の九人の娘の総称——単数形は知育《ムーサ》——で、天上の女《ウーラニアー》の他に、讃える女《クレイオー》、喜べる女《エウテルペー》、祝祭の女《タレイア》、歌う女《メルポメネー》、踊りを楽しむ女《テルプシコラー》、憧れを呼びさます女《エラトー》、讃歌に富める女《ポリュームニアー》、美しき声をもてる女《カリオペー》がいました。アプロディーテーがウーラニアーと同一視されたのは、東方起源の「天の女王」だったためでしょう。

（8）運命《モイライ》は、夜の女神ニュクスの三人の娘もしくは三つの部分——単数形は運命《モイラ》——で、紡ぎ女《クロートー》、割り当てる女《ラケシス》、不変なる女《アトロポス》から成り立っています。この女神たちが紡《つむ》ぎ出すのは私たちの人生で、そのうちの一日が逃れられぬ「死の日」になるのです。

（9）アルテミスの神格形成については、拙著『幻想説話学』「Ⅷ・熊」を参照してください（注(4)同書）。

（10）フレイザー『金枝篇』「第一章　森の王」永橋卓介訳（岩波文庫、一九五一年）

（11）ヒッポリュトスは英雄テーセウスが女武者族《アマゾーン》の女王ヒッポリュテー——あるいは、その妹のアンティオペー——に生ませた息子。テーセウスはアテーナイ王アイゲウスの子とするのが通常ですが、一説には、海と泉ならびに大地・地震・馬の神でもあるポセイドーンの子とされ、エウリピデスが前四二八年に著わした悲劇『ヒッポリュトス』もこれに立脚しているので、海神はヒッポリュトスの祖父になります。

(12) ケレーニイによれば、ヒッポリュテーの呼び名そのものが「奔放な牝馬」を指すといいます。同様に、ヒッポリュトスとは「野性の解き放たれた牡馬」の意。注(3)同書「英雄の時代」参照。

(13) 騎馬での狩猟と戦闘に明け暮れた女武者族《アマゾーン》の守護神は処女狩人のアルテミスであり、母系で育てられたヒッポリュトスも、この女神だけを崇拝していたのです。

(14) この大洋に対応するのが冥府を七巻きして流れる大河ステュクスで、オーケアノスの娘とされています。

(15) V・G・ネッケル、H・クーン、A・ホルツマルク、J・ヘルガソン編『エッダ』「ギュルヴィたぶらかし」谷口幸男訳（新潮社、昭和四十八年）

(16) 拙論「海若と東王父——浦島伝説の原像——」（『環シナ海文化と古代日本』所収。人文書院、一九九〇年）参照。

3 鳥の神

(1) 殷の風については、拙著『幻想説話学』「V・風」を参照（「2 海の神」注(4)同書）。

(2) 今本の『爾雅』「釈鳥」注に、この文はありません。

(3) 『古事記』には登美能那賀須泥毘古《とみのながすねびこ》〔鳥見長髄彦《とみのながすねびこ》〕を討った記事はあるものの、金鵄の飛来を述べません。

(4) 「折風」については『後漢書』『三国志』『南斉書』『魏書』『隋書』が記しています。

(5) 矰繳についても『幻想説話学』「II・桃」（「2 海の神」注(4)同書）を参照。

(6) 『日本古典文学大系・日本書紀上』（岩波書店、昭和四十二年）の「補注」に拠りました。

(7) A・アルパーズ編著『マオリ神話』「ハワイキの神話・マウイ神話」井上英明訳（サイマル出版会、一九八二年）

(8) 『古事記』あるいは『日本書紀』の他の一書では葦船《あしぶね》で流し棄てています。これが、より古い投棄法であり、太平洋沿岸の各地の伝承に類例があります。

(9) 松本信広『日本神話の研究』「豊玉姫伝説の一考察」（平凡社、東洋文庫、昭和四十六年）

(10) 第十次遣唐使船は天平勝宝四年（七五二）閏三月に難波を出発しましたが、帰途、第一船が安南に漂着。天宝勝宝五年に一隻が、六年の一月と四月に各一隻が帰着しているので、これが播磨、速鳥だと思われます。この記事の翌年二月には第十一次遣唐使船が発するものの、この時は一隻のみです。

(11) ヘロドトス『歴史』巻二（「1 天の神」注(8)同書）

(12) 石上玄一郎『ヌンの海から来た人々』第二部「エジプト人とインド人」（平河出版社、一九八八年）を参照。

(13) 『カレワラ』「第十五章 レミンカイネンの蘇生と帰郷」森本覚丹訳（講談社学術文庫、一九八三年）

(14) 『ニーベルンゲンの歌』第二十五歌章、相良守峯訳（世界文学全集古典篇・中世叙事詩篇、河出書房、昭和二十七年）

(15) 『エッダ』「巫子の予言」（「2 海の神」注(15)同書）

(16) 越前、越中、越後のどこの地名かは不明。

(17) 実際、出雲国造《いづものくにのみやつこ》が着任して一年の潔斎《けつさい》の後に朝廷へ出向いて、大国主からの祝詞を述べる『出雲国造の神《かむ》賀詞《よごと》』のなかには、「……天《あめ》の下《した》を知ろしめさむ事の志《しるし》のため、白鵠《しらみどり》の生御調《いきみつき》〔奉納品〕の玩物《もてあそびもの》と、倭文《しづ》の大御心《おほみこころ》もたしに、……」のくだりがあります。すなわち、出雲から朝廷へは多くの品々とともに白鳥を奉納するのが恒例でしたが、これは誉津別王の故事に基づいて、宮中に唖がいないようにする呪法だったのです。

(18) 鎌倉時代の高僧、明恵《みようえ》上人高弁は『華厳宗祖師絵伝（華厳縁起）』で、この場面を描いたばかりか、自らも善妙＝蛇女に非常に強い関心を抱いていました。

(19) 素戔嗚尊が出雲の簸の川上で八岐大蛇《やまたのをろち》を討って得た天叢雲剱《あめのむらくものつるぎ》――『古事記』では都牟刈《つむがり》の太刀《たち》――で、素戔嗚は高天原の神々に献上しましたが、天孫降臨の際に祖神の宝物として授けられ、再び日本列島へもたらされました。以来、天皇家に安置されていたのを、崇神天皇六年（伝・前九二）に倭《やまと》〔大和〕の笠縫邑《かさぬひのむら》で豊鍬入姫《とよすきいりびめの》命《みこと》に天照大神を祭らしめたときにその地に移し、垂仁天皇二十五年（伝・前五）に倭姫命《やまとひめのみこと》をして伊勢の磯宮《いそのみや》〔現・内宮〕に天照を鎮《しづ》め祠《まつ》らせたので、この剱も同時に伊勢で祀られました。そして、景行天皇四十年（伝・一一〇）に東国討伐を命ぜられた日本武が出発に当たって伯母の倭姫の許に立ち寄り、授けられたものです。「草薙」の名の由来は、日本武が駿河まで至ったところで、その地の賊に欺かれて草原に入ると四周より火を放たれましたが、向火《むかいび》を打ち出して身の安全を図った際に「王《みこ》の所佩《はか》せる剱、叢雲《むらくも》、自ら抽《ぬ》けて、王の傍《かたはら》の草を薙《な》ぎ攘《はら》ふ」(『日本書紀』異文)という神意に依っています。なお、拙著『幻想説話学』「Ⅲ・剣」(「2 海の神」注(4)同書)を参照してください。

(20) 福永光司「鬼道と神道と真道と聖道」(岩波書店「思想」一九八〇年九月号所収)

4 山の神

(1) ジャックリーン・シンプソン『ヨーロッパの神話伝説』「Iフォークロア」橋本槇矩訳(青土社、一九九一年)参照。

(2) この母を、単純に系譜上の母である伊奘冉尊《いざなみのみこと》と断定はできません。というのは、素戔嗚は、父の伊奘諾尊《いざなきのみこと》が黄泉《よもつくに》から戻って祓《みそ》ぎ除《はら》いをした際、鼻を洗って生まれた子ですから、むしろ父神のうちに隠されている母性とでも捉えるべきでしょう。

(3) 豊饒神としてのディオニューソス、アドーニス、タンムーズ、バアール、オシーリス、アッティスについては、拙著『幻想説話学』「Ⅲ・剣」(「2 海の神」注(4)同書)を参照。

(4) 鮎貝房之進『日本書紀朝鮮地名考』(『雑攷』第七輯上巻、昭和十二年/復刻、国書刊行会、昭和四十六年)に拠っています。

(5) 紀伊の熊野とするのが通例で、出雲の鰐淵山とする説もあります。また、三品彰英は朝鮮半島の熊津《クマナレ》〔忠清南道公州〕と、慶尚南道昌原郡熊川《クマナリ》面の二つの地名を挙げ、紀伊の紀氏一族の加羅経営との関連を記しています。『日本神話論』「記紀神話と歴史」(『三品英彰論文集』第一巻、平凡社、一九七〇年)参照。

(6) 鵝〔鵞鳥〕では大きすぎるので、本居宣長は『古事記伝』で「蛾《が》」と修正しています。『日本書紀』一書《あるふみ》では「鷦鷯《さざき》の羽を以て衣にして」と、非常に小さな鳥の鷦《みそ》鷯《さざい》だと記しています。

(7) 東方朔の『神異経』「西荒経《せいこうきよう》」では、「西方の深山の中に人あり。身長は尺余。袒身《はだか》〔裸〕にて(川)蝦《えび》、(川)蟹《かに》を捕う。(その)性、人を畏《おそ》〔怖〕れず。人の止《し》宿《しゆく》するを見れば、暮れてその火に依《よ》〔寄〕り、以って蝦蟹を炙《あぶ》る。人の不在を伺《うかが》いて、人の塩を盗み、以って蝦蟹を食す。名づけて曰《いわ》く山臊。その(sao の)音は自らの叫び(声)。人、嘗《かつ》て竹を以って火中に著《お》〔置〕くに、爆烞《はぜ》て(弾《はじ》け)出る。臊、皆、驚き憚《おそ》〔懼〕る。之《これ》

〔山臊〕を犯《そこな》〔害〕わば人をして寒熱せしむ。此《これ》、人の形なりと雖《いえど》も、変化《へんげ》せるなり。然らば亦、鬼魅《きみ》の類《たぐい》ならん。今、所在《いたるところ》〔到る所〕の山中には皆、之がおり」と記しています。

(8)今本の『広異記』に、この記述はありません。

(9)これを引く『太平御覧』「妖異部三」「精」は、続けて「足は後ろ向きにて喜び来たりて人を犯す。(それ故、)人は山谷へ入りて夜にその音声、笑語を聞かば、その名の蛟知《こうち》と曰《い》うを呼ばわれば、即ち敢えて人を犯さず。一名を超空《ちょうくう》と曰わば、また兼《あわ》〔幷＝並〕せて之を呼ぶも可《よき》なり」と述べます。

(10)これを引く『太平御覧』は「揮《き》」としているので、それが『抱朴子』古本の記述だったのかもしれません。

(11)貝塚茂樹『神々の誕生』「異形の神像」(筑摩書房、昭和三十八年)

(12)『エッダ』「巫女の予言」(「2海の神」注(15)同書)

(13)ヴェロニカ・イオンズ『エジプト神話』「世界の創造」〔 〕は引用者注記。酒井傳六訳(青土社、一九九一年)

(14)ヘシオドス『神統記』「ゼウスと女神たちの結婚」(「2海の神」注(2)同書)

(15)今本の『帝王世紀』にこの文はありません。

(16)王国維、郭沫若などにこの説がみられます。

5　石の神

(1)道祖神については川口謙二氏の『日本神祇由来事典』(柏書房、一九九三年)を参照しましたが、川口氏は、これは塞の神信仰の一分野で、西はアルプス山脈、東は相模国(神奈川県西部)の間と、栃木県の一部、群馬県、新潟県にのみ分布する石神信仰であることを考証しています。

(2)金両基「朝鮮古代信仰史入門」(『古代朝鮮の歴史と文化』所収。読売新聞社、昭和五十年)に拠りました。

(3)「イナンナの冥界下り」五味亨訳(「2海の神」注(5)同書所収)

(4)Cuneiform Texts版「イシュタルの冥界下り」矢島文夫訳(「2海の神」注(5)同書所収)

(5)『史記』『漢書』とも塗山氏女の名を記していませんが、唐の司馬貞の『史記索隠』は『系本』を引いて、また張守節の『史記正義』は『帝繫』を引いて、女媧の名を明記しています。

(6)熊になる呪術については拙著『幻想説話学』「Ⅷ・

熊」(「2海の神」注(4)同書)を参照してください。

(7)禹の母の名を、『索隠』は『系本』を引いて女志とし、『正義』は『帝王(世)紀』を引いて脩己とし流星が昴(星)を貫(通)したを見て禹を身籠ったとしますが、それ以上の詳細はわかりません。

(8)今本の『捜神記』にこの文はありません。

(9)アンドルー・トマス『太古史の謎』中桐雅夫訳(角川文庫、昭和四十八年)に拠りました。

6 木の神

(1)『荘子』には他に、役に立たぬ故に巨大になった商丘の大木(「人間世」篇)、使《つか》い途《みち》のないために天寿を全うすることのできる大木(「山木」篇)があり、いずれも無為自然の境地として描かれています。

(2)今本の『原化記』にこの話はありません。

(3)『山海経』に現代校注を成した袁珂は、『北堂書鈔』、『太平御覧』を引いて「南」字の無いことを検証しています。また、甘水についても「大荒東経」の「甘山があり、甘水が出《いで》て甘淵を生ず」の後に置かれていたのではないか、と論じています。

(4)洗濯祓除とは、身体に牲の血や香草酒を注いだり、川の流れ、海水などで心身を浄《きよ》めた後に祖霊を降す呪的儀式です。拙著『幻想説話学』「II・桃」(「2海の神」注(4)同書)を参照してください。

(5)四方風神を記した殷墟出土獣骨に「東方に析鳳《せきふう》(風)を曰《えつ》し……」(京五〇)とあり、『尚書』「堯典」の「……分かちて羲仲に命じて嵎夷《ぐうい》(東表之地)に宅《お》(居)らしめ(ここを)暘(湯)谷と曰う。……厥《そ》(其)の民は析《わか》(分)れ(て耕し)、……」や、『山海経』「大荒東経」の「……(神ありて)名づけて曰く折丹《せったん》、東方を析と曰い……」の伝承に一致します。

(6)丁山『殷商氏族方国志』「亞橐」項

(7)『老子』「道経」は「天地の間は、それ橐籥《たくやく》のごときか。虚《むな》しうして淈《つ》(屈=虚)きず、動きて愈《いよいよ》出ず」と説いています。

(8)石原和三郎・作詞「大こくさま」(明治三十八年十二月刊行『尋常小学唱歌(二ノ中)』)

(9)大国主は当初、大穴牟遅《おほあなむじ》と呼ばれていましたが、『古事記』は「……其の八十神《やそがみ》、各《おのおの》稲羽《いなば》の八上比賣《やがみひめ》を婚《よば》はむの心有りて、共に稲羽に行きし時、大穴牟遅神に帒《ふくろ》を負《おほ》せ、従者《ともびと》と為て率《ゐ》て往きき」と描いています。

(10)扶桑伝承は浦島説話ともからみます。詳しくは拙論

「海若と東王父」（『環シナ海文化と古代日本』所収。人文書院、一九九〇年）を参照してください。

(11)「エタナ物語」後藤光一郎訳（「2 海の神」注(5)同書所収）

(12)『エッダ』「巫女の予言」（「2 海の神」注(15)同書）

(13)「オーディンの箴言」谷口幸男訳（注(12)同書）

(14) H・R・エリス・デヴィッドソン『北欧神話』米原まり子・一井知子訳（青土社、一九九二年）

(15)ジャック・ブロス『世界樹木神話』藤井史郎・藤田尊潮・善本孝訳（八坂書房、一九九五年）

(16) 建木は、『山海経』「海内南経」が「木あり。その状《さま》は牛のごとく、これを引けば（その）皮、有《と》〔取〕れて纓《かんむりのひも》〔冠糸〕、（あるいは）黄蛇のごとし。……その木は蓲《はりにれ》〔刺楡〕のごとし」という巨樹で、『呂氏春秋』「有始覧」は「白民の南たる建木の下には日中、影無く、呼べども響かず。蓋《けだ》し天地の中（心）なり」と記し、『淮南子』「墜形訓」も同様に「建木は（南方の）都広（山）に在り。（それは）衆〔諸〕帝の（天に）上《のぼ》〔登〕り下《お》〔降〕りする所。日中、景《かげ》〔影〕無く、呼べども響かず。蓋し天地の中（心）なり」と述べる世界樹です。なお、若木《じゃくぼく》はその西方にあって、扶桑と同じく梢に十個の太陽がかかり、蓮華《れんげ》のような形で下の土地を照らしていた、といいます。

(17) この桃は、おそらく後漢の応劭が『風俗通』で、同時代の王充が『論衡』で、蔡邕が『独断』で述べている東海――朝鮮半島南部か日本列島西部――にあった度朔《どさく》山《さん》頂に三千里に枝を張っていた大桃樹でしょう。しかし、晋の王嘉は『拾遺記』で、また梁の任昉も『述異記』で、扶桑の東五万里に磅磄山《ほうとうさん》があり、その頂上に万年に一度だけ実をつける大桃樹のあった古伝承を記しています。拙著『幻想説話学』「II・桃」（「2 海の神」注(4)同書）を参照してください。

(18) 橘については王嘉が『拾遺記』で、磅磄山の桃樹に続けて「條陽山……中に橘花あり。色は翠《はなだ》〔青縹〕にて実は白、大きさ瓜のごときにて香りは数里に聞《たつ》〔達〕す」と記しますが、他書では未見です。

7 月の神

(1) ヴェマーレ神話、デマ神話、ハイヌヴェレ神話については、吉田敦彦氏の『天地創造神話の謎』（大和書房、昭和六十年）を参考にしました。

(2) 月読《つくよみ》の名称は、太古の人々が農耕の目安として、毎晩、月齢の移りゆくさまを数に数えて読んだことに発します。やがて、それが「月夜を見上げる」意味での月夜《つくよ》見《み》になり、新月から満月へ変化する形を示す月弓《つくゆみ》に変化――yoはyuと交替しやすい音韻――していき、いずれもが月の神を表わす呼称になりました。

(3)N・ネフスキー『月と不死』(平凡社、東洋文庫、一九七一年)を参照。

(4)張鷟は、唐朝の則天武后、中宗、睿宗および玄宗初期(六八四―七二〇頃)に活躍し、その文は「青銅銭の如し」といわれた進士で、その作品は海外で高く評価され、特に新羅人と日本人が金を惜しまずに買い求めたといわれます。若い頃に創作した『遊仙窟』の他に『朝野僉載』『龍筋鳳髄判』が現存しています。

(5)『日本書紀』一書《あるふみ》は、天石窟《あまのいはや》に隠れた天照を引き出すために八十万神《やそよろづのかみ》が相談するくだりで「野槌《のづち》者をして、五百箇の野薦《のすず》〔小竹〕の八十《やそ》玉籤《たまくじ》を採らしむ」とありますが、この野槌者が竹取の祖先たる技術神なのでしょう。

(6)『日本書紀』には、これに類した記述はありません。

(7)日の女神が十子を、月の女神が十二子を産んだとするのは、太古に、一年を十か月に分けた太陽暦と十二か月とした太陰暦に基づくのでしょう。

(8)エウリュノメー神殿は、古代のアルカディア地方の狭隘な場にあり、年に一度だけ開帳されましたが、魚の尻尾を有し、黄金の鎖につながれた女神像を近辺の住民はアルテミスだと信じていたと伝えられるので、既にカリテスの母の代からアルテミスと混淆していました。

(9)カール・ケレーニイ『ギリシアの神話』「神々の時代」(「2 海の神」注(3)同書)

8 獣の神

(1)これは前二世紀の漢代に淮南王《わいなんおう》の劉安が中心になって作成した『淮南子《えなんじ》』「天文訓」に拠るものですが、それよりもやや早く完成した『爾雅《じが》』「釈天」では「(大〔太〕歳の)辰に在《あ》るを執徐と曰い、……酉に在るを作《さく》噩《がく》と曰い、……」というふうに、わずかな表記の相違がみられます。

(2)『本生物語集』(ジャータカ)前田恵学訳(「1 天の神」注(5)同書所収)の解説を参照。

(3)ヴァイヴァスワタは、バラモンのヴェーダ神話からヒンドゥー教に移行するブラフマーナ時代の二世紀に編纂された『マヌ法典』にあっては、人間であり賢者であったマヌとして語られています。彼は一マハユガ〔大時代」の破壊から生き残った者であって、次のマハユガを創造するための指導的役割を果たすために生きており、一万年にわたる苦行を実践しました。同一のマヌは少なくとも二つの大時代を体験したとされますが、マハユガごとに世界を壊滅させる大洪水がありました。賢者ヴァイヴァスワタは七番目のマヌに位置づけられています。

(4) ホメーロス『イーリアス』第六巻呉茂一訳、(筑摩世界文学大系2、筑摩書房、昭和四十六年)

(5) ヘシオドス『神統記』(「2 海の神」注(2)同書)

9 花の神

(1) C・M・スキナー『花の神話と伝説』(新装版)「ハス」垂水雄二・福屋正修訳(八坂書房、一九九九年)

(2) 一般的な説話では、カルティケーヤは牲を焚く火に投げ込まれたアグニの精子から生まれた、とされています。異説では、アグニと、ブラフマーの息子ダクシャの娘スワハとの六度の性交による精子がガンジス河の水を入れた黄金の器の中で育てられ、そこから十二眼、十二腕、十二脚のカルティケーヤが生まれた、とされます。

10 火の神

(1) 男神は大洋神オーケアノス、コイオス、クリーオス、太陽・月・曙の父ヒュペリーオーン、老人と呼ばれるイーアペトス、豊饒神クロノスの六柱。女神はティアー、大地母神レアー、掟《おきて》の女神テミス、記憶の女神ムネーモシュネー、輝ける女ポイベー、河川母神テーテュースの六柱です。

(2) 秦皮《メリアイ》の女精《ニンフ》たちもまた、母なる大地《ガイア》から生まれ出た者です。父の天空《ウーラノス》が大地に覆いかぶさって抱こうとしたとき、隠れて待ち伏せしていた末っ子の豊饒《クロノス》が大鎌で父の男根を切り取って背後へ投げ棄てました(「2 海の神」参照)が、夫の血の滴りを陰部に受けたガイアは、力強き女巨人エリーニュエス、巨人族ギガンテス、そしてメリアイを産みました。

(3) 異説では、プロメーテウスは水と大地から別の人間を創った、とします。それは粘土をこねて形造った像で、それにアテーナーが蝶《プシュケー》を近づけて生命の「魂《プシュケー》」を吹き込んだ、といいます。この挿話は、『旧約聖書』「創世記」の「主なる神は土のちりで人を造り、命の息をその鼻に吹きいれられた」に相似し、プロメーテウスが至高神とみられていたことを暗喩しています。

(4) プロメーテウス伝説を主題《モチーフ》にしてアイスキュロスは『火を運ぶプロメーテウス』『縛られたプロメーテウス』『縛めを解かれるプロメーテウス』の三部作を創作したと伝えられていますが、現存するのは『縛られたプロメーテウス』のみで、これには「天上の神々の火を盗んで人に与えた」としています。したがって、ヘーパイストスの火を盗んだという話は原作とともに散佚して、残っておりません。

(5) しかし、ヘーラクレース Ηρακλῆσ の名は「ヘーラー Ηρα の栄誉」を意味しており、大女神と英雄は緊密に結びついています。

(6) アルゴス王イーナコスの娘で、ヘーラー神殿の女神官でしたが、夢に、レルネ湖畔でゼウスに身をまかせよ、との神託を得ます。ゼウスはヘーラーの嫉妬を恐れて彼女を牝牛に変え、交わります。ヘーラーはこの牛を貰い受け、百眼の怪物アルゴスに見張らせます。ゼウスがヘルメースにアルゴスを退治させると、ヘーラーは虻《あぶ》を送って牝牛を苦しめました。イーオーはヨーロッパからアジアへとさまよい歩きますが、その海を渡った地点が「牝牛の渡し《ボスポロス》」海峡です。そして、カウカソス山に至り、岩に吊るされているプロメーテウスと会話したのが、この場面に他なりません。やがて、遂にエジプトに着いて女王となり、テーレゴノス王となるエパポスを産みました。その系譜からは多くの英雄が輩出し、ヘーラクレースは十三代の後裔に当たります。牝牛のイーオーは、エジプトのイーシス女神と同一視される神格をも有しています。

(7) アイスキュロス『縛られたプロメーテウス』呉茂一訳(ギリシア悲劇全集第一巻、人文書院、昭和三十五年)

(8)『リグ・ヴェーダ讃歌』「アグニの歌その二」辻直四郎訳(「1 天の神」注(5)同書)

(9) フレーザー『火の起源の神話』青江舜二郎訳(角川文庫、昭和四十六年)を参照・引用。

(10) 諸地域の伝説の多くは『火の起源の神話』(注(9)同書)を参照しています。

(11) アントニー・アルパーズ『マオリ神話』(「3 鳥の神」注(7)同書)を参照しています。

二　地の神

(1) 社と鬼(神)とのかかわりについては拙著『幻想説話学』「II・桃」(「2 海の神」注(4)同書)を参照。

(2) 社についてはに夙《つと》藤枝了英が「社の原始的形態について」(『支那学』第十巻・第二号、昭和十五年十一月)という、すぐれた論文を著わしていますので、参照してください。
(3)『イナンナの冥界下り』五味亨訳(「2海の神」注(5)同書)
(4)『リグ・ヴェーダ讃歌』辻直四郎訳(「1天の神」注(5)同書)

12　水の神

(1) アンドレ・パロ『聖書の考古学』「大洪水とノアの箱舟」波木居斉二・矢島文夫訳(みすず書房・一九五八年)に拠っています。
(2) この時代には、家も船も共に葦を組んで造られていたことが示されています。
(3) アプスーとは、冥界にある原初の深淵を意味し、「淡水」の謂に用いられます。同じく洪水伝説を詠う『アトラ・ハシース物語』では、アヌが天に昇り、王侯エンキがこのアプスーに降ったことで、ティグリス川とエウフラテス川が造られたと記しますから、まさしく「始源の水」です。ここでは、洪水の起こす力の根源をウトナピシュティムの造る船で覆ってしまうのだ、と神々は告げたわけです。
(4)『ギルガメシュ叙事詩』「第十一の書板」矢島文夫訳(「1天の神」注(6)同書所収)
(5)『洪水物語』五味亨訳(「2海の神」注(5)同書所収)
(6)『マヌの法典』田邊繁子訳(岩波文庫、昭和二十八年)

13　日の神

(1) 太古に複数の太陽があり、それを射落とした伝承はアジアと環太平洋域に広く分布していますが、岡正雄はそれらをていねいに採集し、「太陽を射る話」にまとめています(『異人その他』言叢社、昭和五十四年)参照。
(2) 羿、玄妻、寒浞の故事については『春秋左伝』「襄公四年伝」、『楚辞』「天問」、『路史』「後紀十三」などが掲げています。
(3)『カレワラ』「第四十九章　贋と真の日月」森本覚丹訳(「3鳥の神」注(13)同書)
(4)『リグ・ヴェーダ讃歌』「スールヤ(太陽神)の歌」辻直四郎訳(「1天の神」注(5)同書)

(5) 古代エジプトの太陽神の様態についても拙著『幻想説話学』「X・日」(「2海の神」注(4)同書)を参照してください。

(6) ホメーロス『オデュッセイア』第十二巻、高津春繁訳(「8獣の神」注(4)同書所収)

(7) 春分点に関しても『幻想説話学』「II・桃」「IV・星」「VIII・熊」(注(5)同書)を参照してください。

(8) プラトン『ティマイオス』種田恭子訳(プラトン全集12、岩波書店、一九七五年)

(9) 『旧約聖書』「ヨシュア記」(「序」注(2)同書)

(10) 拙論「伽耶の仏教受容」(『中国の仏教と文化』所収、大蔵出版、一九八八年)を参照。なお、新羅の日の神伝承については、木下礼仁氏の「新羅始祖系譜の構成——金氏始祖を中心として——」(『古代の朝鮮』所収、学生社、昭和四十九年)を併せて参照してください。

14 河の神

(1) 「大荒東経」が載せ、日月の出る所や扶桑と並列して描かれているので、極東の河神です。

(2) いずれも「中山経」が載せるので中国大陸の古い河神でしょう。

(3) 「西山経」が載せ、崑崙山の近くに棲む河神です。

(4) 『太平御覧』「地部」「石下」引く『荊州図』に「宜都〔現・湖北省宜昌県南〕に穴あり、穴に二大石あり、相去ること一丈。俗に、その一を陽石とし、一を陰石とす、と云う。(洪)水(あるいは)旱《かん》(魃《ばつ》)の災あるとき陽石を鞭《むちう》〔撃〕たば則ち雨し、陰石を鞭たば則ち晴れる。即ち廩君の石、是なり。……」とあるので、河の女神は洪水神、廩君は大気神に比定されています。

(5) 『晋書』「李特載記」のほかに袁珂『中国神話伝説』「開闢篇」(青土社、一九九三年)を参考にしました。

(6) この文は今本の『抱朴子』にはなく、佚文を『意林』が収録しているのみです。

(7) 白川静『中国の神話』「第五章 殷王朝の神話」(中央公論社、昭和五十年)参照。

15 嵐の神

(1) 「息長」の呪法についても拙著『幻想説話学』「V・風」(「2海の神」注(4))を参照してください。

(2) 『山海経』「大荒東経」が「応龍は南極に処《とどまりお》〔止居〕るも、蚩尤と(同じく炎帝の裔の)夸父《こほ》を殺せしため復《ふたた》び(天に)上るを得ず。故に(天)下は數《しばしば》〔屢〕、旱《ひでり》す。

旱せしときに応龍の状《かたち》〔形〕をなせば、乃《すなわ》ち大雨を得る」と記し、応龍が星座の黄龍＝軒轅＝ラードーンと同一であることを示唆しています。

(3)『リグ・ヴェーダ讃歌』辻直四郎訳（「1天の神」注(5)同書）

(4)岡田明憲『ゾロアスター教』「アヴェスタ抄」（平河出版社、一九八二年）

(5)「ウルの滅亡哀歌」五味亨訳（「2海の神」注(5)同書）

(6)ヘシオドス『神統記』「ゼウスと女神たちの結婚」廣川洋一訳（「2海の神」注(2)同書）

(7)ヘロドトス『歴史』「エジプト史」参照。

(8)前十四世紀にホメーロスは『イーリアス』で、「現実の」トロイア戦争と「現実の」金星と火星の軌道争いを、見事な二重描写で記述しています。

(9)『後漢書』の記す「蔀法《ほうほう》」暦と、前四世紀のギリシアの「カリポリ暦」は共に七十六年を基準とし、天命の革《あらた》〔改〕まるのは千二百六十年、天地の変化は一万二千六百年とし、『古事記』の「天地《あめつち》初めて発《ひら》〔開〕けし時」も同年に計算できます。前五世紀にヘロドトスは『歴史』「エジプト史」で、エジプト王朝は一万一千三百四十年続いた、と記しています。また、アンドルー・トマスは『太古史の謎』において、「ヴァチカヌス写本A三七三八」がマヤ族には前一八六一二年以来の暦法があったと記すこと、バビロンの太陰暦とエジプトの太陽暦は前一一五四二年で一致すること、インドの暦は前一一六五二年から始まったこと、を述べています。

あとがき

この著作は、日本アイ・ビー・エム㈱発行の『ＡＣＣＥＳＳ』誌に一九九三年冬号から一九九七年春号まで連載した「神の周辺」を初出とし、これに大幅な加筆・修正を行なったものです。

この著を成すに当たっては、多くの先学諸氏のご研鑽を参考にさせていただきました。御礼を申し上げます。また、引用させていただいた文、図表、写真などは可能なかぎり出処を明記しましたが、その意図されたところを十分に生かしきれてない点はお詫びし、指正を俟つ次第です。ただし、漢文文献は全て著者の訳出であることを申し添えておきます。

更に、文中で蹇《あしなえ》、跛《びっこ》、手棒《てんぼう》、盲《めくら》、唖《おし》などの文字を使用していますが、これは体の不自由な方々を誹謗・差別する意図に根ざすものではなく、各国の古文献の表記に従って、神性を的確に表現しようと試みた結果であることを、ご了解ください。

なお、最初に発表の場を与えてくださった『ＡＣＣＥＳＳ』編集室の垣谷岳男氏、服部麻子氏、また、このたびの上梓をお勧めくださったばかりか、時間をかけての加筆・修正にも快く応じてくださった㈱八坂書房の三宅郁子氏には、さまざまな面で御協力いただきました。心より感謝いたします。

清田圭一

著者紹介

清田圭一（きよた・けいいち）

1935年、名古屋市生まれ。

学習院大学文学部仏蘭西文学科卒業。

比較思想・文化。

著書：『幻想説話学』（平河出版社）他
論文：「伽耶の仏教受容」「『石上松生剣』伝承考」「海若と東王父」「義湘の世界観」他

自然の神々——その織りなす時空——

2000年9月25日　初版第1刷発行

著者　清田圭一
発行者　八坂安守
印刷所　三協美術印刷㈱
製本所　㈲高地製本所

発行所　㈱八坂書房
〒101-0064　東京都千代田区猿楽町1-5-3
TEL 03-3293-7975　FAX 03-3293-7977
郵便振替口座 00150-8-33915

ISBN4-89694-462-3